As Sete Vidas de Fénelon

HERMÍNIO C. MIRANDA

AS SETE VIDAS DE FÉNELON

Série Mecanismos Secretos da História

LACHÂTRE

Direitos de publicação cedidos ao
Instituto Lachâtre
Rua Dom Bosco, 44, Mooca – CEP 03105-020
São Paulo – SP
Telefone: 11 2277-1747
Site: www.lachatre.org.br
E-mail: editora@lachatre.org.br

Revisão: Cristina da Costa Pereira

Capa: Andrei Polessi

Foto da página 6: dr. Erlo van Waveren – publicação gentilmente autorizada pelo dr. Olivier Bernier, da The Ann and Erlo van Waveren Foundation, de Nova Iorque.

5ª edição – Novembro de 2019

Impresso no Brasil
Presita en Brazilo

CIP-Brasil. Catalogação na fonte

M642g Miranda, Hermínio Correia de, 1920-2013
As sete vidas de Fénelon / Herminio C. Miranda – 5ª ed. São Paulo, SP: Lachâtre, 2019.

264 p.
Bibliografia

1.Espiritismo. 2.Reencarnação-pesquisas. 3.Fénelon, François de Salignac de la Mothe-, 1651-1717-biografia. 4.Asterius. 5.Barsabás, Judas. 6.Lavater, Johann Caspar, 1741-1801. 7. Gray, Walter de, ?-1255. 8. Wilfrid, 634-709. 9. Waveren, Erlo van. I.Título. II.Série: Mecanismos Secretos da História. III. Bibliografia

CDD 133.9 CDU 133.7

Sumário

Dr. Erlo van Waveren

I - Introdução

Pesquisava eu o material com o qual construiria meu livro *Alquimia da mente*, quando encontrei em *Your past lives*, de Michael Talbot, menção à curiosa experiência vivida pelo dr. Erlo van Waveren, ao resgatar esquecidas memórias de algumas de suas mais dramáticas existências anteriores, a começar, retrospectivamente, pela que teria vivido na França, como Fénelon (1651-1715), arcebispo de Cambrai, ao tempo de Luís XIV.

O caso continha os ingredientes habituais de meu interesse pessoal: história, biografia, teologia, regressão de memória e reencarnação. Àquela época, porém, *Alquimia da mente* constituía projeto prioritário e eu não poderia abandoná-lo para seguir outras pistas. Além disso, eu não dispunha de dados suficientes para avaliação do assunto em maior profundidade.

Devoradores de livros conhecem o drama; estou certo de poder contar com a compreensão deles. É que a gente começa a estudar determinado tema e, a cada passo, surgem setas apontando para outros tantos caminhos. Por onde seguir? Por aqui ou por ali? À direita, à esquerda ou em frente? Se compro alguns dos livros indicados na bibliografia para estudar minúcias que me interessam, exponho-me ao risco certo de dar com mais um monte de setas a indicarem novas e novas direções. Se a cabeça não estiver bem aparafusada no lugar que lhe compete, a gente acaba se perdendo e, no fim de algum tempo, pode nem saber mais o que estava pesquisando. É como surfar na internet. Cada 'click' do ratinho abre para você numerosas outras oportunidades de outros 'clicks' para assuntos cada vez mais fascinantes e envolventes. E você, que desejava 'apenas' visitar virtualmente o Louvre, descobre-se diante de um erudito ensaio acerca das neuroses de Van Gogh, por exemplo. E daí, vai a Freud, a Jung ou a Lacan e Klein. Ou a um editorial sobre a mais recente chacina em alguma parte do mundo. E você se pergunta: – Onde mesmo que eu estava? E que estou fazendo aqui? Tudo, enfim, pode acontecer a quem empreende viagem sem saber para onde, o que não era o meu caso.

Concluído, pois, o "Projeto Alquimia", virei a página e dei um 'click' no tema suscitado pelo livro de Talbot, mandando vir um exemplar de *Pilgrimage to the rebirth*, obra na qual van Waveren conta sua própria aventura espiritual pelas brumas do passado.

Trata-se de um fascinante depoimento. Pensei até em traduzir o livro para publicação no Brasil. Cheguei a trabalhar por algum tempo na tradução, mas deixei-me persuadir por uma amiga, que também lera a obra, a abandonar a tarefa.

Realmente, o dr. van Waveren despejou sua história pessoal, ainda aquecida pelas emoções nele suscitadas, em moldes literários, filosóficos e psicológicos tão esdrúxulos que a tornavam praticamente ininteligível, como um obscuro texto alquímico medieval. Aliás, ele recorre, com certa frequência, ao jargão da alquimia.

A narrativa foi acondicionada em uma profusão de metáforas e alegorias, algumas decifráveis e outras totalmente inabordáveis. O leitor circula, às tontas, por uma atmosfera penumbrosa, enigmática, tipicamente onírica, a tropeçar em símbolos da mitologia analítica (basicamente junguiana), carregada de chocantes conotações eróticas, que me pareciam fora de propósito no contexto em que haviam sido inseridas. Era, enfim, um livro desconcertante, difícil, frustrante.

Havia, ainda, uma agravante: em vez de simplesmente contar sua história com um mínimo possível de interferência intelectual deformante, o autor utilizou-a como veículo de controvertidas – e, pelo menos para mim, inaceitáveis – teorias. Uma delas, posta como viga mestra de seu pensamento, é a de que a doutrina cristã não teria levado em conta a ideia do mal na elaboração de suas estruturas teológicas e filosóficas. A solução proposta pelo dr. van Waveren é a de uma releitura no pensamento e até no comportamento do Cristo a fim de acomodar neles o conceito do mal.

Ora, a existência do mal tem constituído realmente difícil problema filosófico e teológico. Grandes pensadores eclesiásticos e leigos têm esgrimido com ele ao longo dos séculos. O questionamento é compreensível, se nos plantarmos dentro de um território de ideias que admitem dogmaticamente uma única existência para o ser humano. Homens e mulheres seriam criados novinhos em folha para nascer, viver e morrer. Após a morte, cada um teria diante de si uma de três opções: duas definitivas – céu e inferno – e uma temporária – purgatório. Subentende-se que, purgados os 'pecados', a criatura possa ser, eventualmente, admitida ao céu.

Acontece que, se as coisas se passassem de tal maneira, cairíamos em outras tantas complicações especulativas. Deus não seria bom ao criar seres destinados ao inferno e nem justo, ao criar privilegiados, já com o céu garantido. Ou, então, ele não seria onisciente, por não saber como as criaturas iriam resolver seus conflitos para merecer uma ou outra destinação.

Outras pontas soltas aparecem penduradas nesse falso dilema como a questão da dicotomia livre-arbítrio/determinismo. Afinal, se Deus cria seres com a destinação já traçada – uns para o inferno e outros para o céu – então a criatura não teria nem o mérito de suas realizações positivas e nem a culpa pelas derrotas morais que a levassem para o inferno. Em suma, ela não seria livre para decidir seu próprio destino. Alguma coisa, com efeito, tem de estar errada com os conceitos de vida única e da alternativa céu/inferno.

O problema do mal precisa, portanto, ser colocado em outro contexto filosófico-religioso que a doutrina das vidas sucessivas (reencarnação) veio finalmente, oferecer. De acordo com essa antiga crença – hoje amplamente demonstrada –, o ser humano conta com a oportunidade de numerosas passagens pela matéria densa. Em ciclos alternados na dimensão espiritual, ou acoplado a um corpo físico, vai realizando seu aprendizado, corrigindo desvios de comportamento e desenvolvendo seu projeto evolutivo através dos milênios, até os mais elevados patamares da perfeição.

O Cristo não ignorou a existência do mal, como sugere van Waveren. Pelo contrário, ele se dispôs a vir pessoalmente conviver conosco por algum tempo, precisamente porque o mal parecia estar contaminando todo o organismo social através do qual se manifesta a comunidade humana. Ele veio trazer uma proposta concreta e viável de comportamento que nos reconciliasse com a realidade das leis divinas, sistematicamente desrespeitadas ou ignoradas. Reiteradamente chamou nossa atenção para a evidência de que o sofrimento é a resultante do comportamento errado perante as leis divinas. "Vai e não peques mais" – ensinou – "para que não te aconteça coisa pior."

Como costumava dizer-nos um amigo espiritual, a dor resulta de nosso atrito com as leis cósmicas. Sempre que nos chocarmos com as regulações éticas do universo, estaremos criando o molde de um retorno de sofrimento e angústia. A lei nos concede capacidade de escolha, mas não se deixa enganar ou desobedecer. Ela não pode fazê-lo, ou a ordem cósmica entraria em colapso.

Tanto esteve (e está) o Cristo consciente da existência do mal, que trouxe para a humanidade o remédio universal e insubstituível do amor a Deus e ao próximo, como a si mesmo. Deixou muito bem claro que esse era o principal mandamento da nova ordem que propunha. Em vez de apenas falar sobre o mal, portanto, preferiu ensinar e exemplificar o bem, vitalizado pelo amor universal, amplo, em toda a sua pureza, incontaminado pelas paixões que assediam nossas fraquezas e frequentemente invadem e se instalam em nosso espaço interior.

Convicto da necessidade de uma reformulação da doutrina cristã, o dr. van Waveren sugere, no seu livro, uma restauração da figura mitológica do demônio, que coloca como companheiro inseparável do Cristo, como se xifópagos fossem. Com o que o autor estaria atribuindo a Jesus uma natureza na qual convivem – ou, pelo menos, teriam convivido – bem e mal.

Mas não apenas ao Cristo, senão à própria divindade, ele atribui dupla natureza feita de sombra e luz, de bem e mal, suscetível até de arrependimento no reconhecimento de equívocos e fraquezas ou erros de julgamento.

Teria sido necessário, portanto, escrever praticamente outro livro, em paralelo com a tradução da obra de van Waveren, com o objetivo de interpretar e contestar algumas de suas formulações filosóficas e teológicas. Antes disso, porém, teríamos de examinar, decifrar e discutir cada um de seus numerosos símbolos e metáforas, muitos deles impenetráveis à análise, em vista do denso conteúdo onírico de suas extravagantes imagens.

Não obstante, eu via no livro aspectos que me pareceram suficientemente interessantes para motivar reflexões mais aprofundadas. O primeiro de tais aspectos foi o episódio mesmo das regressões espontâneas – e pelo menos uma provocada –, nas quais o autor se via, a despeito de toda a sua formação profissional de analista junguiano – como reencarnação de antigos e eminentes bispos católicos.

Outro aspecto que me intrigou foi o da sua escolaridade. Por motivações que somente entenderia relativamente tarde na vida, ele não frequentara cursos universitários regulares. O terceiro desses aspectos, talvez o mais instigante, suscitou em mim um estado de perplexidade. Se é que ele viveu de fato, a marcante personalidade de Fénelon, como poderia, na atual existência como Erlo van Waveren, ignorar de modo tão ostensivo a realidade espiritual? Pois não foi Fénelon, já na condição de espírito, uma das entidades escaladas para colaborar na formulação da doutrina dos espíritos, coligida pelo prof. Rivail (Allan Kardec), na segunda metade do século XIX?

Este livro se propõe a estudar esses e outros aspectos das questões suscitadas. Vamos ver, primeiro, quem foi o dr. Erlo van Waveren e, em seguida, tomando como válidas, pelo menos para reflexão, suas identificações reencarnatórias, considerá-las à parte.

Quanto a Fénelon, estaremos examinando mais de perto sua figura como ser encarnado – o controvertido arcebispo de Cambrai – e, separadamente, como espírito integrante da equipe que trabalhou ativamente na formulação do espiritismo, para o qual deixou significativo acervo de textos mediúnicos. Algumas de suas dissertações foram incluídas por Kardec nos livros básicos da doutrina dos espíritos e na *Revista Espírita*, ao passo que outras constam de obras, hoje raras, como *La survie*, publicada sob responsabilidade da sra. Rufina Noeggerath, em 1897, e *Rayonnements de la vie spirituelle*, uma coletânea de textos mediúnicos recebidos em Bordeaux, por madame W. Krell, entre 1869 e 1875.

Ao cabo de extensas e demoradas pesquisas, creio estar em condições de resgatar algo das quatro encarnações mais remotas atribuídas a Fénelon e mais a do próprio arcebispo, educador e escritor, sobre o qual são escassas as informações disponíveis no contexto espírita brasileiro.

II Os Prefácios

Ao tomar o livro do dr. Erlo van Waveren para ler, você está sabendo que se trata de um depoimento sobre dramáticas experiências pessoais do autor com a reencarnação. Ou, mais especificamente, com algumas de suas existências anteriores nos últimos dois mil anos. O próprio título, como de praxe, antecipa em síntese o conteúdo da obra: *Pilgrimage to the past* (*Peregrinação ao passado*).

Numa série de regressões de memória, sonhos, visões, intuições, vozes íntimas e textos psicografados, o brilhante psicanalista é implacavelmente compelido pelo inconsciente a tomar conhecimento de cinco existências pregressas que teria vivido como outros tantos bispos católicos.

Atraído pela temática, você abre o livro e encontra, de início, dois prefácios, um escrito pelo autor e outro por Ann van Waveren, sua esposa e colega. E aí começam as surpresas. A doutora confessa que, tanto ela como o marido, tiveram de "aceitar o fato de que há mistérios na vida que não podem ser explicados, mas que precisam ser aceitos". A despeito dessa atitude receptiva, contudo, declaram-se "ainda despreparados para as revelações" contidas no livro.

Foram tão impactantes as informações trazidas pelos fenômenos ocorridos que durante muitos anos o assunto permaneceu em segredo, entre eles dois e uns poucos, raríssimos, amigos pessoais. Não havia a menor intenção de publicar o material.

Apesar de ser a reencarnação o tema dominante do livro e sua própria razão de ser, a prefaciadora comunica, por si e pelo marido, que a aceitam "como probabilidade", probabilidade, aliás, que jamais tentaram explorar em si mesmos.

Tenho, neste ponto, algumas observações a partilhar com você que me lê. A primeira é a de que, mesmo depois de escrito o livro – um depoimento sobre a reencarnação –, a doutrina das vidas sucessivas continua sendo considerada mera probabilidade. Segunda: não se trata de nenhum mistério que não possa ser explicado. É uma lei natural, como a da gravidade ou as que regulam o ciclo que vai da semente ao fruto e recomeça com a semente. A reencarnação não constitui objeto de crença ou fé. Tanto faz você acreditar ou não, os fatos aí estão e a doutora declara honestamente que as "revelações" foram recebidas, "às vezes, com incredulidade e espanto, mas nunca negadas". Não é que falte uma explicação para o que ela considera um mistério, o que lhe falta é aceitação para a explicação existente, ou seja, o fato de que os seres humanos nascem, morrem, sobrevivem e renascem. Aliás, o livro que ela está prefaciando é explicitamente uma dissertação acerca do renascimento – em inglês *rebirth* –, palavra que figura no título.

Se, porém, Ann e Erlo van Waveren não estão preparados para aceitar o conteúdo da variada fenomenologia ocorrida com ele como evidência de algumas de suas vidas anteriores, então o que seria aquilo? O livro assumiu, a seu ver, o formato de uma dissertação sobre o mito pessoal do marido.

> Todos nós carregamos um mito [ensina, com toques filosóficos e poéticos (p.7)], a esplêndida história que a vida vive em nós, quer a gente saiba ou não. Desde tempos imemoriais [continua] as pessoas vêm tecendo lendas e mitos, narrativas simbólicas que contêm verdades impossíveis de serem expressas em palavras comuns.

Pela sua estrutura mitológica, a obra cuidaria, portanto, de aspectos da vida que se teriam tornado "suspeitos desde a Reforma Protestante", ainda que em tempos mais remotos se tenha acreditado no significado de sonhos e visões.

Lembra, para exemplificar, sonhos de Cipião, de Aníbal e César, documentados na história da antiga Roma; fala das referências de Platão aos sonhos de Sócrates e menciona, em tempos mais recentes, o sonho profético do presidente Lincoln, pouco antes de ser assassinado.

É como se estivesse a justificar-se por estarem, ela e o marido, 'envolvidos' na 'suspeita' temática das antigas crendices.

Respeitemos, contudo, a posição da autora do prefácio, ressalvando, porém, a evidência de que, nesses termos, o livro que ela apresenta contamina-se de certa incongruência, ao caracterizar-se como dissertação apoiada numa hipótese de trabalho que se reduz, afinal de contas, a um mito.

É evidente que essa opção não invalida o trabalho, mas limita-lhe o alcance e, sob certos aspectos, inviabiliza o entendimento de relevantes episódios, que muito mais teriam a dizer em moldura iluminada pelos conceitos da realidade espiritual. É que, a despeito de todas as ressalvas e sutilezas terminológicas, é disso que trata o estudo do dr. van Waveren, ou seja, de uma dissertação sobre fenômenos espirituais, mediúnicos e anímicos e, principalmente, sobre reencarnação.

O diligente esforço do doutor em traduzir e reinterpretar os fenômenos ocorridos com ele em termos de suas teorias psicanalíticas e religiosas prediletas resulta praticamente em invalidar o recado espiritual que seu próprio inconsciente tanto se empenha em passar-lhe. O que vemos no seu relato, portanto, não é uma reprodução fiel dos fenômenos ocorridos, mas a leitura deles através de um modelo de interpretação psicanalítica. Com uma agravante – a de que convicções religiosas de caráter pessoal interferem no processo de análise crítica do material onírico e mediúnico.

Esse, aliás, foi precisamente o tipo de deformação que a dra. Helen Wambach procurou evitar nas regressões de memória com seus pacientes. Ela pedia às pessoas regredidas que se limitassem a expor fielmente o que estivessem observando e pensando. Que lhe transmitissem a primeira impressão, tal como havia surgido, por mais estranha e aparentemente absurda que lhes parecesse. Era preciso – entendia ela acertadamente – neutralizar qualquer interferência consciente modificadora. Tentativas de 'racionalização' ou elaboração consciente de imagens e *flashes* de intuição alteram substancialmente a natureza do recado inconsciente a ponto de torná-lo inválido. Sem esse cuidado operacional, nos defrontaremos com o que pensa o consciente da mensagem não verbal do inconsciente e não com o que o próprio inconsciente pretendeu comunicar.

Quanto ao aspecto religioso, ou melhor, teológico, da dissertação, é certo que estamos vivendo uma era de transição, entre um ciclo que se esgota e extingue e outro que já se anuncia. Posso até concordar com a prefaciadora em que "o velho conceito de cristianismo esvai-se no horizonte da consciência". Gostaria, contudo, de uma definição preliminar tão precisa quanto possível para o que entende ela por "velho conceito de cristianismo". Para mim, quanto mais velho, melhor o cristianismo. Em outras palavras: quanto mais próximo de suas origens, junto do Cristo, mais autêntico e puro.

Em todo caso, ela acha que mesmo esse modelo cristão deformado e descaracterizado pelas desastradas manipulações dos séculos ainda dispõe de luminosidade suficiente para clarear o futuro, tornando-se, no seu dizer, "um fator fertilizante na Nova Era do Aquário".

Logo a seguir, porém, ela menciona um dos aspectos fundamentais da tese do dr. van Waveren, segundo a qual "o lado escuro da vida" teria sido ignorado no passado. "No cristianismo" – escreve – "o peixe negro foi, tanto quanto possível, suprimido, e somente o branco aceito", razão pela qual o mal teria permanecido "escondido e não redimido".

Discordo dessa avaliação. Não vejo futuro num cristianismo 'retificado' ou 'atualizado', sem levar-se em conta a lei natural da reencarnação, que para a doutora é apenas uma probabilidade.

Se é que se pretende fazer uma 'retificação' no cristianismo, então vamos restituí-lo à luminosa pureza de suas origens, desobstruído de séculos de entulho teológico e dogmático. É, aliás, o que propõe a doutrina dos espíritos coligida pelo prof. Rivail (Allan Kardec). Foi precisamente por causa de numerosas e incompetentes 'atualizações' que chegamos ao desvitalizado modelo de cristianismo esvaziado de seu primitivo conteúdo.

Sugiro, no entanto, um crédito de boa vontade que nos leve a entender a dra. van Waveren e seu marido. O cristianismo vigente não tem, de fato, a resposta que dele temos o direito de esperar para o problema do mal. Não era assim, contudo, com o cristianismo original. Para ser mais explícito, a alegada exclusão do mal não está no pensamento, nos ensinamentos e na vivência de Jesus.

A realidade do mal somente consegue mostrar-se numa leitura correta e inteligente, quando colocada no contexto da doutrina reencarnacionista. Não foi o cristianismo que suprimiu o 'lado trevoso' da vida, como supõe o doutor, foram a teologia e a prática desenhadas e implementadas pela igreja a partir do século quarto, no mínimo, ante a impossibilidade filosófica e teológica de explicar o mal no âmbito de uma só existência na carne, sem admitir-se a preexistência do ser. Como se sabe, somente o Cristo seria um ser preexistente, aliás, coeterno com Deus.

Mesmo equivocado, não obstante, o lado escuro da vida foi identificado e reconhecido, ou não teria sido concebida a doutrina do pecado e as trágicas consequências de uma danação eterna no inferno, em oposição à beatitude igualmente eterna, em um céu não menos mitológico.

Ao marginalizar a doutrina da reencarnação, inicialmente adotada por destacados pensadores do cristianismo primitivo, a igreja forjou suas próprias algemas e maniatou-se com elas. Foi um erro fatal, cuja extensão e gravidade somente mais tarde se tornaria mais evidente. O conceito das vidas sucessivas não pode, de forma alguma, ser excluído de qualquer modelo inteligente de interpretação da vida. É o que começam a perceber cientistas, pesquisadores, escritores e pensadores, religiosos ou não.

A ausência da reencarnação nas especulações filosófico-religiosas transfere para Deus responsabilidades que não lhe cabem e leva a sérios questionamentos acerca dos atributos divinos. Como explicar-se um Deus justo, perfeito e bom a criar deliberadamente seres destinados ao sofrimento, à miséria e ao abandono e privilegiar outros, destinando-os à felicidade, ao poder, ao bem-estar?

Não é, pois, o cristianismo que ignorou o mal, e sim, os ignorantes da realidade espiritual. Há quem ainda se admire quando se declara que todos os componentes dessa realidade constam explicitamente dos ensinamentos do Cristo, como existência, preexistência e sobrevivência do ser, tanto quanto a faculdade que têm 'vivos' e 'mortos' de se comunicar, como sempre o fizeram e do que Antigo e Novo Testamentos dão testemunho.

Teria o Cristo, então, falado sobre a reencarnação? – perguntaria muita gente perplexa. Claro que sim. Não com essa terminologia, é óbvio, mas, de modo não menos explícito, ele declarou que o Batista era Elias renascido, e que para ganhar o reino dos céus é preciso nascer de novo. Admirado da admiração de Nicodemos, comentou: "E você, mestre em Israel, não sabe disso?"

Justifica-se a surpresa do Cristo perante a ignorância de Nicodemos, porque mesmo os discípulos, tidos por incultos, sabiam da indiscutível realidade das vidas sucessivas e das consequentes responsabilidades que a prática do mal acarreta. É o que se nota na confirmação de que Elias já voltara para a carne e ninguém o reconhecera e até fizeram dele o quiseram, dado que João foi perseguido, feito prisioneiro e, finalmente, decapitado para atender ao capricho de uma mulher equivocada. "Então" – lê-se em Mateus 18,13 –, "entenderam os discípulos que ele lhes falara de João Batista."

Desculpe-me, pois, Ann van Waveren, mas a reencarnação não é uma simples probabilidade. Ou nada faria sentido, a começar pelo dramático depoimento de seu marido. Quanto ao problema do mal, é até de admitir-se que tenha sido ignorado pelo cristianismo vigente; não, porém, pelos ensinamentos originários do Cristo. A distinção entre o pensamento de Jesus e o que hoje se considera cristianismo é de vital relevância na correta avaliação das posturas filósofico-religiosas da humanidade.

Sinto-me, portanto, autorizado a propor uma correção ao que ficou dito pela autora no parágrafo de encerramento de seu prefácio. Dirigindo-se ao leitor acostumado a abordar a vida do ponto de vista racional, ela antecipa que talvez ele considere o livro "totalmente irrelevante perante as realidades da vida atual". Lembra, no entanto, outro tipo de leitor disposto a encarar com "a mente aberta *o lado irracional da vida*". (Destaque meu).

Quem disse que a realidade espiritual é irracional?

Os dois prefácios são nitidamente pessoais e nem poderiam deixar de sê-lo. A leitura que ela oferece dos fenômenos ocorridos com o marido é a de uma observadora contida pelas limitações culturais de sua formação profissional. Ambos se situam no âmbito da transitoriedade imposta pela vida na carne, em contraste com a visão incomparavelmente mais ampla e profunda das percepções implantadas na permanência. Paradoxalmente, a linguagem humana considera *racional* o que se passa no acanhado contexto do consciente e *irracional* o que se processa nas amplitudes cósmicas do inconsciente, um, sujeito ao condicionamento de tempo e espaço e outro, atemporal.

Os sonhos, as visões e vozes interiores do autor constituem mensagens elaboradas nas retortas alquímicas da intuição, com os símbolos, as sutilezas e as metáforas com as quais trabalha o pensamento não verbal do hemisfério direito, injustamente caracterizado como irracional.

Tanto para Ann, contudo, como para o marido, o modelo de abordagem interpretativa dos fenômenos tem de ser, necessariamente, psicanalítico e não, o espiritual.

Não pretendo com isto – deixem-me reiterar – minimizar a importância do texto da prefaciadora, apenas destacar que há na aventura intelectual e emocional vivida pelo doutor dois aspectos da realidade mental em jogo – um que precisa para expressar-se das palavras, que têm seus apoios na personalidade, enquanto o outro tem que se haver com as imagens, propostas pela individualidade situada numa região mental do ser onde a palavra é desnecessária e, por isso, não causa obstrução à expressão do pensamento puro.

Daí, talvez, a advertência do autor, no seu prefácio, ao declarar que algumas pessoas empreendem a peregrinação interior conscientes do que fazem, ao passo que outras – estaria ele entre estas? – o fazem sem saber para onde vão e o que está acontecendo. Sem dúvida alguma, trata-se de uma aventura traumática para aquele que não está preparado para ela. Eis porque ele dedica seu angustiado relato aos que se sentem desejosos de "estabelecer contato consigo mesmos".

O autor aborda, neste ponto – infelizmente sem maiores aprofundamentos –, um aspecto de vital relevância na interação alma/espírito ou personalidade/individualidade e, por extensão, na determinação do êxito ou insucesso de cada existência vivida pelo ser humano na carne. Ficamos situados, aqui, na cabine central de comando dos mecanismos de escolha que o livre-arbítrio coloca à nossa disposição. É aí que iremos decidir, caso por caso, momento a momento, se a programação que trouxemos para a vida terrena será ou não executada e em que extensão e profundidade. Ou se será parcial ou totalmente descumprida.

Ao desencadear-se, com o Grande Sonho, o singular e confuso diálogo entre consciente e inconsciente, o doutor não ignora as dificuldades que tem pela frente, na decifração e interpretação do material que lhe bate às portas do consciente. Ele é do ramo. Tecnicamente sua formação profissional o credencia para a tarefa, mas as coisas não são tão simples como ele poderia supor. Ele reconhece nas mensagens não verbais "a divina linguagem dos profundos estratos do inconsciente", "a linguagem de Deus, a linguagem da alma", como explica mais adiante. Ele está, em verdade, dialogando com outra dimensão de si mesmo. Ele sabe, como profissional da saúde mental, que essa dimensão existe de fato, mas não reconhece nela atributos espirituais mais amplos. Daí ser tão difícil, nos estreitos limites da racionalidade puramente verbal, acomodar e processar as informações recebidas.

Penso que o bom êxito de sua tarefa interpretativa exige mais do que pode oferecer-lhe a formação profissional. Em outras palavras: o inconsciente está discorrendo, com suas imagens, vozes e intuições, sobre conceitos e realidades que não figuram nos arquivos culturais que o doutor tem à disposição de seu consciente. Ele não encontra do lado de cá de seu ser espaços mentais para acolher coisas esdrúxulas como reencarnação ou sobrevivência do ser. Na realidade não tem nem mesmo onde botar a existência da alma. Certamente por isso muitos enigmas permanecem indecifrados para ele e, em consequência, para seus leitores e leitoras.

Lembro que, com toda razão e nessa mesma linha de raciocínio, o prof. Julian Jaynes identificou no hemisfério cerebral direito do ser humano uma "função divinoide", o que o levou a considerar essa área cerebral como a "dos deuses". Se você estiver particularmente interessado nesse aspecto, deverá ler *Alquimia da mente*, capítulo V, módulo 7 – Gênese da consciência, ou, melhor ainda, o livro do próprio doutor Jaynes, intitulado *The origin of consciousness and the break-down of the bicameral mind.*

Como não poderia deixar de acontecer, van Waveren sofre a interferência de uma perturbadora emoção, insuscetível de ser contornada ou simplesmente ignorada num contexto de denso conteúdo confessional. Ele figura aí como um ser sacudido por forças e poderes que não está preparado para entender. Como se não bastasse analisar profissionalmente um só inconsciente – o seu –, ele tem várias almas a cuidar, cada uma com seu próprio inconsciente, sua história, seus dramas e complexidades. E lhe dizem (quem?) que elas são outras tantas representações de algumas de suas numerosas passagens pela vida terrena, mergulhado, como dizem velhos textos bíblicos, no "limo da terra".

Bem que ele resistiu e relutou, tentando acomodar-se e escapar, mas não houve como deixar de ceder à pressão "daquelas imensas forças inconscientes", que não figuram nos tratados em que ele estudou seu ofício de analista. Teve, para isso, de vencer tenazes resistências nutridas pelos seus mais secretos pudores e desnudar não a intimidade de seu corpo físico ou até mesmo de sua alma, mas daquela parte mais reservada e secreta, que nem a nós mesmos costuma revelar-se a não ser em momentos extremos de inexplicados estados de percepção.

"Confio-lhe este segredo" – entrega-se – "que tenho conservado até hoje, escondido até de mim mesmo."

Não parece referir-se aqui ao mero segredo do aflitivo drama que viveu naquilo que qualificou como a busca de si mesmo – o que já não seria pouco –, mas o segredo maior de que ele, Erlo van Waveren, animou outras personalidades. Em suma: viveu outras vidas na Terra. E isso, para desconforto seu, não consta em parte alguma nos textos científicos, nas aulas, nas palestras e nos debates que frequentou nos anos de formação profissional.

O livro do dr. Erlo van Waveren é, pois, o pungente relato de quem testemunhou, dentro de si próprio, o desencadeamento do drama cósmico do confronto entre o ser e o estar, o permanente e o transitório, o anjo em potencial a sonhar com o infinito e o animal residual ainda acomodado às ilusórias mordomias e aspirações que nos mantêm imantados à dimensão menor daquilo a que chamamos paradoxalmente de racionalidade.

III O Grande Sonho

Imagine você um conceituado, competente e bem sucedido psicanalista instalado em elegante consultório no coração de Nova Iorque, onde trabalha com a esposa, também psicanalista. Saiba que esse casal privilegiado estudou a teoria e a prática da análise na própria fonte, com o eminente dr. Carl G. Jung, do qual, mais que discípulos, se tornaram amigos e confidentes e a quem visitavam regularmente, ano após ano, em Zurique. Saiba, ainda, que, pelo consultório dos dois doutores van Waveren, Erlo e Ann, transitavam eminentes personalidades dos círculos religiosos e culturais, do empresariado e da psiquiatria.

De repente, na madrugada de uma segunda-feira, em 1945, o doutor teve o 'Grande Sonho'. Ele estava, a essa altura, no que caracteriza como seus "*early forties*", ou seja, aí pelos quarenta e dois/quarenta e três anos de idade. Teria nascido, portanto, em 1902, o que se confirma, mais adiante, no livro, ao declarar que em 1966 ele foi tomado de surpresa, aos sessenta e quatro de idade, pelo inesperado conceito da reencarnação, como quem diz: – Mas só agora, aos sessenta e quatro anos, é que estou sabendo disso?

No Grande Sonho ele se via na presença de Deus, cuja cabeça lembrava vagamente a de seu próprio pai. A figura emblemática bloqueava-lhe o caminho para a escola, indicando-lhe a direção do mercado, e acabou por levá-lo, sem que ele saiba como, nem em que medida de tempo e por que, ao "mundo dos mortos".

O eminente analista acorda em pânico. (Discutiremos, mais adiante, no ponto certo deste livro, a leitura que faço deste sonho. Simbólico, como costumam ser os sonhos). Para ele, contudo, a conclusão era aterradora e só podia significar que a sua existência terrena estava no fim. Pois não havia ele "contemplado a face de Deus"?

A interpretação se me afigura não apenas surpreendemente primária para uma pessoa do porte intelectual do autor, como colorida de um superado matiz ortodoxo. Seja como for, o impacto foi arrasador para o seu psiquismo e ele se pôs a escrever apressadamente o testamento. A morte não poderia estar a mais de alguns dias, possivelmente, algumas horas, quem sabe se no caminho de volta para casa, no centro de Nova Iorque, pois aquele fora um fim de semana passado na propriedade de amigos em Long Island.

O problema, se assim o podemos considerar, é que o doutor não morreu, nem naquele, nem nos próximos dias, sequer nas próximas décadas. Houve tempo suficiente, portanto, para ficar com o material onírico a girar no liquidificador da sua mente, sem saber ao certo o que fazer dele.

Foi pressionado e fascinado por aquele sonho extravagante que ele resolveu mergulhar em seu próprio psiquismo as sondas da inquirição. Queria saber, tão precisamente quanto possível, o significado do Grande Sonho. Entregou-se, pois, aos cuidados da esposa e colega, dra. Ann van Waveren.

A análise, porém, longe de colocar as coisas nos seus devidos lugares, ou seja, de volta às rotinas do ofício de viver, ainda mais exacerbaram os conflitos pessoais. É que o analisado, em transe, queixara-se de haver sido no passado um "instrutor dos valores da vida" e que não estava dando continuidade à tarefa compromissada para esta vida. "Você tem ideia de quem teria sido?", dispara Ann, calmamente, com a "catalítica curiosidade de uma verdadeira esposa". Van Waveren – ou melhor, a voz que fala nele – responde, singelamente, que o nome era Fénelon.

Era uma nova bomba a explodir com enorme estardalhaço, na placidez em que viviam os dois. Se ele, Erlo van Waveren, fora Fénelon, então a gente sobrevive à morte corporal e, então, a gente se reencarna, meu Deus! E agora?

Ann não se lembrava de quem teria sido Fénelon, mas o marido sabia da existência do arcebispo francês, figura um tanto controvertida ao tempo de Luís XIV. Ao despertar, mais agitado do que nunca, ele tomou de uma enciclopédia para ler o verbete sobre Fénelon e acabou fechando o livro com estrondo, pois o nível da emoção subira ainda mais. Levantou-se, deu alguns passos, estacou diante da estante e, apontando para o local onde se encontravam as enciclopédias, acrescentou: "Antes de Fénelon, fui *Lord* Gray, com 'a' ou com 'e', e ele também está escondido por aí, nesses livros."

No entanto, ele era Erlo van Waveren, nascera em Hillegom, na Holanda, em 1902, como vimos. Seu pai, Theodor, era de família tradicionalmente dedicada ao negócio de bulbos – creio que de tulipas e outros – e sua mãe, Marie, era de Amsterdam.

São escassos os dados biográficos do autor, em contraste com a riqueza maior contida na sua autobiografia espiritual no decorrer dos passados dois mil anos. Ficamos sabendo que ele não teve formação universitária regular. Na adolescência e juventude, estudou com professores particulares. O problema não era financeiro, esclarece, mas emocional. Sentia-se, paradoxal e inexplicavelmente, inadequado para a carreira universitária e sobrecarregado de complexos. Além disso, o pai não se mostrava nada interessado em ter doutores na família, preferia ter bons empresários, como aconteceu com o outro filho. Discutiremos, no momento certo, as implicações da rejeição pelo meio universitário. Aqui basta dizer que o dr. Jung não o aconselhou, como a outros, a que se tornasse doutor e não lhe perguntou, antes de aceitá-lo como discípulo, se tinha formação acadêmica.

Com pouco mais de vinte anos de idade, o jovem Erlo integrara-se nos negócios da família e viajava por vários países, onde houvesse interesses comerciais a tratar. Após a morte do pai, renunciou às diretorias de duas das empresas e fixou-se em Nova Iorque.

Era preciso, a partir daquela perturbadora regressão de memória, trabalhar o material recolhido nos recessos do inconsciente. Seria aquilo "projeção emocional e verdade psicológica ou fato real?", perguntava-se ele, mais perplexo do que nunca.

Para encontrar o caminho nas brumas dessas inquietantes especulações, o jeito era recorrer ao seu próprio instrumento de trabalho profissional – a análise meticulosa de seus sonhos. Na verdade, há cerca de onze anos, ele se analisava e vinha sendo analisado (por Ann?). Uma vez por ano, iam a Zurique estudar com Jung, assistir às suas aulas, conferências e seminários, bem como debater com o mestre as complexidades do psiquismo humano. Essa convivência com Jung "exerceu imenso papel" em suas vidas, ficando o casal de analistas "profundamente dependente" dos próprios sonhos para a elucidação dos enigmas existenciais.

Era, portanto, aos sonhos que van Waveren iria recorrer com redobrada intensidade dali em diante, no esforço de entender corretamente o que se passava com ele. Mas não eram somente sonhos, porque ocorriam também visões e um diálogo falado e, às vezes, escrito, com uma desconhecida região de si mesmo. Parecia acontecer com ele o mesmo tipo de confronto com o inconsciente, um debate entre personalidade 1 e personalidade 2, ao qual se refere Jung em seus escritos, especialmente em *Memórias, sonhos, reflexões*.

Desse confronto íntimo, emocionalmente perturbador, emergiram mensagens simbólicas pejadas de conceitos e pressupostos algo indigestos para o metabolismo intelectual do sofisticado dr. van Waveren. Mas, que fazer? As informações brotavam com surpreendente vitalidade, exigiam atenção e, mais do que isso, aceitação.

Somente cinco anos depois, em 1950, van Waveren reuniu coragem suficiente para falar do assunto a Jung, que se revelou "aberto, franco e revelador", como sempre fora com o discípulo. Aconselhou-o, no entanto, a não comentar aquilo com mais ninguém. No contexto da cultura ocidental – advertia o mestre –, certos conceitos somente devem ser comentados quando colocados "sob luz mais ou menos científica". Jung não falava, por exemplo, de suas próprias encarnações passadas, mas de seus "componentes ancestrais", de seus "ancestrais psíquicos", de "almas ancestrais" e outros eufemismos mais palatáveis à severa dieta universitária.

O livro do doutor expõe um complexo sistema de ideias e relata eventos que ele foi documentando durante alguns anos, num diário íntimo. O que indica – mais adiante se confirma – não ter tido ele, de início, a mais leve intenção de publicar a história de sua peregrinação espiritual.

Sonhos e vidências e mais os textos que eventualmente psicografava, e as vozes íntimas que ouvia, armavam um cenário de impactante realismo e convicção. Que, no entanto, o autor insiste teimosamente em rejeitar. Numa das ocasiões, ele percebe nove existências – leiam-se reencarnações – a brilharem, figurativamente, como outros tantos diamantes de intensidade luminosa, variável ante seus olhos espantados. Como ele se referiu a apenas seis delas, sinto-me autorizado a imaginar que não tenha obtido suficiente informações sobre as quatro restantes ou talvez tenha preferido calar-se, por motivações que ignoramos, mas que têm de ser respeitadas.

As cinco encarnações resgatadas da sua memória "ancestral" – para ficarmos com a terminologia sugerida pelo dr. Jung – ocorreram na era cristã a partir do primeiro século. Há breves e enigmáticas referências ao Segundo Isaías, que a erudição bíblica chama de Dêutero Isaías. Pelo menos eu fiquei com a impressão de que esta seria uma das nove, mas disso também falaremos mais adiante, embora o autor não tenha sido sobre ela nada explícito.

Cinco, das dez que ele entreviu, foram vividas como influentes bispos católicos, usualmente junto aos reis e príncipes da época. Veremos de que maneira curiosa o simbolismo inconsciente lhe transmitiu tal informação. Uma delas teria sido como Judas Barsabás, no século primeiro da era cristã, que não foi, especificamente, um bispo porque o 'cargo', se assim podemos dizer, ainda não havia sido instituído, mas que exerceu sua parcela de influência nos destinos do cristianismo nascente, como veremos.

Depois de Barsabás, foi a vez de Asterius, bispo de Amásia, no século IV; em seguida, Wilfrid, bispo de Iorque, na Inglaterra do século sétimo; depois desse, Walter de Gray, também em Iorque, no século XIII (1216 a 1255). Daí, vamos a Fénelon, arcebispo de Cambrai, na França, entre 1695 e 1715 e, posteriormente, Erlo van Waveren, o psicanalista.

Essas personalidades apresentam-se nos sonhos e vidências do autor, supervisionadas por uma entidade-síntese, para a qual ele sugere o nome Kerel. Informa que o termo foi elaborado a partir de *kerl*, holandês, para homem comum. O autor explora, nesse ponto (p. 30), as implicações do nome inventado com *kyros*, senhor, mestre.

No esquema proposto em meu livro *Alquimia da mente*, eu diria que Kerel é a individualidade que carrega consigo toda a experiência acumulada pelas numerosas personalidades vividas no correr dos milênios. A doutrina dos espíritos faz distinção entre espírito (= individualidade) e alma (= personalidade, ser encarnado). Jung certamente haveria de preferir chamar a Kerel de o 'si mesmo', ou personalidade 2.

A discussão mais ampla destes aspectos, porém, não cabe no espaço de que dispomos aqui, razão pela qual, remeto o leitor, se assim o desejar, à leitura de *Alquimia da mente*. Alguma coisa, contudo, precisa ser dita, a fim de nos entendermos melhor, você que me lê e eu.

A peregrinação que o doutor descreve é a de uma entidade espiritual em busca de seu passado, a fim de proceder a uma reavaliação da experiência vivenciada nas suas várias encarnações. É uma longa viagem no tempo e uma dramática viagem às profundezas ignotas do próprio eu, narrada (relutantemente) por um sofisticado analista do século XX.

Julgo oportuno, neste ponto, trazer ao nosso debate o problema da interação das diversas personalidades no contexto da individualidade. Recorro, para isto, a experimentações pessoais, das quais resultaram não apenas o livro *A memória e o tempo*, como *Eu sou Camille Desmoulins* e, de certa forma, *Alquimia da mente*.

Para cada existência vivida na carne, temos um conjunto de memórias específicas, resultantes da vivência da entidade (espírito), como ser encarnado (alma). No caso van Waveren, são personalidades Judas Barsabás, Asterius, Wilfrid, Walter de Gray e Fénelon. Embora incorporadas ao arquivo geral que constitui a individualidade Kerel, elas preservam espaço próprio para as memórias, o aprendizado, as experiências vividas e as características específicas de cada uma.

Ao regredir Luciano dos Anjos, conforme relatado em *Eu sou Camille Desmoulins*, não encontramos a individualidade – o equivalente ao Kerel do dr. van Waveren –, mas sua personalidade como Desmoulins e, mais remotamente no século XV, suas vivências como dois anônimos vinagreiros e Charles, o duque de Orléans.

Nas experiências do coronel Albert de Rochas, a dicotomia individualidade/personalidade fica sugerida na regressão induzida na srta. Mayo. Vejamos o episódio, em uma transcrição que vou buscar em *A memória e o tempo* (p. 103, 4a. edição da Lachâtre):

> Levada a um ano de idade numa das regressões, o coronel lhe pergunta se ela sabe falar. *Ela responde que não.* Como, então, que você pode me responder? – pergunta ele. "Mas, sou eu que lhe respondo; o que eu vejo pequenino e é apenas uma parte de mim mesma." "Você não está, então, inteira no seu pequeno corpo?" "Não. Há uma névoa luminosa em torno desse corpo." "Mas não há outra coisa?" "Sim. Há, de fora, meu espírito que vê meus dois corpos: um, tal como era com um ano de idade; o outro, tal como é hoje."

Que se depreende disto? Creio que podemos colocar as coisas na seguinte ordem:

- O corpo com a aparência de um ano de idade é uma projeção do perispírito modificado.
- O corpo, tal como é no momento, seria o corpo físico.
- A consciência que observa os dois, determina o entendimento da pergunta e sustenta o diálogo seria a essência espiritual, o espírito propriamente dito, e pode situar-se num ponto não certamente *espacial*, mas hiperespacial – se assim podemos dizer –, do qual observa e tem o comando de toda a situação.

No relato de van Waveren há diálogos alternativos com a individualidade, o todo, a soma, e também com cada uma das personalidades (leiam-se existências) vividas no correr dos milênios. Em outras palavras, a regressão não se defronta exclusivamente com Kerel, a individualidade, mas com Judas Barsabás, Asterius, e os demais, cada uma delas muito bem definida e caracterizada. Aparentemente, elas se ignoram, mas observa-se que o autor fornece sutis indicações de que perpassam por elas clarões intuitivos que as levam, cada uma, a certa percepção do que acontece ou tenha acontecido com as demais personalidades integrantes do conjunto. Sabem, ainda – embora nem sempre consigam explicá-lo –, que têm coisas em comum e que se sucedem numa linha de coerência perfeitamente sequencial, a denunciar o perfil de um planejamento. Tal aspecto ressalta, com nitidez, no decorrer das diferentes existências, no interesse da entidade pelo pensamento do Cristo, segundo os instrumentos e os conceitos disponíveis em cada época vivida. Tanto é assim que, na existência como van Waveren, na qual a personalidade se mostra desatenta ao projeto evolutivo e desinteressada da realidade espiritual subjacente, torna-se imperiosamente necessário o impacto de uma série de sonhos e vidências que o despertem para a tarefa que tem a realizar. Ele próprio, van Waveren, se qualifica como "instrutor dos valores da vida", que, no entanto, não estava dando continuidade ao plano de trabalho combinado.

Há outro ponto a ser considerado. Uma das marcantes (e intrigantes) características da regressão de memória consiste em que o paciente ou sensitivo pode encontrar-se, em estado alterado de consciência – espontâneo ou provocado –, apenas se recordando dos episódios que narra, ou projetar-se como se 'estivesse lá', naquela interseção de tempo e espaço à qual foi regredido. Quando apenas se recorda, busca na memória os fatos, as datas, os nomes, e nem sempre os encontra, ou o consegue com alguma dificuldade operacional. Compreensível, aliás, pois é o que ocorre mesmo quando desejamos apenas resgatar lembranças da existência que estamos vivendo agora, na carne. Nessa condição, a linguagem do narrador regredido utiliza-se do verbo no passado, como qualquer um de nós, ao contar um episódio da infância ou juventude.

Quando, porém, a regressão é mais profunda e o paciente 'viaja' no tempo, vamos encontrá-lo lá, no seu passado, em algum ponto de convergência de tempo e espaço que nos é ainda – pelo menos para mim – racionalmente inapreensível. Não é dado àqueles, como eu – que não conseguem digerir as complexas ideias relativistas do eminente prof. Einstein –, entender com a instrumentação da lógica habitual que possa existir um 'lugar' no tempo. No entanto, é o que acontece, no contexto da lógica mais complexa da individualidade, que opera por intuição e não pela razão a que estamos acostumados no limitado espaço da dimensão mundana em que vivemos nós, os seres encarnados.

Não só minha experiência pessoal confirma essa estranha faculdade de viajar no tempo, como é também esse o depoimento de outros experimentadores, desde o coronel Albert de Rochas (in *Les vies successives)*, ao qual devo o estímulo inicial que me levou a uma busca mais aprofundada na realidade da memória.

Em *Eu sou Camille Desmoulins*, temos significativos exemplos do estranho comportamento do tempo. Em uma ocasião específica, apenas para ilustrar, o sensitivo, já em transe, declarou com a maior naturalidade do mundo que somente poderia me dar a informação que eu lhe pedira se 'fosse lá', onde, obviamente, ela 'estava', seja o que for que isso signifique. Foi, 'localizou' o que eu desejara e relatou o que estava presenciando. Nesse momento, sua linguagem reverte ao tempo presente: *estou, vejo, digo, etc.* Ali está o ambiente, ali estão as pessoas que participaram do evento ou o testemunharam, ali o regredido encontra os fatos que busca. E mais que tudo isso, ali estão suas emoções, fator de autenticação daquilo que narra.

O mesmo não acontece quando o paciente ou sensitivo apenas *se recorda* dos fatos ocorridos em seu passado mais recente ou mais remoto. Nesse caso, a narrativa pode ter lances de emoção, aquela que nos suscita qualquer lembrança marcante, mas não o impacto de uma revivescência, de uma revelação ou de uma inesperada (re)descoberta.

Ainda um aspecto a comentar para melhor entendimento da narrativa de van Waveren. Nas regressões mais profundas, quando a pessoa 'vai' realmente ao passado e lá se situa para, de lá, narrar o que sente e testemunha, é novamente aquele ser, com toda a estrutura mental e cultural de que dispunha na época. Do futuro nada sabe, a despeito de tê-lo vivido em existências posteriores àquela que está resgatando de suas esquecidas memórias.

Regredido à condição de Camille Desmoulins, Luciano *é* Camille Desmoulins, impetuoso, vaidoso, ateu, totalmente envolvido no contexto da Revolução Francesa. O futuro não existe para ele. Quando lhe pergunto o que aconteceu depois que me relata determinado episódio, ele se mostra aturdido. Depois, quando? Depois de hoje, desta hora, deste momento? Pois ainda não estamos *aqui*, em 1785? Como é que você quer saber o que se 'passou' em 1792 ou, pior ainda, o que se passaria lá no século XX, com um sujeito desconhecido chamado Luciano dos Anjos?

Por outro lado, a pessoa que lhe faz aquelas perguntas, obviamente cretinas (eu), é outra incongruência viva. O sujeito está ali, naquele momento em que conversamos na rua, em Paris, em 1785, e está, ao mesmo tempo, lá na frente, no século vinte, vestido de maneira estranha, num contexto absolutamente incompreensível para quem se encontra na rua, em Paris, em pleno século dezoito. Uma loucura total! E o pior é que ele tem a impressão de que conhece aquele singular perguntador!

Fenômeno idêntico observamos com as personalidades às quais regride o dr. van Waveren. Elas não estão apenas se lembrando de seus tempos de bispado na igreja medieval – *elas são* aqueles bispos, com a estrutura cultural de cada um deles, suas crenças e paixões, seus propósitos, dogmas e realidades. Quando algumas coisas começam a acontecer fora daquela lógica particular e específica de cada um – o encontro com 'os outros', por exemplo –, a perplexidade é total. Lentamente, contudo, começam a receber *inputs* vindos do passado que eles próprios viveram, e se reconhecem nas entidades que os precederam.

Adotando sugestão de Jung, van Waveren chama-os de "ancestrais". Dessa maneira, um por um vai se encontrando consigo mesmo, procurando, contudo, preservar a antiga identidade e as estruturas psicológica e cultural com as quais operava àquela época.

O autor não entra em pormenores acerca da mecânica do processo em si. Acredito, contudo, que ele haja recorrido a alguma acomodação a fim de facilitar a exposição sequencial da curiosa aventura pelo passado. É bem verdade que as diversas personalidades suscitadas – ele até as tem como "ressuscitadas" – convivem e interagem no conglomerado espiritual que constitui a individualidade Kerel. Não sei, porém, se seria possível colocá-las separadamente, uma ao lado da outra. Talvez o seja. As diversas personalidades estão mesmo ali, naquele condomínio espiritual, ainda que aparentemente ignorando-se umas às outras. Seja como for, há entre elas um canal comun de acesso, na individualidade Kerel.

Não se pode ignorar o fato de que o entendimento da aventura vivenciada pelo dr. van Waveren exige no leitor e na leitora e, em última análise, nele próprio, um mínimo de familaridade com aspectos fundamentais da realidade espiritual. Devo acrecentar que mesmo leitores habituados ao trato de tal realidade poderão estar expostos a dúvidas e questionamentos para os os quais o texto não tem explicações a oferecer.

Menciono, por enquanto, apenas um de tais aspectos pela sua relevância na avaliação da experiência do autor – a velha questão do esquecimento do passado. Para não atropelar o fluxo da nossa análise, cuidaremos disso alhures, neste livro.

Estou me lembrando especificamente de leitores familarizados com as comunicações e mensagens mediúnicas subscritas por Fénelon na sua condição de espírito desencarnado. Elas figuram com frequência e merecido destaque nas obras da codificação e em outros livros. Se você é um tanto apressado, poderá dizer logo, ante o livro de van Waveren: – Mas isto não é Fénelon! Fénelon não poderia ignorar aspectos essenciais da doutrina dos espíritos que ele próprio ajudou a elaborar!

Com algumas ressalvas, posso até concordar com você. Realmente, não se trata, especificamente, *daquele* Fénelon, que demonstrou nos seus escritos mediúnicos acolhidos por Kardec profundo conhecimento da realidade espiritual. Ele confirmou, nesses pronunciamentos por via mediúnica, ter sido – e continuar sendo –, nas palavras do dr. van Waveren, "um instrutor dos valores da vida". É preciso lembrar-se, no entanto, que não é Fénelon que escreve *Peregrinação ao passado* – é o dr. Erlo van Waveren, psicanalista junguiano, que exercia sua profissão em Nova Iorque, em companhia da esposa e colega dra. Ann van Waveren. Seu livro reflete, por conseguinte, uma leitura psicanalítica e não espírita de fenômenos que, inesperadamente para ele, se desdobraram na intimidade de seu próprio psiquismo e que, relutantemente, ele foi persuadido a relatar.

Não há dúvida de que sua interpretação dos fatos revelados de maneira tão insólita choca-se ocasionalmente com princípios doutrinários que nós, espíritas, consideramos consagrados na obra de Kardec. Chama-nos a atenção, no entanto, o fato de que, sendo van Waveren um profissional da saúde mental, desinteressado de conceitos como sobrevivência do ser e reencarnação, tenha formulado interpretações que, no geral, conferem com as linhas mestras do edifício doutrinário espírita. O que confirma a evidência de que a verdade é uma só, embora nem sempre seja percebida da mesma maneira pelos que a observam.

Acho mesmo que o doutor sai-se muito melhor ao analisar e interpretar os fatos, quando se deixa guiar pelos mecanismos da intuição – inconsciente e espiritual –, do que quando permanece no âmbito mais estreito do consciente, recorrendo ao modelo psicanalítico vigente. Ou – o que me parece ainda mais canhestro – quando se atém à visão dogmática e ortodoxa da teologia e das tradições católicas, ainda que as utilizando, como parece, às vezes, de maneira simbólica.

Estão, neste caso, entre outras, sua concepção de que Judas Iscariotes ainda carregaria consigo a pesada carga da traição não resgatada, quando, pelas informações de que dispomos, essa entidade já se redimiu em existências subsequentes do angustiante erro. Nesse mesmo alinhamento podemos colocar a presença de Lúcifer no seu texto, ainda mais como sombra inseparável do Cristo. Ainda que se perceba nessa postura uma conotação simbólica, é inaceitável a esta altura do conhecimento espiritual admitir-se a existência objetiva do demônio envolto em sombras a tocaiar vivos e mortos, como se vê na obsoleta teologia medieval.

Quanto à psicanálise, temos de entender sua participação no relato como deformação profissional do autor, o que é perfeitamente compreensível. Estão neste caso, a meu ver, episódios nos quais o autor traz para a sua narrativa aspectos pejados de conteúdo erótico. Eles me parecem fora de contexto, como a dramática experiência de Asterius com a figura alegórica do leão, que o agride brutalmene, ou a da integração do irmão trevoso no irmão luminoso, respectivamente Lúcifer e Jesus.

Também se me afigura psicanalítico demais para o meu gosto, se assim posso dizer, o que ele considera "nossa recém-adquirida feminilidade". É certo que os pensadores gnósticos entendiam o espírito propriamente dito – em nossa terminologia, a individualidade – como o lado feminino do ser. Atirada, no entanto, sem maiores explicitações neste contexto, a teoria da feminilidade me parece ininteligível.

Convém reiterar: *Peregrinação ao passado* não é um livro escrito pelo Fénelon que conhecemos da codificação espírita e de outros textos, mediúnicos ou não. E nem pelo Fénelon, arcebispo de Cambrai, quando ainda encarnado na França do século dezoito – é o livro do psicanalista Erlo van Waveren acerca das experiências vivenciadas pelo seu espírito em encarnações anteriores. Isto não lhe subtrai qualquer parcela de mérito; pelo contrário, ainda mais valoriza o dramático depoimento. Um texto de Fénelon, escrito do ponto de vista pessoal daquela personalidade, seria perfeitamente previsível, ao passo que o do dr. van Waveren coloca diante de nossa análise crítica a oportunidade singular de saber de que modo a entidade que viveu como Fénelon, numa existência anterior – além de outras identidades mais remotas –, se apresenta numa vida posterior, na qual se revela desinteressado daquilo a que vimos chamando realidade espiritual.

O livro é um depoimentro sobre o teste a que se submeteu o autor. Esse teste poderá ser assim formulado: "Como reagirá a entidade espiritual que foi Judas Barsabás, Asterius, Wilfrid, Walter de Grey e Fénelon, em nova existência na carne?" Acho que o livro responde a essa indagação. Ou, no mínimo, fornece elementos suficientes para uma avaliação da experiência pessoal da entidade.

IV Os Conflitos e a Resistência

O envolvimento do dr. van Waveren com a fenomenologia espiritual começou em 1945, com um dramático sonho, no qual ele caminhava para a escola primária que frequentou na infância, em Haarlen, na Holanda. Curiosamente, ele não se via como criança, mas como adulto de pouco mais de quarenta anos, sua idade real à época do sonho. Via projetada no céu imensa imagem paterna, que entendeu como sendo a da Divindade, mas que, de certa forma, lembrava seu pai. A figura levantou o braço e o abençoou com o sinal da cruz. Van Waveren retribuiu, abençoando-a também. "Em seguida" – escreve (p. 27) – "fui transportado ao outro lado da vida e, por uma fração infinitesimal de tempo, estive no mundo dos mortos."

Dois aspectos me chamam a atenção nesse episódio. Primeiro: mãos invisíveis empurram-no para dentro de um terno de sarja azul, desconfortável e apertado debaixo dos braços. A despeito de seu veemente protesto diretamente a Deus, que o obriga a vestir uma roupa daquelas sem consultá-lo, nenhuma resposta obtém. Tem de aguentar o terno exíguo e incômodo.

Você percebe logo que ele está falando de sua relutância em se reencarnar. A roupa apertada e limitadora é um bom símbolo para o corpo físico. Teria preferido, podemos inferir, ficar por lá mesmo, na dimensão a que ele chama "o outro lado da vida", mas decisão divina, como as do Supremo Tribunal Federal, não se discute, cumpre-se.

Segundo aspecto: parece que Deus tem alguma implicância com ele, pois manda que o metam naquela roupa horrorosa e ainda determina que, em chegando ao seu destino, no contexto onde vai usar o terno, ele não poderá ir para a escola.

Vê-se encaminhado – também a contragosto – para as "velhas e estreitas ruas" no centro da cidade onde funciona o comércio. Depreende-se, portanto, que a atividade comercial também não o atrai. De fato, ele se dedica por algum tempo às empresas da família, mas acaba renunciando a tudo para buscar outros rumos.

Mais adiante (p.18), depreendemos que, relutantemente ou não, cumpriu a decisão que lhe interditava as escolas. Nos *later teens*, ou seja, aí pelos dezoito/dezenove anos, estudou com professores particulares. Mais tarde, o problema foi com as universidades. Sentia-se inadequado para elas, por se julgar "pesadamente sobrecarregado de complexos".

Creio-me autorizado a concluir que a entidade espiritual que se reencarnou como Erlo van Waveren trazia um bloqueio deliberado com relação às escolas. Isto poderia ter sido apenas uma inexplicável singularidade, mas vejo razões ponderáveis por trás desses misteriosos véus.

É que os modelos pedagógicos vigentes, especialmente, acho eu, nos últimos dois séculos, são demasiado limitadores, ao imporem uma padronização cultural, ao mesmo tempo em que oferecem, paradoxalmente, impressionante variedade de temas curriculares.

Quero dizer com isso que o estudante não vai aprender na faculdade exatamente aquilo que deseja, e sim, aquilo que o modelo entende necessário e adequado para ele.

Em outras palavras – já existe lá um currículo que você tem de aceitar implicita e explicitamente.

Modelos inovadores – diríamos rebeldes – andaram propondo métodos em que o aluno pudesse decidir o que deseja aprender, em que ritmo e com que prioridades. Mas é sempre muito forte a resistência à mudança. Lembrei alhures, em outro escrito meu, o caso de Santos Dumont. Como é que ele iria inventar o avião a partir de currículos que decretavam a impossibilidade material do voo do mais pesado que o ar? Pois era precisamente isso que ele queria!

Mencionei, em meu livro *A memória e o tempo*, o caso do cientista americano Jeffrey Goodman, autor, entre outros, de *Psychic archaelogy*. O interesse de Goodmam punha-se numa modalidade de arqueologia em que o pesquisador recorria à ajuda de faculdades mediúnicas de sensitivos de sua confiança. Negativo, decretou a sua universidade; ciência e 'ocultismo' não se misturam. Goodmam insistiu, reclamou, brigou e conseguiu não só o mestrado em arqueologia, como o doutorado. Foi uma guerra!

> Mesmo com todas essas dores de cabeça [depõe ele], conquistei meu mestrado e fui aceito para o doutorado, a despeito de minhas idiossincrasias. A faculdade não tinha outra opção: eu havia obtido nota máxima em todos os cursos de arqueologia que frequentei.

O que ele queria estudar, portanto, a universidade não estava disposta a ensinar-lhe e o que estava lá no programa, tudo arrumadinho como manda o modelo vigente, não era de seu interesse. Obviamente, a universidade não se sentia à vontade em conceder um doutorado em pesquisa realizada com a ajuda da mediunidade, ou, no dizer acadêmico, do 'ocultismo'.

Antes de renascer, portanto, a entidade que assumiria a identidade de Erlo van Waveren, um menino holandês de classe média alta, tratou de se precatar quanto à padronização cultural que esperava por ele no sistema educacional contemporâneo. E isso porque, uma vez solidificada a carapaça cultural, torna-se muito mais difícil desfazer-se dela ou, pelo menos, perfurá-la, a fim de permitir algum arejamento ideológico.

O programa que van Waveren trazia para a presente existência exigia, com toda clareza e convicção, o conhecimento (e aceitação) da realidade espiritual, coisa que, decididamente, ainda não se aprende em universidade. O máximo que permitem as estruturas pedagógicas atuais são cursos de parapsicologia, mais ou menos 'aceitáveis' ao *establishment.*

Ainda que trabalhando com uma psicologia quantitativa, fortemente ancorada na estatística, sabemos das pressões postas em cima dos atléticos ombros do dr. J. B. Rhine. E ele nem chegou a se convencer da existência do espírito, pois mesmo permanecendo no âmbito dos fenômenos telepáticos, telecinéticos e outros desse tipo, enfrentou uma campanha que poucos teriam condições de suportar.

Ora, logo na sua primeira conversa com a esposa, após o Grande Sonho, van Waveren declara, em transe, que tinha tarefas a cumprir na vida, um "destino todo pessoal, ditado por algo dentro de mim – a alma, ou talvez o *self*, para usar a palavra junguiana para a nossa totalidade".

Trouxera, pois, para a vida um propósito bem definido, que consistia em continuar sendo o que fora antes, ou seja, um "instrutor dos valores da vida". Como cumprir esse destino, essa programação, ignorando a realidade espiritual?

O caso é que, mesmo esquivando-se do sistema padronizado de ensino, não lhe foi possível evitar que seus professores particulares tivessem o tipo de formação da qual ele se programara para escapar. Para seus mestres, também o conteúdo espiritual do ser humano – se é que existe essa coisa chamada espírito, deveriam pensar – constituiria objeto do nebuloso conjunto de crendices e ignorâncias ambiguamente caracterizado como ocultismo. Isso nada tem a ver com o meio acadêmico, muito menos com ciência, e está, *ipso facto*, excluído de qualquer currículo universitário que se preze.

A despeito de contornar por fora e a precavida distância, os campi universitários, van Waveren não se livrou de um sentimento de rejeição ou, no mínimo, de indiferença pelos princípios indispensáveis às suas programadas tarefas terrenas.

Por isso, ao ser sacudido para fora da sua carapaça 'oficial' por um dramático sonho, sentiu-se perdido em território mal iluminado, dentro do qual não sabia orientar-se. E isso com pelo menos meia dúzia de vidas pregressas em que teria vivenciado alguns de tais conceitos no contexto do cristianismo.

Daí o choque e a sensação de profundo desconforto e tensão como se o mundo acabasse de cair-lhe sobre a cabeça aturdida. Então, ele, Erlo van Waveren, psicanalista junguiano de prestígio profissional, social e cultural, era um espírito reencarnado? Impossível!

A perplexidade foi tamanha que alguém dentro dele – ele mesmo ou alguma entidade exógena? – comentou com humilhante franqueza e um pitada de bom-humor: "Bem, talvez pudéssemos encontrar alguém melhor, mas ele mesmo serve." Sua cultura revelava-se, portanto, inadequada para a implementação do projeto que ele próprio elaborara, como espírito, para a presente existência.

A enigmática voz interior falava, com autoridade indiscutível, de uma tarefa que vinha de trás, no tempo, e que se projetava no futuro, transitando pela ponte do presente.

A revelação de sua identidade como Fénelon, na existência imediatamente anterior, causou-lhe tremendo impacto emocional à personalidade ou alma, mas não à individualidade (dita inconsciente). Esta transmitiu-lhe a informação com a maior naturalidade do mundo, como quem está apenas batendo papo, enquanto toma um cafezinho, indiferente à tempestade que desencadearia – como de fato aconteceu – do outro lado de si mesma.

A notícia, como se vê, era perturbadora apenas para a personalidade ignorante quanto ao conceito da reencarnação, não para a individualidade, plenamente consciente dessa realidade e disposta a cobrar o cumprimento do trato feito.

Seja como for, van Waveren declara sentir dentro de si os conflitos e as emoções que Fénelon não tivera condições de assimilar naquela época. Seria somente isso?

Sobre este ponto, em especial, ele recorre, como em tantos outros no decorrer de sua narrativa, à experiência e à sabedoria do dr. Jung. Lê-se em *Memórias, sonhos, reflexões*, lembra o autor, que perguntas formuladas no passado, pelos "ancestrais" (leiam-se reencarnações anteriores), só teriam respostas séculos à frente. Jung não explicita seu pensamento, mas é óbvio que, no seu entender, ele próprio, como todos nós, estaremos naquele futuro em novas peregrinações reencarnatórias para corrigir desvios de procedimento e dar sequência à programação evolutiva. Para Jung, há um acervo ilimitado de conhecimento cósmico à nossa disposição, "...que somente pode ser compreendido pela consciência, no tempo certo".

Van Waveren não apenas concorda com isto, como oferece (p. 24) uma curiosa interpretação ao pensamento de Paulo, segundo o qual "... semeado corruptível, o corpo ressuscita incorruptível". (I Cor 15,42) O versículo citado não tem, no meu entender, nada a ver com a reencarnação e sim, com aquilo que os exegetas tradicionais dos textos evangélicos consideram como ressurreição. Em outras palavras, sobrevivência do ser à morte corporal. Mas isto é outra história, que não cabe aqui.

Para o autor, a trombeta acaba de soar e a hora é esta. "Na verdade", acrescenta ele, "o tempo não existe."

Após a traumática experiência da regressão espontânea, ele continuava a não entender o sentido real do "Grande Sonho", que provocara inesperada desarrumação em seu mundo interior, batendo de frente com a sua formação cultural, por menos ortodoxa que tivesse sido. Passara por ele um vendaval e ele tinha agora de sair catando coisas esparsas e tentando restabelecer a ordem interior, se é que isto lhe seria possível.

O jeito era recorrer à psicanálise, único instrumento de que dispunha para decifrar os enigmas que o inconsciente estava colocando nas telas do consciente. "Tenho que examinar meus sonhos" – escreve (p. 21) –, "a fim de explicar isso e certificar-me se se trata de projeção emocional e verdade psicológica ou fato real."

Como já se vinha analisando há cerca de onze anos, redobraria, dali em diante, a atenção com o material que o inconsciente continuava a produzir. Recorreria até à competente ajuda pessoal do dr. Jung.

Por isso, como disse alhures, não podemos esperar do dr. van Waveren uma análise do seu psiquismo nos termos e na moldura em que a escreveria Fénelon, mas uma avaliação essencialmente psicanalítica da simbologia utilizada pela individualidade para contar sua própria história, através do resgate de algumas encarnações passadas.

Não faltaria material para análise. Na noite seguinte à da regressão em que ele se reconheceu como Fénelon e, ainda, como lorde Grey ou Gray, começaram os sonhos explicativos, na velha linguagem inarticulada dos símbolos e das imagens.

Vale a pena examinar mais de perto o sonho dessa noite, pois ele conta uma história interessante e marca certas posições.

No sonho, van Waveren é levado "a uma câmara oriental". Havia lá, uma bola de futebol, logo à entrada. Ele tinha de dar-lhe um chute firme, como se estivesse cobrando uma falta. Lembrou-se da adolescência e disparou o pontapé. O chute saiu forte e certeiro, verdadeira bomba, como diria um locutor especializado. Foi bater no centro de um gongo que explodiu em sons, "como se todo o mundo tivesse que ouvir" as vibrações emitidas.

Dali, o sonhador foi levado a outro aposento, onde estava sendo julgado seu irmão, o que resolvera continuar como empresário, na gerência dos negócios da família. Segundo o enredo do sonho, o irmão desistira do casamento e pleiteava, na justiça, a devolução do diamante com o qual presenteara a ex-noiva. O juiz negou a petição, acrescentando que o casamento tinha de realizar-se de qualquer modo. Em seguida, o magistrado apontou para mais nove diamantes de tamanho e brilho diferentes, suspensos no ar. Van Waveren entendeu que as pedras representavam nove das suas existências anteriores. O décimo, percebido a seguir, correspondia à sua vida atual, como Erlo van Waveren.

Mas, e essa história da câmara oriental? Se é que você me permite recorrer à hipótese formulada em meu livro *Alquimia da mente*, ela figura como símbolo do hemisfério cerebral direito, onde, a meu ver, está sediada a individualidade (leia-se, também, inconsciente ou espírito). A personalidade, portanto, é que é conduzida ao âmbito da individualidade, onde se encontram os arquivos gerais do ser, na 'documentação' de todas as existências anteriores, até onde alcança a memória.

O chute na bola de futebol é apenas a maneira de lhe dizer, com o consequente clamor do gongo, que a sua história deve ser difundida, pois o estardalhaço foi "como se o mundo inteiro tivesse de ouvi-lo", nas palavras do autor (p. 21). Tal como acontece ao jogador de futebol que desempenha uma tarefa programada diante de enorme público que participa, grita, vaia e aplaude. No campo, ele não tem como esconder-se para que ninguém o veja ou ouça e nem pode recusar-se ao trabalho coletivo da equipe.

Van Waveren não tem apenas um diamante a recuperar (resgatar da memória integral), mas nove. Quanto ao casamento, contudo, tem de ser realizado, queira ou não, decreta o juiz. Não houve como recusar-se à reencarnação em que se encontra. Tem de levar avante a tarefa planejada na dimensão espiritual e contar sua história por inteiro, numa autêntica e literal exposição pública, sem véus e subterfúgios. Precisa dizer que sim, ele, van Waveren, é um espírito imortal, sobrevivente e reencarnante. Segundo o modo de entender do que ele considera seu "lado racional" (o outro seria irracional só porque inconsciente?), ele tem de "aceitar a nova vinculação com o inconsciente".

Tenho, aqui, um reparo a fazer. O vínculo com o inconsciente nada tem de novo, sempre esteve ali, como muito bem sabe o psicanalista que é; ele se viu pressionado, sem saída, a assumir tal conexão que, antes, tinha apenas a conotação psicanalítica e agora assume surpreendentes e impensados conteúdos espirituais.

Mas falei também de cobrança de uma falta, pois assim interpreto o chute de bola parada, como se diz em linguagem esportiva. É que as reencarnações têm, necessariamente, características retificadoras. A gente responde pelas faltas cometidas e é induzido a promover na estrutura ética do ser os reajustes necessários, de forma que o erro, tanto quanto possível, não se repita, a fim de não suscitar nova rodada de dores.

Enquanto ele se empenha em decifrar os enigmas que lhe estão sendo propostos, os sonhos continuam, e insistem na incômoda temática das reencarnações, sem a menor cerimônia ou consideração pelas ideias de vigília do doutor. Para ele, aquilo se afigura, como confessa (p. 22), verdadeira "rebelião", a sacudir por dentro, em seus fundamentos, o "ser do século vinte, civilizado e sofisticado". Por isso, ao identificar-se, depois de Fénelon, e em novo sonho, com o bispo, cujo primeiro nome começava com um W (Seria Walter de Gray), ele (personalidade, consciente) sentiu-se tão injuriado que se obrigou a despertar, rompendo com o sonho. Era bispo demais e reencarnação demais para o intelecto de um psicanalista do século vinte.

Os sonhos eram implacáveis, tal como o juiz que o condenara a se casar de qualquer maneira, ainda que, no episódio onírico, ele haja tentado transferir sua responsabilidade para o irmão executivo. O problema era dele mesmo e ele agora sabia disso, sem opções salvadoras, mesmo porque, alguns dias depois, topou, em outro sonho, com o claro simbolismo dos brotos de samambaia. E não era um só, eram cinco! Neste sonho, ele via, no jardim junto de sua casa, uma samambaia com cinco brotos em destaque, a sugerirem, no caprichado desenho em espiral, o báculo dos bispos.

Isto se passava, como vimos, aí por 1945. Somente em 1950, em nova temporada na Suíça, ele resolveu abrir-se com o dr. Jung, seu mestre e amigo pessoal.

Herr professor mostrou-se à altura do drama vivido pelo discípulo. Ouviu, comentou, aconselhou e o esclareceu naquilo que podia e com toda a franqueza. (Bem que eu gostaria de estar ali por perto para ouvir esse diálogo eletrizante.)

No dia seguinte, porém, parece que alertado para a amplitude e gravidade do problema, pediu à sra. Jung que recomendasse a van Waveren que não comentasse com ninguém no Instituto o teor da conversa mantida entre os dois, provavelmente na presença da dra. Ann van Waveren.

Na opinião de Jung, esses conceitos 'orientais', como reencarnação e outros aspectos da realidade espiritual, somente seriam levados em conta no ocidente "quando apresentados sob uma luz mais ou menos científica"(p. 23). Em lugar de referências explícitas a reencarnações anteriores, Jung preferia, como também vimos, caracterizá-las – ou melhor, descaracterizá-las – como "componentes ancestrais", "ancestrais psíquicos" ou "almas ancestrais."

O texto escrito na noite de 14 de dezembro de 1968, em Nova Iorque, assumiu as dimensões de um pungente lamento, dirigido pela personalidade do autor à sua própria individualidade, à qual ele identifica como "meu senhor e meu Eu". Ele emprega na segunda expressão o termo inglês *self*, cujo equivalente, em alemão, Jung interpreta como o ser total, com todos os seus "ancestrais", ou seja, incluindo as encarnações anteriores.

Van Waveren sabe, como bom psicanalista junguiano, que as coisas se passam como se tivéssemos em nós duas pessoas. Para melhor observá-las e, posteriormente, discuti-las nos seus escritos, Jung as considera separadamente, personalidade 1 e personalidade 2. Esse debate consigo mesmo consta, principalmente, de *Memórias, sonhos, reflexões*. Jung sabe, contudo, que não se trata de outra pessoa dentro da gente, mas apenas de uma dicotomia, de dois aspectos ou manifestações do mesmo ser – indivisível, como ensinaram os espíritos.

No meu entender, um bom e saudável intercâmbio entre essas duas áreas psíquicas do ser é de vital importância ao processo evolutivo de cada um de nós. "Conhece-te a ti mesmo", proclamava o oráculo grego. Sócrates ensina a mesma coisa, ao demonstrar a existência de vastos arquivos de conhecimento e experiência nas pessoas que ele se punha a questionar. Queria demonstrar sua convicção de que aprender tem muito a ver com recordar. O "batismo do espírito" (= mergulho em si mesmo) consta dos textos evangélicos como outra maneira de figurar o mesmo conceito.

Van Waveren, ainda inconformado, queixa-se dessa outra parte de si mesmo, por estar fazendo dele "um espetáculo, que atrairia inevitavelmente para ele o desprezo contemporâneo das chamadas pessoas educadas" (p. 25). Sente-se como aquele que se expõe e se sacrifica para que os outros aprendam.

De repente, "de longe, muito longe, do silêncio cósmico", chega-lhe um texto, presumivelmente mediúnico (ou anímico), recebido por ele mesmo, em psicografia. Como estava ainda há pouco dirigindo-se ao seu eu profundo, ficamos sem saber se o texto provém de sua própria individualidade, à qual ele passará a identificar como Kerel, ou de alguma entidade espiritual.

É um belo documento, seja qual for a sua origem. Nele, a entidade comunicante faz-lhe um apelo dramático para que se desnude, a fim de se proteger. O pedido pode parecer paradoxal e até contraditório, mas é a pura expressão de uma verdade que o doutor não percebe ou não quer ainda admitir, e que se explica mais adiante. É que, no dizer da entidade, ele, Erlo van Waveren, sabe da realidade espiritual, enquanto os outros, não. Quem são esses 'outros'? Todos os que ainda tateiam nas trevas, a buscar aquilo que nem sabem o que seja.

"Não tente, jamais – acrescenta o texto –, ser entendido. (...)Conte sua história, pois que, se isso não acontecer, o desastre sobrevirá."

A entidade fala, obviamente, do fracasso que seria o descumprimento da obrigação assumida ao reencarnar-se.

Aí estão, portanto, à disposição dele, não apenas a evidência de um compromisso, mas a oportunidade, a instrumentação e o conhecimento necessários para cumpri-lo, tal como planejado.

Paternalmente, a entidade encerra seu apelo com uma expressão carinhosa para aliviar a pressão que exerce: "Agora, vai dormir, que já passa de meia-noite."

Na manhã seguinte, 15 de dezembro, o autor parece mais calmo. Ou estaria apenas mais conformado, ou, quem sabe, menos rebelde? Ainda identifica nos sonhos e nos fenômenos observados em "estado onírico", estranhas figuras humanas com as quais convive, sob protesto, na dimensão em que se movem os sonhos. Está sendo levado, portanto, a regressões – espontâneas ou não –, nas quais dialoga com suas personalidades de antanho.

Esses companheiros são resumidamente apresentados ao leitor, cada um com seus não solucionados problemas básicos de comportamento. Há neles tarefas às quais precisam dar continuidade, planos a desenvolver, aprendizado, correções de rumo – a vida, enfim, na sua cadência evolutiva.

Wilfrid, aliás são Wilfrid, remoto evangelizador da Inglaterra, traz na consciência espiritual a culpa de ter "violado a beleza do espírito da Inglaterra pré-cristã" (p. 29). Sente-se atirado às profundezas do inferno, cujo poço escuro e profundo abriu-se debaixo do altar da sua igreja. Pagaria caro, temia, por esse ato que o autor considera revoltante violência às tradições célticas que ali predominavam. Sobre os equívocos de cada um, falará mais adiante, no livro.

Kerel é o resumo de todas aquelas experiências, o arquivo geral, não um arquivo morto, mas vivo, muito vivo, orgânico, atuante, atento, movendo-se numa atmosfera psíquica de sabedoria. Aliás, van Waveren o considera "um aspecto do sábio, aquele que sabe tudo o que foi vivenciado" (p. 31). É o ser arquetípico, para recorrer à terminologia junguiana. Temos de nos lembrar, aqui, de que o prefixo arque, em grego, significa antigo. O arquétipo é, portanto, um modelo, padrão, espécime, arranjo, disposição ou configuração criado pacientemente ao longo de um tempo que não há como estimar-se. A individualidade constitui, portanto, um arquétipo vivo, um vasto armazém de experiências e de sabedoria.

Os chineses já sabiam disso há pelo menos cinco mil anos, quando elaboraram o *I Ching*. Na análise de situações complexas e delicadas da vida, o *Livro das mutações* aconselha consultar o grande homem ou o homem superior. Essa imagem acaba sendo o mesmo *self*, de Jung, ou o *overself*, de Paul Brunton, o *espírito*, de Kardec, ou, ainda, a individualidade, de Alexandre Aksakof, bem como o "hóspede desconhecido", de Maurice Maeterlinck, para citar alguns. (Sem que isto signifique um 'comercial', você encontrará material mais amplo para meditação a respeito destes aspectos, em *Alquimia da mente*.)

Significativamente, o *I Ching* menciona também o fato de que, ao manipular os elementos de consulta – as varetas ou as moedas –, o consulente está se dirigindo aos 'ancestrais'. Eu pensava, de início, que tais antepassados seriam entidades espirituais exógenas, mas vejo agora que bem podem ser, *também*, as personalidades vividas em encarnações pregressas, cujos arquivos estão, como sabemos, meticulosamente preservados no inconsciente (individualidade) de cada um. Quando o jogo sutil dos hexagramas manda aconselhar-se com o homem superior, está, em realidade, recomendando ao consulente que procure ouvir, em momento de recolhimento e serenidade, a voz muda (e às vezes até sonora) da intuição que vem do inconsciente.

O texto escrito pelo dr. van Waveren em 27 de julho de 1966, em Bad Ragaz, na Suíça, trata do drama cósmico do (re)nascimento. É um documento poético, iluminado por admiráveis *insights* e imagens de grande poder de sugestão. Contém esta última conotação, a meu ver, o grito da alma, momentos antes de mergulhar na carne, impregnada pela "agonia do deleite" (p. 32).

Logo adiante, nessa mesma página, o espírito, acostumado às amplitudes da dimensão cósmica, de onde vem de volta à carne, sente-se inapelavelmente separado de suas vivências do outro lado, para encerrar-se "numa caixa de carne cheia de sensações, sensível a tudo, mas consciente de nada", a não ser daquela amputadora separação de tudo quanto sabia. Trata-se, portanto, de um mergulho na ignorância, de uma transição da luz para a sombra, uma renúncia às suas memórias, um retorno, enfim, à infância depois de ter vivido como adulto.

Trata-se de uma dissertação sobre como o espírito se percebe catapultado, contra sua vontade, para dentro de uma pequena massa de carne e ossos. Não é sem razão, portanto, que o autor tanto reclamou de Deus, por tê-lo obrigado a vestir uma roupa que não lhe assentava.

Naquele "momento caótico" – depõe – ..."meus pensamentos perderam a força, como se suas asas houvesem sido tosadas por uma gigantesca tesoura" (p. 33).

A despeito de sua assumida e consciente rejeição pela realidade espiritual – imortalidade, sobrevivência e reencarnação – a gente percebe em van Waveren, quando ele se solta um pouco e deixa falar suas intuições, a riqueza dos conhecimentos acumulados e das experiências vividas.

Três dias depois, em 30 de julho, ainda em Bad Ragaz, na Suíça, escreve mais uma de suas meditações, esta acerca da dinâmica do processo evolutivo.

Vemos aí a convicção de que, ao vestir a desconfortável roupagem física da reencarnação, ele sabe que está partindo – com dor – vínculos de amor com gente que fica por lá, na dimensão onde são "intermináveis as possibilidades e estonteante o panorama", como ainda há pouco dissera ao descrever as poderosas emoções do nascimento (p. 32).

Vem para um contexto limitador, a fim de começar tudo de novo, "na infindável cadeia do ser". De alguma forma, o mergulho na matéria se lhe assemelha a uma verdadeira morte. Logo acrescenta, porém, que tanto faz estar aqui como lá, "vivo onde quer que esteja" (p. 34). É preciso considerar, não obstante, as complexidades do "gigantesco projeto do retorno". Ele sabe, também, que o corpo físico gerado para receber seu espírito em mais uma jornada terrena oferece-lhe "nova oportunidade para corrigir antigas mazelas e temores", além de proporcionar-lhe condições para expandir ainda mais a consciência de si mesmo e do universo em que vive, aqui ou alhures, onde quer que esteja.

É aqui na terra, onde o psiquismo mergulha na matéria densa, que nos é oferecida a oportunidade de trabalhar e experimentar, com o objetivo "de encontrar a luz da consciência", filosofa. Não que importe muito *onde* estamos, se na dimensão espiritual ou nas brumas da matéria, o que importa – acrescenta – é saber "*o que* somos, como seres humanos". Ou seja, o mistério último do *quem* somos vai sendo gradualmente revelado pelo *que* somos.

No fundo, a despeito de suas reservas intelectuais a esses aspectos da vida, ele sabe "por experiência" – acrescenta – que, a partir daquele despertar, é só deixar aberta a janela de comunicação consigo mesmo que "o inconsciente expressará as verdades que parecem estranhas à mente racional" (p. 34). Sabe até que, se não prestar atenção a essas vozes silenciosas e, às vezes, sem palavras, estará alienando uma parte de si mesmo, a mais importante, amadurecida e sábia, diria eu, para complementar. Aquilo a que o leitor e a leitora estão assistindo, portanto, ao percorrer esses textos, é ao dramático empenho do espírito imortal, tentando desesperadamente acordar a alma que adormeceu na matéria, deixando-se embriagar por ela, como dizia a sabedoria dos gnósticos.

Dias depois, 5 de agosto, no vale do Egandine, em Sils Maria, chega-lhe, por via espiritual, um texto de grande beleza e poder de persuasão, além de iluminado por uma sabedoria transcendental. Van Waveren o caracteriza como resultante de uma "forte voz interior" e fico, mais uma vez, sem saber se se trata de manifestação de alguma entidade desencarnada ou da individualidade (= espírito) do próprio autor.

Pelo que se percebe do seu conteúdo, van Waveren ainda não venceu a rebeldia ante a perspectiva de tão vultosas renúncias. Por isso, ainda reluta, hesita e busca saídas que não 'aquela' que lhe está sendo, não propriamente oferecida, mas imposta. Talvez até saiba que pode recusar-se a seguir pelas trilhas de uma completa anulação de tudo quanto tem sido. Ao mesmo tempo, não obstante, sabe que, recusando-se à renúncia que lhe pedem, estaria renunciando a tudo quanto secretamente deseja, razão mesma de sua atual jornada pelos desconfortos e exiguidades da carne.

Em suma, veio para cá exatamente para fazer aquilo que ora lhe pedem da dimensão espiritual, mas, depois de aqui chegado, ignora, como personalidade, compromissos assumidos pela individualidade e opta pelos atrativos que o mundo tem a lhe oferecer. Não era sem razão que os gnósticos queixavam-se tanto das ilusões e ardis da matéria densa, especialista em aprisionar os mais luminosos seres espirituais nas malhas do transitório, em prejuízo certo das alegrias do permanente. Uma barganha desigual essa, que lhe dá um terno apertado para vestir por algum tempo, em troca do manto dourado e da coroa da justiça de que falou Paulo a Timóteo (II Tim 4,8).

A entidade que fala nessa comunicação vai direto ao ponto, identificando no angustiado psicanalista o apego às coisas do mundo, quando tudo o que se lhe pede a fim de que cumpra o que acertou antes de nascer é, precisamente, que vire as costas ao mundo e a tudo o que isso representa para ele. Nesse ponto, a entidade informa que a mensagem universal de apelo estava sendo difundida por toda parte e ele, van Waveren, aparentemente, a captava porque tinha com ela bem definidos compromissos. Infelizmente, deixara-se aprisionar pelas coisas do mundo. Daí o conflto que carrega dentro de si. "O antigo não pode compreender o novo", ensina o manifestante. É necessário ser, ao mesmo tempo, aquele velho espírito experimentado que ele é, mas "sem as peculiaridades do século vinte."

"O mundo material e racional de hoje" – filosofa a entidade comunicante – "tem de ser meticulosamente entendido a fim de ser descartado."

Isto constitui uma verdade que temos visto em ação em vários momentos históricos de relevo. Paulo, destinado a ser o Apóstolo dos Gentios – o "vaso escolhido" – é exemplo vivo desse conflito, que acabou bem resolvido.

O risco que correm as entidades que vêm para tentar mudar as coisas – todos nós, em última análise – está em se deixarem seduzir pelas estruturas de comportamento vigentes no mundo e se acomodarem nelas, esquecidas de suas tarefas e compromissos. Paulo foi, de início, vitimado por essa ilusão e, em vez de trabalhar para implementar aquilo que o Cristo pregara e exemplificara, entendeu ser da sua obrigação e de seu dever esmagar a doutrina que mal começava a germinar. Para acordá-lo, foi necessário que a visão do próprio Cristo o sacudisse do cavalo e o deixasse enceguecido, emborcado na areia escaldante do deserto. Só depois de cego, conseguiu ver.

A Erlo van Waveren, o que se pedia não era mais do que ele próprio planejara realizar antes de vestir a asfixiante roupagem da matéria densa. Também de Paulo eram exigidas renúncias difíceis, nos limites do impossível. Tinha de deixar para trás os sonhos de glória e poder que lhe prometia a brilhante carreira de doutor da lei.

Veremos esse aspecto, daqui a pouco, ao estudar o dramático adeus de van Waveren ao seu mundo. Nesse mundo, adverte a entidade, ele estava "tentando modelar a imagem de um psicólogo ou a de um escritor" disposto a realizar um trabalho de relevante significado. Esta não era, contudo, a sua tarefa como espírito, como individualidade e sim, o que a personalidade sonhava (equivocadamente) realizar.

O que a entidade comunicante lhe pede é que não interfira com o que "Eu criarei". Dito isto, identifica-se, sem se revelar mais do que o necessário e de maneira algo poética, ainda que enigmática: "Sou o mistério além do tempo" – informa –, "além da compreensão humana, não para ser definido. Chame-me a Voz, o Ser, o Vazio, Eros, Logos, seja lá o que você quiser, mas não me ignore."

A misteriosa voz dentro dele, portanto, não desprezava o mundo – ao contrário, queria-o muito bem estudado e compreendido –, mas não desejava que as coisas nele continuassem sendo o que são. Queria-o estrutural e radicalmente modificado, a fim de abrir nele espaços para outros valores. Desse mundo e da sua própria mundanalidade era necessário que van Waveren se despedisse para sempre, pois, se continasse a amá-lo como sua prioridade espiritual mais alta, continuaria prisioneiro dele.

No dia seguinte ao da conversa com a poderosa voz interior, van Waveren ainda revolvia na mente o dilema diante do qual fora colocado: os êxitos mundanos ou a abstrata expectativa de uma vaga realização espiritual nada concreta? A segunda opção exigia a demolição total daquilo que ele identifica como o seu "muro do século vinte", algo assim como a morte. Será que dava para enfrentar o problema? Enquanto não vinha a decisão, ele resolveu ir caminhar pelo bosque, em companhia da inseparável e fiel Ann.

Isso foi no dia 4 de agosto. Dia 5 foi a data marcada para a despedida, do chorado e sofrido adeus a tudo quanto ele havia sido, pensado e realizado até aquela tormentosa encruzilhada.

A despedida assumiu a forma de uma prece e as proporções de um drama pessoal de aflitiva intensidade.

Era a segunda vez, naquela mesma existência, que ele se via perante uma decisão difícil, "talvez a mais intensa agonia que jamais tenha experimentado" (p. 36). Embora já envolvido com os negócios da família, seu sonho maior fora o de ser ator. Devo adiantar a você, que porventura não tenha acesso a uma foto, que o dr. van Waveren tinha tudo para sê-lo.

Mesmo aí pelos setenta anos de idade, ainda exibia o porte, a elegância e a *finesse* de um galã que acaba de ganhar o Oscar. Se na formação cultural não lembrava muito o antigo arcebispo de Cambrai, na aparência física e no charme eram extremamente parecidos.

Curiosa, no mínimo, a observação do autor de que renunciou à carreira teatral quando seus sonhos sinalizaram para ele o caminho da psicologia. É uma pena que ele tenha sido tão reticente, às vezes. Eu gostaria, por exemplo, de saber como foram os sonhos que o levaram àquela conclusão. Palpita-me que eu teria para eles uma leitura diferente. Provavelmente – e aí vai meu palpite – o que o seu inconsciente estaria a dizer-lhe com o simbolismo habitual é que ele precisava modificar radicalmente sua abordagem aos enigmas da vida, a fim de mudar, na psicologia, aquilo que precisava ser mudado. Tanto ele como Jung, seu amigo e mestre, acabaram, pelas suas obstinadas resistências, deixando de cumprir a relevante tarefa de introduzir nas ciências de radical psi os conceitos da realidade espiritual, principalmente o da reencarnação. Aos sessenta e quatro anos – idade, aliás, com a qual morrera Fénelon – hesitava em cumprir a programação elaborada para a sua existência terrena.

O adeus, porém, como estamos vendo, ainda é uma despedida chorada e sofrida, relutante e angustiada, de quem se vê obrigado a deixar para trás seus mais queridos amores e os melhores momentos de sua vida. Por muito menos, eu me desmanchei em lágrimas, naquele crepúsculo, enquanto contemplava, do tombadilho do transatlântico "Argentina", as luzes da cidade de Nova Iorque tragadas pela distância. Isso foi em 1954 e eu regressava ao Brasil, depois de cinco anos na mega-cidade. Imagino, pois, as agonias do doutor, consciente de que as causas de suas lágrimas eram mais nobres e muitíssimo mais profundas do que foram as minhas.

O que ele deixava para trás não era apenas uma cidade à qual se houvesse afeiçoado, era todo um conjunto compacto de interesses culturais, profissionais e sociais. Era a justa ambição de dar sua contribuição pessoal à psicologia, escrever livros, lecionar, fazer palestras e conferências, participar de simpósios, debater problemas com os colegas, enfim toda essa gostosa "vaidade animal" (a expressão é dele à página 37). "Eu desejava a aclamação mundana", confessa com toda a pureza de uma sincera e comovente candura. Quem não o deseja? Não estou aqui a escrever livros, na esperança de que sejam lidos e, quem sabe, apreciados e até – suprema 'vaidade animal'! – admirados? Se, de repente, uma voz interior me viesse dizer, na calada da noite: "Olha aqui, você não pode – ou não deve – mais escrever nem uma simples e miserável palavra!", me sentiria a mais abjeta das criaturas, por mais nobres que fossem os objetivos da renúncia. Por isso, o dr. van Waveren, onde quer que esteja, tem a minha compreensão e a correspondente solidariedade. Ele até compara sua 'vaidade animal' ao orgulho que tem o lobo do seu belo e lustroso casaco de pelo.

Por tudo isso, a despedida é tão traumática, como a de namorados que não querem separar-se de forma alguma. Ele tem consciência de estar renunciando a um mundo no qual teria deixado, como profissional, a sua marca. "Ninguém saberá sequer que eu vivi", lamenta.

Aqui acho que o doutor se engana e em dois aspectos. Primeiro, ele não teria de abandonar a psicologia, apenas passaria a discuti-la sob uma óptica diferente, renovadora. O que, aparentemente, desejavam dele – amigos espirituais e o seu eu superior – era que ele traduzisse, em termos de psicologia, psicanálise e psiquiatria, as revelações que estavam sendo, literalmente, despejadas sobre ele. Desejava-se dele uma ciência da alma que fosse realmente dotada de alma, que identificasse o ser humano como espírito imortal, sobrevivente, preexistente e reencarnante. Estaria, desse modo, deixando indelével marca de sua passagem pela terra.

Na prece-meditação-despedida, ele começa a dialogar com a já familiar voz interior, que lhe acompanha o pensamento. Não se trata de, simplesmente, deixar para trás aquilo de que ele gostava de fazer. As coisas eram bem mais complexas e ainda mais dolorosas do que ele havia suposto de início. Ele tinha de arrancar-se do seu território social, cultural e profissional com raízes e tudo, e o tudo era aquilo que ele "pensava que pudesse e que devesse realizar" (p. 38).

As entidades espirituais e as vozes interiores portavam-se, com assustadora frequência, cortantes como frias e afiadas lâminas de aço. E a gente acaba concluindo, mais cedo ou mais tarde, que elas estavam absolutamente certas. Você deve lembrar-se de uma fala dessas aqui mesmo, no livro do doutor, quando lhe disseram, com severa franqueza, que, à falta de melhor, ele mesmo servia aos propósitos que tinham em mente.

É que essas vozes – próprias ou alheias – falam em nome de nossa consciência (sentido ético), sabem do que estão falando, a quem estão se dirigindo e por que dizem aquilo que precisa ser dito. Um pouco de humildade perante advertências como essas fica-nos muito bem, por mais que doam os calos da obstinada vaidade que a todos nos assola.

A voz explica, ainda, ao caro doutor que de nada adiantaria recuar.

É dura essa voz! De uma franqueza que desarma, dotada de indiscutível autoridade e de irresistível poder de penetração no âmago das mais secretas intenções, mesmo aquelas que nem a nós mesmos ousamos formalizar. Um horror!

Ao pobre e perdido Erlo van Waveren, a voz parece emergir do fundo de si mesmo e se põe a desnudá-lo sem a menor cerimônia.

– "Eu sei" – diz-lhe o implacável sujeito oculto – "que você tem um frágil interesse pela imortalidade. Aquilo que é mortal" – prossegue – "tem o sabor desta terra, que você não sabia que amava tanto" (p. 39).

Desta vez, aliás, não é uma voz, mas alguém que lhe toma a mão, como se fosse simples objeto, e escreve por ela o que deseja dizer-lhe. Que poderia fazer o doutor senão escrever resignadamente, ainda que as lágrimas lhe escorram pela face abaixo?

Mesmo assim, ele ainda não se entrega e nem está morto para o mundo, como desejam seus amigos (*muy amigos!*, deve ter pensado). Ele ainda reage. Contempla o vazio que se estende diante dele numa incompreensível e indesejada continuidade. Mais uma vez, reverte à decisão de rebeldia: se é que o desconhecido deseja mesmo que ele realize aquela tarefa inglória, terá que apresentar-se com uma proposição convincente, poderosa, irrecusável, esmagadora. Do contrário, ele continuará sendo o velho dr. Erlo van Waveren de sempre.

Aí fica o desafio. Ele está na defensiva e a próxima iniciativa – resolve – tem de vir do 'lado de lá'.

Não teria muito que esperar.

Apesar do adeus, a batalha íntima continua e ainda parece incerto o desenlace, ou seja, a quem caberá a vitória final – se à personalidade, que reluta em abandonar as mordomias e aspirações mundanas, se à individualidade, que tem na mira as conquistas espirituais. É a velha luta entre a transitoriedade e a permanência, e quanto mais a gente se demora pelos caminhos, distraído com o varejo da vida e com as frivolidades da jornada, mais distante vai-se tornando o momento da chegada. É o *estar* medindo forças com o *ser*.

A guerra, aliás, parecia ganha em 5 de agosto. Ou perdida, dependendo para que lado você torce. Mas há um inesperado recrudescimento nas hostilidades. A personalidade ainda não se entregou; ela continua medindo e pesando o que deve deixar para trás. Parece concluir que não vale a pena renunciar ao concreto e palpável pelas brumas de um futuro incerto, por mais que lhe digam que o futuro é que é bom e só poderá ser bom quando o passado for sofrido e enfeitado de renúncias. Será mesmo?

No dia 7, pela manhã, a persistente voz interior volta a esgrimir com a personalidade, que não se mostra nada convencida de que deve desprender-se de tudo quanto tem amado no decorrer da existência. Se essa é a condição para que possa, no dizer da entidade que lhe escreve, entregar-se a um ideal maior, prefere ficar com o menor.

Pende, ainda, na mente do angustiado van Waveren um conflito não resolvido. 'Querem' fazê-lo crer que cada um de nós é o seu próprio redentor, e ele parece perguntar-se: "Mas, então, para que o Cristo? Não é ele o Redentor? A igreja não ensinou durante todos os séculos que se foram que ele nos resgatou com o seu próprio sangue? Que história é essa, agora, de termos de fazer tudo de novo e, ainda mais, por nossa própria conta e risco?"

– Quando você foi dormir – diz o implacável escriba que se serve de suas mãos –, eu lhe disse que você é o seu próprio redentor.

Ao despertar, reassume sua obstinada rejeição, como se nada tivesse a aprender com as vozes, os fenômenos e as mensagens. Mesmo porque não quer aprender, supondo – como assinala a voz interior – que já sabe de tudo quanto precisa saber.

É evidente, portanto, que a entidade comunicante – seja ela quem for – mantém sua pressão sobre o pobre Erlo, mesmo enquanto ele dorme, ou seja, quando sua contraparte espiritual se acha desdobrada, em razão do sono fisiológico. Mais do que isso, 'aquele sujeito' ali, dentro dele, demonstra incômoda capacidade de ler o pensamento do seu interlocutor. (Cadê minha privacidade? – deve perguntar-se o aflito psicanalista.)

De qualquer modo, o ponto em discussão é o de que Erlo van Waveren, como toda gente, dispõe de luz interior própria, na qual se deve apoiar no seu processo evolutivo, em lugar de ficar bem acomodado aos seus confortos, à espera de um redentor personalizado que o venha 'salvar'. E isso também o confunde.

Eis porque o nosso psicanalista se debate e busca alternativas menos traumáticas aos seus consolidados princípios. Revela-se à beira do desespero e ainda revoltado. Na realidade, não quer saber de nenhum redentor, deseja apenas levar sua vida como até ali. Se é que ele é o seu próprio redentor, como diz 'o outro', então o tempo dirá e estamos conversados. Aquilo não passa de uma loucura do inconsciente. A gente, também, não pode e não deve dar ouvidos a tudo quanto nos dizem essas vozes...

O homem se mostra mesmo injuriado e até disposto a uma reação mais agressiva. Admite, contudo, a ideia de acabar aceitando tudo aquilo que lhe 'propõem' (quem, afinal?), vencido pela exaustão, porque não teria mais forças para resistir ao chamamento.

A batalha em torno do conceito de autorredenção parece encaminhar-se para um desfecho ou, talvez, para uma trégua, um cessar fogo provisório, enquanto se discutem as condições do armistício.

Mas, se a resistência é tão grande, que forças dentro dele estão dando combate tão apaixonado àquele convite à renúncia?

A resposta da inarticulada voz interior, o "hóspede desconhecido", como diria Maurice Maeterlinck, tem uma pontinha de bom-humor e outra de mistério: "Você nunca imaginaria." E, em seguida, o conselho amigo, como o pai que, depois de discutir pacientemente com o filho rebelde, arrogante e convencido, propõe que ele se vista e vá fazer uma caminhada (lenta, sugere) pelas montanhas. A conversa continuará depois disso, ali mesmo, naquele quarto de hotel suíço, onde se desenrola o drama cósmico da disputa entre personalidade e individualidade, entre o ser e o estar, o permanente e a transitoriedade.

Erlo van Waveren prepara-se para cumprir sua parte no armistício há pouco negociado. Faz sua caminhada pelos bosques do Engadine e retorna ao hotel. Ao sentar-se junto à janela, 'recebe' (mediunicamente, claro) um curioso, estranho e profundo texto. Encontro nele, inesperadamente – diria, mesmo, surpreendentemente –, aspectos da realidade espiritual com os quais tenho trabalhado durante trinta anos de diálogo com os chamados mortos.

A comunicação fala de uma multidão de monges, padres, bispos e arcebispos que se encontram (verbo no presente) em estado de rebelião na dimensão invisível, do outro lado da vida. E há mesmo! – posso garantir, sob palavra. Eu os conheço e temos tido debates homéricos ao longo dos anos. Você poderá, se assim o desejar, conferir tal realidade em relatos contidos em livros meus como *Diálogo com as sombras*, e os quatro volumes sob o título comum de *Histórias que os espíritos contaram*. Não imaginava eu encontrar tal referência no livro de um eminente psicanalista de Nova Iorque! Este mundo, realmente, dá voltas e revoltas...

Essa multidão de sacerdotes desencarnados – prossegue a comunicação – é formada por aqueles que "desejam dar continuidade ao que era; eles não desejam mudar". Querem continuar fazendo o que sempre fizeram, trabalhando por aquele modelo de cristianismo ao qual se acostumaram, o único que conhecem.

O comunicante explica o que espera de van Waveren: "...você tem que falar com eles, pois estão em tumulto". E acrescenta, com notável conhecimento do assunto: "O trabalho deles acabou-se e eles detestam essa ideia, mas eles têm de ser resgatados, a fim de se transformarem em pilares da sabedoria da vida na era vindoura."

É que, mesmo equivocada, muitos deles com erros graves ainda por reparar, essa gente tem atrás de si uma rica experiência de vida. O conhecimento adquirido está lá, em cada um; só precisa ser adequadamente redirecionado para servir, não propriamente ao cristianismo – em contraste, em oposição e até em conflito com as demais crenças e descrenças –, mas à ética, às estruturas de conhecimento e comportamento, à dinâmica do amor maior que o Cristo ensinou e exemplificou.

As divisões e atritos entre os diferentes grupamentos ditos religiosos seriam ridículos e desnecessários se não fossem explicitamente trágicos. Isto só ocorre porque ainda estamos divididos *dentro de nós*, pensando que somos corpos de carne, em vez de sabermos que somos espíritos imortais.

Mais de uma vez, nos aquecidos debates com entidades equivocadas, encontrei amigos que até pensavam que eram nossos adversários irreconciliáveis, quando eram apenas companheiros transviados dos roteiros do amor fraterno.

Ficamos conhecendo pessoas que perseguiram o Cristo porque ele não era um judeu rigidamente ortodoxo, e voltaram, mais tarde, em outras vidas, para perseguir cristãos que não lhes pareciam suficientemente cristãos. E voltariam, ainda mais adiante, para se meter em conflitos de cristãos entre si, convictos, ambos, de que era dever e privilégio de cada um e de todos, eliminarem-se mutuamente, porque o grupo de lá era católico e o de cá, protestante.

Dialogamos com árabes desencarnados, ainda odiando judeus, ou vice-versa, para descobrirem que um dia estiveram 'do outro lado' das imaginárias barreiras raciais. Havia também ricos que esmagaram pobres, simplesmente por serem pobres e depois voltavam, na miséria, revoltados contra os ricos, simplesmente porque não podiam suportar a riqueza alheia e nem a própria indigência material e moral. E brancos odiando negros, para, mais tarde, renascerem negros. E sábios arrogantes, a se reencarnarem imbecilizados. E gênios de coração duro e frio, renascidos em corpos inertes, com a mente bloqueada por um cérebro irreversivelmente danificado.

Por que todo esse aflitivo e alienante painel de angústias? Será por que Deus é mau e vingativo? Nada disso. Ele apenas colocou em suas leis o sábio mecanismo automático, ainda que compassivo, do reajuste, a fim de que a gente não se perca para sempre no desvario.

Muito dessa imensidão de dores, senão toda ela, começou dentro de nós mesmos, onde continuamos, milênio após milênio, separados de nós mesmos e, portanto, dos outros e, logicamente, de Deus.

É verdade, sim, Fénelon reencarnado, com todas as 'fichas' vivas de seu passado, precisava mesmo falar com os companheiros que se deixaram perder e aprisionar nos sombrios espaços onde a luz ainda não chegou.

Havia, contudo, um obstáculo aparentemente intransponível que ele próprio, van Waveren, parece não perceber ou se mostra disposto a ignorar – ele também é um dos teimosos e perdidos seres que desejam continuar sendo o que são, presos a um passado de equívocos, desinteressados do futuro, que precisa ser construído. O passo inicial para começar as edificações desse futuro consiste em abandonar o passado ao qual nos agarramos obstinadamente. O mundo só pode mudar à medida que nós mudarmos.

Os textos nos dizem que, depois de crucificado e antes da chamada ressurreição, Jesus teria descido às mais profundas regiões do sofrimento. Enquanto lá esteve, a tudo iluminou com o poder da sua luz, mas, ao retirar-se, as trevas teriam voltado a predominar, porque a luminosidade própria de cada um envolveu-se nas brumas do orgulho, da vaidade, da prepotência, do ódio, da alienação.

Só em 8 de agosto Erlo van Waveren começa a dialogar com seus 'ancestrais', ou seja, com as personalidades que sua própria individualidade animou no passado. (Animar, lembro ao leitor, é *dar alma*, ou seja, vida. A alma é aquela parte da individualidade – espírito – que se programa para vestir a desajeitada, sufocante e exígua vestimenta da carne, como muito bem viu o doutor van Waveren no seu Grande Sonho.)

O encontro com cada uma daquelas personalidades do passado é dramático. Elas se mostram ainda convencidas de que continuam sendo o que não são mais. Ainda pensam dentro dos obsoletos modelos religiosos de seu tempo, ainda exibem arrogâncias e prepotências que compunham a psicologia e o *status* dos antigos "príncipes da igreja". Quando começam a despertar, a confusão se instala neles e não sabem mais onde estão, no tempo e no espaço. O que estaria acontecendo com eles? Que magia é aquela que, de repente, os reduz a simples criaturas despossuídas de suas antigas verdades e convicções? Que sortilégio é aquele que os esvazia do próprio conteúdo de si mesmos, perdidos, literalmente, em algo muito maior, imensamente mais amplo do que eles próprios?

Antes de examinarmos a história pessoal de cada um, enquanto por aqui viveram, porém, há um aspecto sobre o qual temos de conversar, você e eu.

É o seguinte: observamos que, ao contemplar os diamantes a cintilarem suspensos no ar, o dr. van Waveren sabe que cada um deles corresponde a uma existência vivida por ele, no passado. São dez ao todo, incluindo o que corresponde à personalidade atual.

Bem, as cinco personalidades identificadas, mais o doutor, fazem seis. E as quatro que faltam, quem seriam?

Por duas ou três observações um tanto enigmáticas, me senti no direito de concluir que Isaías teria sido uma delas, obviamente fora do contexto cristão em que se movimentam as seis que vão de Judas Barsabás a Erlo van Waveren. Ignoro se o autor não pesquisou ou não teve informações sobre as demais, ou, ainda, nada quis dizer sobre as outras.

Isaías me parece um bom nome para prencher uma das lacunas, o buraco negro sobre o qual a curiosidade da gente fica debruçada, tentando descobrir o que está lá dentro. Algumas alusões (dicretíssimas, aliás) me levam a explorar tal possibilidade, que certamente tem algo a ver com a nossa história, aqui.

A primeira dessas dicas, é a de que o texto de van Waveren está impregnado daquele tom profético, apocalíptico mesmo, porque trata de um período para o qual se acham previstas dramáticas, senão dantescas, reestruturações. A segunda vejo-a em algumas das simetrias históricas, como costumo chamar certas 'coincidências' e similitudes entre uma e outra existência. Não tenho como afirmar, positivamente, que o nosso doutor tenha sido, também, Isaías, mas achei que valia a pena explorar um pouco mais esse aspecto.

Estamos falando do segundo Isaías, conforme consta do livro de van Waveren.

Vamos retornar algumas páginas. O doutor permanece sob o domínio da hesitação, antes da fracassada rebelião. Ainda medita (p. 38) sobre o dilaceramento que representa deixar tudo o que construiu e ama, nesta vida, que a voz interior considera contaminada de mundanalidade. Insistem em que ele deixe de ser o doutor Erlo van Waveren, o bem sucedido psicanalista de Nova Iorque, para se tornar praticamente um réprobo do circuito acadêmico, um cientista que, de repente, se deixou apanhar pelo alcapão traiçoeiro do 'ocultismo' e passou a acreditar em reencarnação. Pior que isso: teria chegado ao extremo de admitir que ele próprio (imagine!) era um ser reencarnado!

Ao atrair para si "o desprezo das pessoas educadas", anulava-se para o futuro, deixando uma contribuição, no mínimo, duvidosa ou, decididamente, ridícula na sua autobiografia, a falar de vidas anteriores para um público surdo, desatento e até hostil. Em oposição a esse humilhante vexame, muito teria a dizer aos seus atuais e futuros colegas de profissão a respeito de suas experiências e achados, garimpados em quarenta anos de prática psicanalítica, sob o olhar atento, amigo e competente do 'augusto' dr. Jung.

A renúncia que lhes estavam pedindo, situava-se além de sua compreensão. E não havia nem o que lhe oferecer como modesta compensação, em troca de tão espantosa autoanulação.

> Temo [confessa] mergulhar no oblívio, como o segundo Isaías. Ninguém sabe quem foi ele; somente o que, por intermédio dele, nos chegou ao conhecimento. De seu sofrimento, ele extraiu uma verdade universal a ser utilizada pelas eras futuras. Posso eu suportar essa dor? Estará minha alma disposta a percorrer aquele caminho?

Pouco adiante, na página 38, a voz interior retoma a palavra para dar adeus a Erlo e comenta a amplitude e a profundidade da renúncia e lembra quão desastroso seria para ele deixar de seguir pela estrada que lhe estava sendo apontada. A vida dele, informa o implacável "hóspede desconhecido", se converteria em pó envenenado, em vez da rocha que poderia ser.

> Isso é verdadeiro [acrescenta], ainda que sua vida se reduza a degraus para desconhecidos pés, como a vida do segundo Isaías, o belo egípcio *conhecido apenas de você e de mim* e relembrado com o mais profundo amor e afeição. (Itálicos meus)

Dá para entender, portanto, que não somente Erlo sabe quem foi Isaías, mas também o dono da voz interior. Sabem ainda que o segundo Isaías renunciou espontaneamente à fama de profeta para ser apenas sombra do primeiro.

Trazendo aquele assumido e voluntário anonimato de volta à memória, Erlo van Waveren se pergunte se já não fora bastante a renúncia ao seu intenso desejo de se tornar um ator, certamente talentoso e admirado.

Não! diz a voz. Tem de abdicar a coisas mais importantes, pela terceira vez, no mínimo. Tem de se conformar com o anonimato do psicanalista que se anula e desaparece, sem deixar traço de sua passagem pela vida.

Foi daí que parti para ver mais de perto o Isaías que ficou conhecido apenas por um nome emprestado e um número. Nem por isso lhe faltou glória e nem por isso deixou de dar sua contribuição.

Se você estiver interessado em mais informações sobre o tema, deve ler a erudita dissertação sobre os profetas, na *Bíblia de Jerusalém*, páginas 965 a 984, da edição brasileira e, especificamente, o verbete sobre

Isaías, nascido (o primeiro, naturalmente) aí por volta de 765, antes do Cristo.

Aprendemos ali que o texto desse profeta sofreu vários e extensos acréscimos, atribuídos alguns a outro profeta ignorado, mais tardio, ao qual os estudiosos da Bíblia resolveram chamar de o segundo Isaías, o Dêutero-Isaías. Estão, neste caso – como acréscimos – , os capítulos 40 a 55.

> Esses capítulos [ensina a *Bíblia de Jerusalém* (p. 972)] contêm a pregação de um anônimo, continuador de Isaías e grande profeta como ele, que, na falha de um nome melhor, chamamos de Dêutero-Isaías ou o segundo Isaías. Pregou em Babilônia entre as primeiras vitórias de Ciro, em 350 a.C. – que levavam a adivinhar a ruína do império babilônico – e o edito libertador de 538, que permitiu os primeiros retornos.

Se Van Waveren foi ou não o Dêutero-Isaías, não podemos assegurar, e nem negar, mas é certo que foi tão grande profeta como o primeiro e, no entanto, não deixou sua identidade na história do pensamento religioso.

Podemos, assim, entender melhor a revolta do doutor ao se confrontar com outra oportunidade de, a seu ver, "renunciar a um mundo no qual não me é permitido deixar minha marca" (p. 37). Ele deve ter achado que já havia feito, nesse sentido, sua renúncia cármica.

Antes de passar adiante, temos, ainda, um ponto a discutir. Ou melhor, a ampliar, pois já ficou o assunto referido há pouco, neste mesmo módulo.

Lamentavelmente, parece não ter ocorrido ao doutor que ele poderia renunciar a tudo quanto lhe era tão caro e, ao mesmo tempo, deixar sua marca na cultura de sua época. Já que tanto desejava escrever um tratado sobre a psicanálise, que o fizesse dentro da nova e expandida moldura que o conhecimento da realidade espiritual criara para ele. Em outras palavras: que introduzisse nas dissertações que tencionava escrever os conceitos de reencarnação, preexistência e sobrevivência do ser à morte corporal.

Que fizesse, enfim, o que não fez o doutor Jung, seu mestre e amigo, ou seja, dar à psicanálise de seu tempo – e por extensão, à psicologia – o conteúdo espiritual que, paradoxalmente, sempre lhe faltou como ciência da alma.

Na verdade, não é propriamente o espírito que tem problemas a resolver – é a alma, o ser encarnado. Veremos isso, mais adiante, quando confrontarmos o conhecimento e o comportamento de Fénelon como entidade espiritual desencarnada e o Fénelon reencarnado, seja como Judas Barsabás, Asterius, Wilfrid, Walter de Grey ou como o próprio Fénelon, arcebispo de Cambrai.

O espírito dispõe de rico acervo de conhecimento e tem acesso relativamente fácil a um imenso banco de dados. Ele dispõe de uma visão ampla dos problemas da vida que se deforma ao se reencarnar. O corpo físico é bem aquele terno mal-feito e apertado que o limita e o leva a uma visão estreita e paroquial da vida. Revela-se ignorante da dimensão da qual veio com tarefas programadas para aqui realizar.

O objetivo aqui é o de corrigir, na nova oportunidade de vida acoplado à matéria densa, desvios de comportamento da personalidade, a fim de avançar no processo evolutivo que, eventualmente, o levará aos patamares mais elevados da perfeição possível ao ser humano. Enquanto não souber comportar-se adequadamente como ser encarnado, não estará pronto para ascender àquelas dimensões. Eis porque, nas suas regressões, van Waveren sente, na personalidade de cada uma de suas vivências anteriores, conflitos ainda por resolver.

É nesse sentido, aliás, que as 'vozes' que falam dentro do dr. van Waveren ou as entidades que escrevem pelas suas mãos insistem obstinadamente em convencê-lo de que não deve ficar à espera de um redentor que o 'salve'. Por outro lado, essa atitude de espera constitui, por si mesma, resíduo de suas velhas crenças católicas, insculpidas no bronze de suas memórias, quando militou repetidamente nos altos escalões da igreja.

Não consegue, pois, aceitar como verdade a ser incorporada ao patrimônio de sua experiência o fato de que cada um de nós constitui seu próprio redentor, ou seja, somos os artífices de nossa própria perda ou 'salvação'. E que salvar-se não significa ser premiado com uma eternidade de contemplação ociosa.

O erro, por sua vez – ou pecado, na terminologia teológica – não leva à perda definitiva da criatura nas masmorras incendiadas do mitológico inferno. Isso não existe. O que existe é vida atuante, dinâmica, por toda parte. Movimento, tarefas a cumprir, coisas a aprender e a ensinar, trabalho, enfim, e progresso incessante. O ritmo deste, contudo, cabe a cada um criar segundo seu próprio desempenho, não por um *fiat* da vontade divina administrada por um redentor que 'lava' nossos erros com o sangue de suas dores e a água cristalina de suas lágrimas.

Não há resgate por obra e graça de Deus para seus escolhidos. A tarefa é individual, intransferível e não há como realizá-la sem esforço, sem renúncias, sem sacrifícios, sem aprendizado e, sobretudo, sem atentar para as leis cósmicas que regem a realidade espiritual.

Temos, nas comunicações mediúnicas subscritas por Fénelon como entidade espiritual, pontos de vista diametralmente opostos ao que ele pensou, disse e fez enquanto esteve aqui em outras existências. Mais do que isso, em oposição ao que ele pensaria, diria e faria na existência seguinte, como Erlo van Waveren.

Conselhos e recomendações, que daria a si mesmo – como, de fato, os dá – por intermédio dos mecanismos próprios de interface entre alma e espírito, batem com a tenaz resistência assumida por ele como destacado psicanalista encarnado no século XX.

Fico, pois, com a impressão de que a tarefa prioritária da vida de Erlo van Waveren tenha sido a de desenhar um face espiritualizada para a psicologia. Com isso, estaria dando prosseguimento ao seu projeto pessoal de "instrutor dos valores da vida".

A psicologia – reformulada para admitir o espírito – seria, afinal, e como entendem muitos, a herdeira legítima das teologias do passado, que fracassaram, na tarefa de implementar uma doutrina de comportamento como a que pregou e exemplificou o Cristo.

De qualquer modo, ele não percebeu, ou não quis atentar, para o fato de que espiritualizar a psicologia seria a sua tarefa prioritária para a vida como Erlo van Waveren. Opta, ao contrário, por continuar sendo um intelectual acomodado às estruturas culturais de seu tempo, de sua profissão, do meio acadêmico ao qual, *malgré tout*, ele pertence ou, pelo menos, respeita e admira a ponto de não desejar romper com ele. A ruptura – ele sabe – viria fatalmente se resolvesse afrontar o *establishment* com a propositura de um polêmico novo modelo de abordagem às ciências ditas da alma.

Deixara-se impressionar pelo seu mestre e amigo Jung, que também hesitava e temia enfrentar o contexto acadêmico, com sua proposta de releitura da psicologia contemporânea. Uma reformulação algo dramática essa, que resgataria conceitos tidos por ocultistas e orientais demais para a fria 'racionalidade' da mentalidade ocidental.

Mais do que van Waveren, Jung sempre esteve, no fundo, convencido não apenas da autenticidade da reencarnação, mas também, dos conceitos complementares da realidade espiritual, como mediunidade, preexistência e sobrevivência do ser, bem como da destacada posição, no contexto humano, do velho ensinamento 'ocultista' do carma, ou seja, a lei de causa e efeito.

O genial dissidente de Freud estava perfeitamente familiarizado com todo esse acervo de conhecimento que a ciência de seu tempo marginalizou por entendê-lo contaminado por crendices, superstições e inconsistências indignas de consideração. Sabe-se que o doutorado de Jung foi obtido com um estudo acerca da mediunidade de sua prima. Sabe-se mais, que o próprio doutor dispunha de bem definidas e atuantes faculdades mediúnicas, como psicografia, vidência e até efeitos físicos. É só ler o que escreveu, notadamente, em *Memórias, sonhos, reflexões*. É provável que se tenha deixado impressionar mais do que era de esperar-se, pela severa advertência de Freud, inicialmente seu mestre e amigo, de que não se envolvesse, de forma alguma, com aquilo a que o criador da psicanálise conceituou como "onda negra do ocultismo".

Estou convencido de que a tarefa que Jung programou para essa existência fora a de colocar a alma na psicologia. Ao cabo de anos e anos de hesitações e ambiguidades, foi convocado, em desdobramento, à dimensão invisível, onde seus amigos e mentores espirituais o advertiram severamente de que não estava, 'lá em baixo', cumprindo o compromisso que assumira antes de renascer. É o que ele próprio conta em suas reveladoras memórias.

Embora não credenciado pelo mesmo nível de autoridade e projeção, van Waveren poderia ter realizado a tarefa que Jung rejeitou. O mestre, contudo, em vez de incentivar o discípulo e amigo a levá-la a bom termo, confirmou-o numa espécie de convardia intelectual – relevem-me a veemência da expressão –, recomendando eufemismos escapistas como o rótulo de "memórias ancestrais" no que ele sabia serem simplesmente reencarnações pregressas.

Fica-nos a impressão – pelo menos ficou em mim – de que, desesperançados de convencer Jung a dizer ao mundo ao que viera, as entidades interessadas no projeto recorreram, alternativamente, ao não menos relutante van Waveren. Pelo seu passado espiritual, o psicanalista holandês, oferecia condições suficientes para desempenhar a missão diante da qual Jung recuara.

Vimos, de fato, a certa altura, que tais entidades manifestam dúvidas, mas também alguma esperança de que van Waveren concorde em aceitar o encargo. Chegam a pensar na possibilidade de arranjar outra pessoa, mais disposta a romper com o sistema a fim de abir caminho para o futuro. Ele próprio teria sido o Dêutero-Isaías, pessoa que, com suas vidências, foi lá na frente, viu o futuro acontecer e voltou para contar o que tinha visto. Poderia, também, estar vendo o futuro da psicologia dotada de alma, o que até aqui lhe tem sido negado.

Van Waveren tinha tudo para levar a bom termo a tarefa – uma bela tradição cultural, vinda de existências anteriores, e experiência com aspectos religiosos da vida, bem como familiaridade com processos educativos. Em algumas daquelas vidas, como ainda veremos, tomara decisões corajosas como a de seguir o Cristo, ao tempo em que teria sido Judas Barsabás, ou enfrentar o severo dogmatismo da igreja, com sua adesão ou simpatia pela doutrina do quietismo ao tempo em que viveu como Fénelon.

Foi precisamente para não se deixar envolver e dominar pelo dogmatismo materialista predominante no meio acadêmico, que van Waveren topa, no "Grande Sonho", com um bloqueio que veda seu acesso à universidade. O conteúdo da mensagem é de cristalina transparência: "Não vá para lá para não ficar igual aos outros, pensando por meio de fórmulas consagradas e obsoletas. Sua tarefa é a de renovar, não a de acomodar-se ao que se cristalizou em modelos equivocados que precisam ser rompidos. É necessário demolir dogmas ditos científicos da mesma forma que, antes, você enfrentou dogmas religiosos."

Infelizmente, nada disso aconteceu. Ou, pelo menos, não aconteceu na dimensão que dele se esperava e que ele próprio, como espírito, esperava de sua personalidade terrena. Produziu, de fato, um dramático depoimento confessional, aquilo a que considerou um "desnudamento" espiritual. Isso, contudo, ficou longe do que poderia ter realizado, mesmo porque seu testemunho não traz a força da convicção e a determinação para mudar nele próprio e no mundo em que vive, aspectos que precisam ser mudados, a fim de abrir espaço para o futuro.

Fiquemos por aqui, neste módulo. Abriremos, a seguir, o dossiê que contém a documentação das cinco personalidades vividas pela entidade que van Waveren chamou Kerel.

V Os Dossiês

1 – Cinco Personalidades e uma Individualidade

Cinco são as personalidades históricas identificadas pelo dr. van Waveren como encarnações suas no contexto do cristianismo: Judas Barsabás, ainda na Palestina, Asterius, no quarto século, em Amásia, Wilfrid e Walter de Gray, na Inglaterra medieval – séculos VII e XIII, respectivamente –, e François Fénelon (1651-1715), na França de Luís XIV.

Percebo que van Waveren considera Judas Barsabás também como bispo, embora tenha vivido no decorrer do primeiro século da era cristã. Dos cinco, três foram canonizados: Barsabás, Asterius e Wilfrid. Walter de Gray e François Fénelon não passaram pelo teste da canonização.

A entidade espiritual que van Waveren resolveu chamar Kerel serviu, portanto, durante quase dois mil anos, em sucessivas existências, à igreja católica, e é com os arquétipos e as estruturas de pensamento teológico que ele interpreta as mudas, mas eloquentes, mensagens do inconsciente, em seu diálogo com o consciente. Nem sempre, contudo, as interpretações psicanalíticas que ele oferece me parecem corretas, e algumas, decididamente inadequadas, no meu modo de ver.

Mas lá está o dramático e convincente testemunho de suas existências anteriores e esse depoimento traz consigo a coloração autenticadora da emoção. Se predominam, na sua avaliação de sonhos, vidências, vozes e textos psicografados, algo do antigo teólogo e muito do atual psicanalista, o certo é que lá está, igualmente, o testemunho vivo de uma singular trajetória, uma peregrinação espiritual, durante a qual, a despeito de equívocos e desvios de comportamento, não lhe faltaram respeito, carinho e admiração pelo grande vulto central do Cristo.

Por isso, julguei da maior importância trazer para o contexto deste livro um pouco da história de cada uma das personalidades históricas referidas por van Waveren, depois de havê-las rastreado pelas fontes às quais recorri.

Como era de se esperar, a tarefa não foi muito fácil. À medida que recuamos no tempo, os dados vão se tornando mais escassos e menos confiáveis. Esta situação é particularmente crítica no período do cristianismo primitivo. Percebemos, nos exíguos textos sobreviventes, o perfil de figuras que, embora tenham exercido influência profunda e decisiva na configuração do cristianismo como doutrina e como movimento – mais este do que aquela – apagaram-se posteriormente nos registros históricos.

Barnabé é um desses, como já tem sido anotado por historiógrafos leigos e religiosos. Depois que Paulo e ele se separam no exercício das tarefas de propagação da nova fé, o modesto vulto do cipriota se esfuma no anonimato. Pouco sabemos, também, de outras figuras e até mesmo dos próprios apóstolos. Judas Barsabás é uma presença quase anônima, embora se possa perceber a relevância de seu papel naquele contexto.

Proponho, assim, que a gente abra o dossiê que contém um pouco do que se sabe dele.

2 – Judas Barsabás

Em poucas, mas expressivas passagens do Novo Testamento, encontramos referências a Judas Barsabás. Uma delas, aliás indireta, está em Atos 1,23.

O texto, atribuído a Lucas, como se sabe, começa com o relato do problema surgido no momento em que se tornou necessário preencher a vaga deixada por Judas Iscariotes, de vez que o objetivo era manter o grupo em número de doze. Duas pessoas foram consideradas para substituir o infeliz apóstolo: Matias e José, irmão de Judas Barsabás. O procedimento não era por sufrágio e sim, por sorteio. Foi feita uma prece, nos seguintes termos:

– Senhor, tu que conheces o coração de todos, mostra qual destes dois escolheste para ocupar, neste ministério do apostolado, o posto que abandonou Judas, para ir a seu lugar.

A sorte decidiu por Matias.

José Barsabás também dispunha de excelentes credenciais para o posto. Era chamado o Justo, o que indica ter sido pessoa dotada de reconhecidas virtudes.

Segundo se apurou da regressão de van Waveren, José passou a seguir o Cristo muito antes de Judas Barsabás e era quem transmitia ao irmão frequentes notícias a respeito de Jesus, como o relato que teria feito acerca do sermão do monte.

Judas Barsabás, segundo aquela mesma fonte, teria sido um convertido não propriamente de última hora, mas tardio. Desempenharia, contudo, relevante papel no cristianismo nascente, em momento de crucial importância.

É que o tímido movimento inicial dos tempos imediatamente após a morte de Jesus tendia a desenvolver-se como uma seita a mais do judaísmo predominante, aliás, uma seita não muito bem vista no contexto ortodoxo da época. Os componentes da igreja de Jerusalém – sob a liderança de Tiago, o Justo, irmão de Jesus, seguido de Pedro e João –, continuavam a considerar-se judeus, a estudar os textos tradicionais e a frequentar o templo, cumprindo os rituais prescritos pela lei mosaica. Não devemos nos esquecer de que eles não tinham, ainda, os textos evangélicos. Tanto foi assim, que, os 'desvios' doutrinários e ritualísticos praticados na nova comunidade de Antioquia em relação às práticas judaicas produziram considerável mal-estar. Para os de Jerusalém, a circuncisão continuava sendo pré-condição indispensável para quem desejasse tornar-se seguidor do Cristo. Em outras palavras, antes de ser cristão, o postulante teria de aderir ao judaísmo. Falava-se de outras 'liberalidades' praticadas pela comunidade de Antioquia, onde, aliás, pela primeira vez os seguidores do Cristo foram chamados cristãos. Esboçava-se, pois, naquela cidade, o que se poderia caracterizar como heresia judaica, que começava a escapar ao padrão desejado pelos dirigentes da comunidade de Jerusalém.

Foi exatamente com o propósito de proceder a uma avaliação dos fatos *in loco*, que Barnabé foi enviado a Antioquia, a fim de examinar a situação e instruir qualquer eventual decisão de cúpula, em Jerusalém.

> Quando lá chegou [conta-se em Atos 11,23-24] e viu a graça de Deus, [Barnabé] alegrou-se e exortava a todos a se manterem fiéis ao Senhor,

> de coração sincero. Pois era um homem bom e cheio de Espírito Santo e de fé. Pelo que, grande multidão se converteu ao Senhor.

Foi ali, portanto, que o cristianismo começou a universalizar-se, abrindo-se para todos, em vez de permanecer confinado nos limites de uma seita judaica. Muito ainda se teria de discutir o problema. Essa abertura pareceu tão auspiciosa a Barnabé, que ele foi a Tarso, buscar Paulo, para incorporá-lo ao movimento que se iniciava.

A controvérsia suscitada, porém, somente se resolveria mais tarde, com a chamada carta apostólica que Paulo – já integrado às suas tarefas – e Barnabé foram buscar em Jerusalém, junto dos apóstolos.

Houve muita relutância, como se sabe. O obstáculo maior ainda era a exigência da circuncisão preliminar, que Tiago exigiu de Tito, um dos integrantes da comitiva liderada por Paulo. Entendia o futuro apóstolo dos gentios que, por ser grego, Tito não estava obrigado àquela formalidade, mas Tiago não recuava e Paulo acabou cedendo, ou não teria a cobertura de que necessitava para o plano de difundir o cristianismo entre os não judeus. Finalmente, ficou decidido que os de Jerusalém prosseguiriam pregando aos judeus, enquanto Paulo e Barnabé poderiam acolher também os gentios e os judeus de formação cultural grega, muitos dos quais indiferentes aos severos preceitos religiosos de sua gente.

Pela dramática importância que Antioquia exerceu no futuro do cristianismo, no entanto, historiadores mais recentes vêm procurando, em visão retrospectiva, reconstituir, com maior nitidez o que ali se passou. Examinaremos, aqui, alguns aspectos do problema, de vez que temos de encaixar nele a figura de Judas Barsabás, a primeira encarnação cristã do futuro dr. Erlo van Waveren.

O cristianismo vivia seu grande momento histórico.

> Então [lê-se em Atos 15,22 e seguintes] os apóstolos e os anciãos, de acordo com toda a igreja, resolveram escolher alguns dentre eles e enviá-los a Antioquia com Paulo e Barnabé. Eram Judas, cognominado Barsabás, e Silas, *homens considerados entre os irmãos.*

A Bíblia de Jerusalém informa, em nota de rodapé, que Judas Barsabás não é mencionado em outras passagens do texto evengélico, mas remete o leitor a Atos 1,23, onde é citado o nome de José Barsabás, seu irmão, como um dos que foram considerados para preencher a lacuna deixada entre os doze, após a morte de Judas Iscariotes, como vimos.

De qualquer modo, Judas Barsabás e Silas eram, já àquela altura, pessoas da maior confiança da comunidade de Jerusalém e foram escolhidos para acompanhar Paulo e Barnabé no regresso a Antioquia, com a decisiva carta apostolar, cujo texto é reproduzido no capítulo 15, versículos 23 a 29, dos Atos.

> Os apóstolos e os presbíteros irmãos [diz o documento transcrito nestes versículos] saúdam aos irmãos vindos da gentilidade que estejam em Antioquia, na Síria e na Cilícia. Tendo sabido que alguns de nós, sem autorização nossa, vos têm perturbado com suas palavras, transtornando vossos ânimos, decidimos de comum acordo escolher alguns homens e enviá-los a vós, juntamente com nossos queridos Barnabé e Paulo, homens que entregaram suas vidas à causa do Senhor Jesus Cristo. Enviamos, pois, a Judas e Silas, que exporão isto mesmo, de viva voz: Que decidimos nós e o Espírito Santo não impormos maiores cargas do que as indispensáveis: abster-se de sacrificar aos ídolos, do sangue, dos animais estrangulados e da impureza. Fareis bem em observar tais coisas. Adeus.

O teor desse relevante documento revela, portanto, que as inovações introduzidas em Antioquia ainda incomodavam os judeus tradicionais, de vez que eles perturbavam e transtornavam os membros da comunidade local com críticas e restrições à maneira segundo a qual estavam tratando o legado espiritual de Jesus. Achavam, naturalmente, que o cristianismo nascente tinha o dever de continuar sendo difundido apenas no âmbito do judaísmo e não, como movimento autônomo. O que, afinal de contas, fora a posição dos dirigentes de Jerusalém, como acabamos de ver.

A missão de Judas Barsabás e Silas, portanto, consistia em confirmar pessoalmente, de viva voz, aquilo que o documento assegurava da parte dos dirigentes maiores do movimento. Provavelmente, o documento, por si só, poderia não ter sido considerado suficiente.

O versículo 32, do mesmo capitulo 15 de Atos, caracteriza Barsabás e Silas como profetas, ou seja, médiuns.

Como se sabe, era intenso o intercâmbio mediúnico com a dimensão espiritual, no âmbito do cristianismo nascente. Tão difundida e habitual era essa prática, que Paulo escreveria, pouco mais tarde, uma espécie de manual de instrução, a que chamei, alhures, o "primeiro livro dos médiuns" no contexto cristão. O texto figura nos capítulos 12, 13 e 14, da Primeira Epístola aos Coríntios e tinha por finalidade regulamentar o exercício da mediunidade. Além dos médiuns residentes em várias comunidades, havia-os também itinerantes, como Ágabo, mencionado em diferentes oportunidades, nos Atos.

Lida, em Antioquia, a carta de Jerusalém que liberava a pregação do cristianismo aos gentios, todos "se alegraram pelo conforto que trazia".

"Judas e Silas" – lê-se no versículo 32, logo a seguir –, "que também eram profetas, com um longo discurso, exortaram e fortaleceram os irmãos".

O que indica que também atuaram, naquela relevante oportunidade, como porta-vozes do pensamento das entidades espirituais. Da dimensão invisível, portanto, os espíritos acompanhavam o desenrolar do movimento e se manifestavam, com frequência, transmitindo orientação, instruções e incentivo aos trabalhadores encarnados. Não raro, o próprio Cristo se manifestava mediunicamente, como ficou testemunhado em várias passagens textuais, especialmente a Paulo e a Pedro.

Cumprida a tarefa junto à igreja de Antioquia, Judas Barsabás e Silas regressaram a Jerusalém. Silas se tornaria um dos mais assíduos companheiros de jornada de Paulo, depois que Barnabé seguiu seu próprio destino, em companhia de João Marcos, seu sobrinho e futuro evangelista. Van Waveren informa que Barsabás passou a colaborar, junto de Silas, com o dinâmico apóstolo dos gentios.

Essa é a versão habitual dos eventos ocorridos em Antioquia. Repassaremos, a seguir, algumas das análises históricas posteriores.

Em *Earliest christianity*, de Johannes Weiss, vamos encontrar mais esclarecimentos acerca do envolvimento de Barsabás, naquele momento em que o cristianismo libertava-se da condição de seita judaica de menor expressão, a fim de projetar-se mundialmente como novo paradigma ético-religioso.

Weiss, pesquisador meticuloso e erudito, discute no capítulo III de seu livro (1º volume), a formação da primeira comunidade cristã. Evitaremos mergulhar mais fundo no tema, a fim de não alongar este relato, mas parece oportuno anotar que esse autor oferece uma análise explicitamente crítica do quadro apostólico, especialmente no que se refere à tradicional configuração do grupo em doze pessoas.

Para ele, o autor de Atos "apresenta um relato idealizado" do período. Mesmo porque, no terceiro Evangelho, o mesmo autor (Lucas) menciona que Jesus estava cercado por um grande número de apóstolos, dentre os quais escolheu os doze (p. 45). Esses doze, "aos quais ele também chamou apóstolos", constituíam o núcleo de um conjunto mais amplo de cento e vinte. Foi para manter o mesmo número de componentes do círculo central que se promoveu à escolha de um substituto para Judas Iscariotes, como sabemos.

Entende Weiss que a limitação em doze deve-se a uma "concepção posterior da igreja, forçada a retroagir" aos tempos primitivos, mas que não tem apoio histórico, o que se evidencia no fato de que Paulo não foi, sequer, mencionado nesse contexto (p. 46). Também não lhe parece historicamente correto dizer-se que os doze constituíram, desde o início, o grupo que liderava a igreja de Jerusalém.

Tanto é assim que, no dizer de Weiss, dos escritos de Paulo ressalta uma realidade diferente. Quando menciona os apóstolos, Paulo não se refere, com exclusividade, aos doze; pelo contrário, não só ele, Paulo, se inclui entre os apóstolos, como assim considera também, Tiago, o Justo, irmão de Jesus, e Barnabé (I Cor 9,6) e, provavelmente, Andrônico e Júnia. No entender de Paulo, adverte Weiss (p. 46), "apóstolo é a pessoa enviada pelo Cristo e cuja missão tenha sido desempenhada com êxito".

De um grupo mais amplo, portanto, foram designados setenta e dois, especificamente na categoria de apóstolos, isto é, os que são enviados a pregar, como diz Paulo, e deram boa conta da tarefa. Dessa equipe maior de setenta e dois, não chegaram até nós os nomes, com exceção de Barnabé, citado como tal, por Eusébio, informação, aliás, que a entidade espiritual Amélia Rodrigues confirma em texto mediúnico psicografado por Divaldo Pereira Franco, sob o título "Embaixadores da esperança", no livro *Primícias do reino*. Amélia resgata, ainda, do esquecimento, os nomes de Sóstenes e de Cléofas.

Como que a confirmar o entendimento de Paulo, encontramos no capítulo 10 de Lucas, versículos 17 a 20, o registro da alegria dos setenta e dois, ao regressarem de suas respectivas missões apostolares. Mostravam-se eufóricos porque "até os demônios (espíritos turbulentos) se submetiam" quando eram por eles interpelados em nome de Jesus. O Cristo, por sua vez, parece confirmá-los no apostolado, ao declarar que aquilo não era tão importante como ter, como tinham, seus "nomes escritos nos céus".

Os doze eram, portanto, um número simbólico de pessoas como representantes específicos para o eventual diálogo com cada uma das doze tribos de Israel, portas deixadas abertas na expectativa de futura adesão de judeus.

O empenho em trazer os judeus para dentro da nova estrutura de pensamento religioso foi uma constante nos propósitos dos dirigentes da época, como se pode comprovar no dramático apelo de Paulo na epístola aos hebreus, já mais para o fim de sua vida. Dúvidas têm sido levantadas quanto à autoria desse texto, mas Emmanuel, em *Paulo e Estêvão*, confirma ter sido ele do próprio punho de Paulo, uma de suas epístolas mais sofridas e pessoais, porque visava aos antigos irmãos de raça, crença e culto.

Weiss pensa que a limitação dos apóstolos em doze, como incumbidos do trato com as tribos de Israel, "é anterior à elaboração da lista" de apóstolos, mesmo porque, adverte, "não há duas que concordem exatamente, exceto quanto ao número (p. 48) e que o grupo nuclear que acompanhava Jesus era variável e ora se apresentava mais numeroso, ora mais reduzido. Eis porque ele estranha a ausência, na lista, de nomes como os de José de Arimateia e João Marcos, bem como os de José e Judas Barsabás. Para ele, portanto, Judas Barsabás, entre outros, estaria necessariamente incluído como apóstolo.

Lembra, ainda, Weiss que Jesus contava com certo número de seguidores iniciais, mesmo entre servidores mais destacados do templo, e cita nominalmente José e Judas Barsabás, Ágabo, Silas, além de Barnabé, explicitamente qualificado como "levita", de Chipre.

Retomando a temática da carta apostólica, Weiss chama a atenção para o credenciamento de Judas Barsabás e Silas como pessoas de confiança. O autor alemão vai mais longe, ao supor que, por ocasião do debate sobre a necessidade de circuncidar ou não os gentios que desejassem aderir ao movimento cristão (Atos 15,5-11 e 13,33), Paulo e Barnabé nem estavam presentes em Jerusalém. Sobre isto, contudo, temos o depoimento de Emmanuel, em *Paulo e Estêvão*, que confirma a presença desses dois, lá, naquele momento. Mesmo porque a Carta de Jerusalém os cita nominalmente.

De qualquer modo, Silas e Barsabás são personalidades historicamente envolvidas no episódio de Antioquia, do qual resultou a liberação do cristianimo para um contexto consideravelmente mais amplo do que pretendiam os líderes ortodoxos da comunidade de Jerusalém. E neste caso, podemos admitir evidência documental da afirmativa de van Waveren, segundo o qual Judas Barsabás deve ser considerado colaborador de Paulo, junto a Silas, tendo ambos muito a ver com o que se passou na igreja de Antioquia, onde nasceu e se fortaleceu e de onde se irradiou o modelo de um cristianismo universalista.

Em *The birth of christianity* (tradução de *La naissance du christianisme*), Maurice Goguel insiste na importância daquele momento para o futuro do cristianismo, que, a partir do que se pensou e decidiu em Antioquia, não seria mais uma seita judaica. Recorrendo ao versículo 36, capítulo 4 de Atos, Goguel lembra que Barnabé teria sido um dos "dois homens de Chipre" que "tomaram a iniciativa de pregar o evangelho aos gentios em Antioquia". Acrescenta, a seguir (pp. 182-183),

> [...] não haver dúvida de que temos todas as razões para pensar que Barnabé deva ser reconhecido como um dos fundadores da igreja de Antioquia, para onde teria ido imediatamente após a morte de Estêvão.

Goguel, como Weiss, também detecta no episódio da carta apostólica algumas dúvidas, deduzindo do texto que, depois da entrega do documento, Silas teria permanecido em Antioquia, enquanto Judas Barsabás teria retornado a Jerusalém. Prefiro entender que, naquela oportunidade, ambos tenham mesmo regressado a Jerusalém, mas voltaram posteriormente a Antioquia, onde passaram a desenvolver tarefas apostolares locais, quando as missões divulgadoras de Paulo e Barnabé, e posteriormente de Paulo e Silas, começaram a sair pelo mundo.

Em longo apêndice ao capítulo segundo, no qual estuda a importância da comunidade de Antioquia, Goguel ressalta a influência decisiva de Barnabé nas históricas decisões que ali foram tomadas e implementadas.

Ao discutir a etimologia do nome desse trabalhador da primeira hora, o autor menciona as dificuldades enfrentadas por diferentes historiadores. No meu entender, fica sempre faltando aqui, como em tantas outras passagens evangélicas, a visão da realidade espiritual. Barnabé, Silas, Judas Barsabás e o próprio Paulo eram médiuns. É o que consta explicitamente dos textos, para quem tenha olhos de ver. Paulo confessa que também ele era capaz de "falar em línguas", variação de mediunidade hoje conhecida como xenoglóssica. São frequentes, nos seus textos, os encontros com o Jesus póstumo, que acompanhava de perto seus passos pelo mundo afora, aconselhando, orientando, instruindo, estimulando e amparando seu emissário, nas ásperas lutas que enfrentou por toda parte.

O nome real de Barnabé era José, como se sabe. A palavra decompõe-se em *Bar* + *nabas*. Ao que consegui apurar, o segundo termo tem sua origem em remota expressão usada na Babilônia para indicar pessoas dotadas de faculdades hoje conhecidas como mediúnicas. José Barnabé, seria, portanto, José, o médium. Aliás, como sabemos, é na condição de intermediário de entidades espirituais que ele figura nos textos primitivos, quando predominavam as práticas ditas pneumáticas, literalmente, espíritas (de *pneuma* = espírito).

Goguel informa que, antes de se integrar à comunidade de Antioquia, Barnabé era elemento atuante em Jerusalém, e que "tinha, como pregador, notáveis poderes de persuasão" (p. 190).

Ainda sobre a momentosa questão da histórica 'encruzilhada' de Antioquia, parece útil consultar o depoimento de Charles Guignebert, em *Le Christ* (Ed. Albin Michel, 1948, Paris), especificamente, o capítulo III, segunda parte, páginas 189-200.

O ilustre professor da Sorbonne propõe também uma leitura algo diferente da que se consagrou como definitiva do episódio. Ele é de opinião que o texto dos Atos dos Apóstolos tenha sido escrito retroativamente, ou seja, "muito provavelmente arranjado para se acomodar às representações e intenções do redator, sem grande preocupação com a verdade histórica". Chega mesmo a propor uma revisão crítica em aspectos históricos que atribuem a Paulo a fundação da primeira comunidade cristã em território pagão. Paulo – acrescenta – jamais declarou ter sido o primeiro a pregar aos gentios. A seu ver, portanto, a primeira comunidade cristã foi a de Antioquia, mesmo porque, somente depois de florescer ali a versão universalista da pregação de Jesus, é que Barnabé viajou para Tarso especificamente para trazer consigo aquele que seria o mais destacado pregador do cristianismo.

Para o historiador francês, não há a menor dúvida de que foi de Antioquia que partiu a iniciativa de "oferecer a esperança cristã aos incircuncisos" (p. 190). Invoca, a propósito, o testemunho de Renan, que assim se expressa:

> O ponto de partida da igreja dos gentios, o núcleo primordial das missões cristãs, foi, verdadeiramente, Antioquia. Foi lá que, pela primeira vez, se constituiu uma igreja cristã, desvinculada do judaísmo; foi lá que se estabeleceu a grande propaganda da era apostólica; foi lá que se formou defitivamente são Paulo.

O futuro apóstolo dos gentios teria, portanto, encontrado, criada e florescente, a comunidade de Antioquia.

Referindo-se ao argumento de que não há informação histórica explícita sobre os fundadores da igreja de Antioquia, Guignebert acha, no entanto, que Atos 13,1 aponta na direção correta. Lê-se, ali, o seguinte:

> Havia, na igreja de Antioquia, profetas e mestres, Barnabé, Simeon, chamado Niger, Lúcio, o cireneu, Manahén, irmão de leite do tetrarca Heródes e Saulo.

Na opinião de Guignebert, o nome de Paulo é acréscimo posterior, depois que, ainda como Saulo, o futuro apóstolo veio juntar-se à comunidade.

Ao confirmar que os cinco integravam a direção da comunidade, a *Bíblia de Jerusalém* acrescenta que "O carisma" – leia-se exercício da mediunidade – "próprio do mestre ou didáscalo, o torna apto para dar aos irmãos ensinamentos moral ou doutrinário, normalmente baseados nas escrituras." Ora, Barnabé, hierarquicamente citado em primeiro lugar entre os dirigentes, era, como vimos, dotado de faculdades mediúnicas, que o documento de Jerusalém costuma chamar de carismas. Lembre-se, ainda, que foi numa reunião pneumática (mediúnica) que surgiu, ali mesmo, em Antioquia, a recomendação de que Barnabé e Saulo saíssem a pregar o modelo de cristianismo aberto, que já vinha sendo praticado naquela comunidade há algum tempo.

Ao declarar-se certo de que Paulo não tenha sido, em Antioquia, um trabalhador da primeira hora, Guignebert raciocina que o único dos quatro nomes mencionados – ele exclui Paulo, como vimos – que "nos diz algo, é Barnabé". Atos 11,22 o identifica como emissário da igreja de Jerusalém, encarregado da sindicância em Antioquia para aprovar, em nome dos apóstolos, o que ali fosse julgado conveniente.

Guignebert, porém, tem algumas dúvidas sobre essa versão dos fatos. Para ele, a passagem lhe parece apenas um recurso para atribuir à comunidade de Antioquia uma espécie de aval ou beneplácito dos apóstolos, em Jerusalém, às práticas locais. Segundo o historiador da Sorbonne, o redator dessa notícia em Atos não podia conceber uma florescente igreja cristã sem explícita vinculação à Jerusalém, e mais, com a aprovação da igreja-máter. Para ele, Barnabé teria sido "um dos fundadores primitivos, diria mesmo, o primeiro, da comunidade antioquiana, aquele que, verdadeiramente, *plantou* a boa nova no ambiente sírio". E isso encontraria apoio confirmatório em Gálatas 2,1 e 2,9, ainda segundo Guignebert.

Não me parece, contudo, que o ilustre historiador francês esteja certo em tal suposição. A carta de Jerusalém afigura-se historicamente necessária e os textos evangélicos que a ela se referem trazem um tom de convincente autenticidade. A presença testemunhal de Silas e Judas Barsabás, em Antioquia, contribuem decisivamente para autenticá-la, a meu ver. Por outro lado, estaria, sem ela, bastante esvaziado o projeto de Paulo e Barnabé de saírem a pregar ideias que não tivessem merecido o aval dos dirigentes de Jerusalém. Outra coisa: o documento era considrado de tamanha relevância, que Paulo concordou até em ceder às irredutíveis exigências de Tiago para que Tito fosse circuncidado. Além desses apoios, dispomos hoje do testemunho do autor espiritual Emmanuel, que, em *Paulo e Estêvão,* confirma explicitamente a autenticidade do documento de Jerusalém.

Seja como for, da leitura destas passagens, o historiador do cristianismo declarara não ter

> [...] a impressão de que Barnabé dependa particularmente dos apóstolos e que seja representante deles. Tem-se ao contrário – acrescenta – a

> impressão de que ele se põe diante deles, no mesmo nível que Paulo. [p. 191]

Nesses termos, creio poder concluir-se que Paulo e Barnabé não teriam ido a Jerusalém, especificamente para *pedir* autorização dos apóstolos para pregar o *Evangelho* aos gentios do jeito como o entendiam, mas, antes, para *comunicar* a eles o que estava sendo feito. O documento que os liberava para a pregação cristã tal como a entendiam teria sido, a crer-se nisto, apenas a aceitação explícita de uma situação de fato.

Esta parece ter sido também a interpretação de Guignebert, que invoca, neste passo, o testemunho de Loisy, ao dizer que

> [...] o redator de Atos 11,22 se abstém de declarar o objeto exato da missão de Barnabé a Antioquia, para onde não diz que ele tenha regressado.
>
> Eis porque [conclui Guignebert (p. 192)] me inclino por identificar em Barnabé, ajudado por alguns helenistas, dos quais três são citados em Atos 13,1, o verdadeiro fundador da igreja de Antioquia.
>
> Essa hipótese [prossegue] lhe atribui uma posição de relevo na história do cristianismo nascente.

O eminente historiador não hesita mesmo em censurar Paulo por haver "prejudicado" Barnabé. Estariam certos, portanto, na opinião do autor (p.192), aqueles que dizem ter sido Barnabé quem "abriu os olhos para o grande caminho da igreja".

Se isto é aceitável, Barnabé compareceu a Jerusalém investido, de fato e de direito, da autoridade de líder de uma comunidade que já se adiantara no caminho da difusão do cristianismo junto dos gentios. Se com isso atropelava a postura das vozes mais conservadoras de Jerusalém, explica-se o longo e penoso debate do chamado Concílio de 45, no qual se definia o rumo histórico que deveria tomar a luminosa herança deixada pelo Cristo. Neste caso, a designação de Barnabé para ir a Antioquia e decidir por si e pelos apóstolos se as práticas ali vigentes deveriam ou não ser aceitas pode mesmo assumir os contornos de uma decisão política, de acomodação, diante do fato consumado do êxito obtido pelo modelo de cristiaisnimo germinado em Antioquia. Partira-se lá, portanto, de uma leitura diferente das ideias do Cristo e, consequentemente, de uma proposta de ação renovadora em confronto com a que predominava na concepção dos dirigentes conservadores de Jerusalém.

Não fosse o esforço de manter estes comentários dentro de limites físicos razoáveis, poderíamos, ainda, trazer para aqui as reflexões de Félix Goblet d'Alviella, em *L'evolution du dogme catholique*, que ostenta o autorizado prefácio de Salomon Reinach, especialmente o capítulo 5, "*La lutte entre l'universalisme et le particularisme*". Como se vê, pelo título, a universalização do cristianismo suscitou, realmente, uma luta entre correntes conservadoras e as mais abertas, que sonhavam com uma fecundação mundial pelo pensamento do Cristo.

Creio, porém, que ficou dito o suficiente para caracterizar Judas Barsabás como um daqueles que "estavam lá", entre os que definiram o perfil universalista do cristianismo.

No relato colhido por van Waveren, durante sua regressão de memória, Judas informa não ter sido cristão da primeira hora, como seu irmão José, mas a figura do Cristo o fascinava irresistivelmente. Nos poucos e breves encontros pessoais, depõe ele, Jesus o tratou com a cortesia formal devida aos mais velhos – ele contava cerca de vinte anos a mais –, mas não se deixou impressionar pelo seu *status* intelectual e material. Judas não era judeu ortodoxo, lia os filósofos gregos e dispunha de recursos materiais de certa monta.

Após o impacto da crucificação, ele se rendeu, afinal, ao que parece ter sido uma exigência de seu programa de trabalho para aquela existência, aderindo aos ensinamentos de Jesus e ao movimento que começava a tomar forma e consistência.

Pode-se dizer, penso eu, que Barsabás tenha sido um dos artífices ou, no mínimo, um decidido e competente colaborador do impulso que injetou os ensinamentos de Jesus nas veias da cultura mundial. E, sob esse, como em outros aspectos, ele deverá ser considerado, sem exagero, um apóstolo do Cristo.

O rastreamento de van Waveren nas vidas subsequentes daquele que fora Judas Barsabás mostra-o, daí em diante, durante os próximos dezessete séculos, empenhado em dar continuidade ao seu trabalho na área cristã, mas sem o mesmo idealismo dos tempos apostólicos. É necessário lembrar, não obstante, que a igreja também não era mais a mesma. Ao contrário, distanciava-se cada vez mais de suas origens.

Curiosamente, contudo, encontramos um elemento a mais a confirmar certas simetrias que às vezes identificamos nos eventos e no psiquismo das entidades espirituais, quando podemos, como neste caso, acompanhá-las no correr de alguns séculos ou milênios. Há em Barsabás, como em van Waveren, uma hesitação inicial, uma relutância, uma rejeição, antes do engajamento no projeto que trouxeram para as suas respectivas existências na carne. Como Barsabás, ele se sentia atraído pelo Cristo, mas demorou-se a tomar a decisão de tornar-se seu seguidor, mesmo porque, tinha muito a renunciar, material e culturalmente. Em van Waveren, a relutância se configura em aceitar ou não a espinhosa tarefa da peregrinação pelo passado, a partir da difícil renúncia a tudo quanto fora até então e a tudo quanto ainda pretendia ser e realizar como bem-sucedido psicanalista. Em ambas as oportunidades, no entanto, a ruptura com o passado, em proveito de um futuro incerto do ponto de vista meramente humano, ainda que espiritualmente luminoso.

A grande decisão de Judas Barsabás, segundo van Waveren resgatou de suas antigas memórias, teria sido tomada num dramático e místico momento em que meditava sozinho, no alto do Calvário, diante do poste de madeira ao qual Jesus havia sido pendurado para morrer crucificado. Ficaria, a partir daquele episódio, assinalado para sempre com aquilo a que Paulo caracterizou como "as marcas do Cristo".

3 – ASTERIUS

Se você olhar o Mediterrâneo, no mapa, perceberá logo a importância desse mar; ele banha o norte da África, o sul da Europa e o da Ásia Menor, bem como a parte ocidental do Oriente Médio. Num mapa contemporâneo, você verá ainda que, logo depois que a Grécia se fragmenta pelas suas famosas ilhas, no mar Egeu, começa a Turquia (Ásia Menor), que se limita, a leste, com a ex-União Soviética e com o Iran, e, ao sul, com o Iraque e a Síria.

Se, em vez do mapa atual, tomar um antigo, dos primeiros séculos da era cristã, você encontrará, em lugar da Turquia, uma região distribuída por muitos países menores e maiores, nos quais a influência grega foi decisiva: a oeste, a Mísia, a Lídia, a Cária e a Frígia; ao norte, a Bitínia e o Ponto, enquanto ao sul ficavam a Lícia, a Panfília e a Cilícia (onde nasceu Paulo, em Tarso), e, finalmente, ao centro, a Capadócia e a Galácia (para onde Paulo endereçou sua epístola aos Gálatas).

Praticamente, em toda essa região se falava grego, o que facilitou a difusão do cristianismo, especialmente através de Paulo, Barnabé e seus amigos. O mapa mostra isso no nome das cidades de então, que figuram nos textos de Paulo e em Atos dos Apóstolos, como Troas, Éfeso, Laodiceia, Icônio, Antioquia da Psídia, Colossos (epístola aos Colossenses), Pérgamo, Derbe, Pafos (em Chipre, pátria de Barnabé) e outras. Wallace Leal Rodrigues menciona, em *A esquina de pedra*, a tradição de que a Capadócia, onde se passa a história narrada no livro, foi evangelizada por Barnabé, provavelmente, depois da separação de Paulo.

Essa região, que constitui atualmente a Turquia, liga-se à Europa pelo estreito de Bósforo e limita-se, do outro lado, a leste, com a Armênia.

Nosso interesse, aqui, concentra-se no Ponto, ao norte, cuja capital, Amásia, foi sede do bispado de santo Asterius, no século quarto. A cidade ainda existe, com o mesmo nome, mas a capital hoje é Ankara.

A *Encyclopaedia Britannica* ensina (Volume 1, verbete 'Amasya', p. 728), que se trata da principal cidade de um *vilayet* (unidade administrativa, espécie de estado ou província, na Turquia) e constitui importante centro comercial na estrada Samsun-Sivas. Segundo o último censo de que dispomos, em 1955, havia por lá 17.549 habitantes.

Amásia foi das principais cidades no reinado de Trebizond e dos Seljuks, dos quais o sultão foi Kaikobad I, mandou construir belos edifícios e restaurar o castelo local. A cidade aguentou sete meses de sítio das tropas de Timur, o Tamerlão. Muito se beneficiou, também, do governo dos primeiros sultãos Osmanli, sendo que um deles, Salim I, nasceu ali. Bayezid II construiu em Amásia uma bela mesquita.

Diz-nos ainda a *Britannica* que Amásia é uma bonita e bem construída cidade turca, com seus bazares, hospedarias e a bela torre de relógio. São extensos os pomares e as plantações de trigo. Farinha e seda constituem produtos de exportação.

Da velha Amásia, restam imponentes ruínas no rochedo do castelo, à margem esquerda do rio, onde ainda estão de pé algumas paredes da acrópolis local e vários (e esplêndidos) túmulos cavados na rocha que, segundo Strabo, seriam os dos reis do Ponto.

Amásia esteve no seu apogeu, depois de Alexandre, o Grande, como núcleo originário do poderio do Ponto, mas o último rei foi o pai de Mitríades Eupator, o Grande. Foi ali que se instalou a base de operações bélicas dos romanos, em 89, 72 e 67, antes do Cristo. Em 65, Pompeu tornou-a cidade livre, após a queda de Mitríades. Foi lá que nasceu Strabo, o geógrafo, provavelmente no ano 63 antes do Cristo, morto, supostamente, no ano 24.

Foi ali que viveu Asterius, durante quase todo o século quarto e um pedacinho do quinto.

Como você percebe, foi fácil colher os informes que aí ficam; a dificuldade maior foi a de localizar textos que nos falassem de Asterius, cujo nome eu não estava encontrando em nenhum dos meus alfarrábios. Já um tanto desanimado, lembrei-me da velha e preciosa *Biographie uni-*

verselle, de Michaud. Eu sabia da existência de uma coleção da veterana obra na Biblioteca Nacional, no Rio de Janeiro, pois já a havia consultado antes, em busca de outra raríssima informação. Dito e feito: lá estava o nosso Asterius, desculpe, santo Asterius!

Foi, realmente, bispo metropolitano de Amásia, no Ponto, diz o verbete, no segundo volume. Asterius dedicou-se à literatura desde a mocidade. Como de praxe, durante muitos séculos, entregou-se ainda ao aprendizado da eloquência e do direito. Chegou a atuar profissionalmente no tribunal, e "com distinção"– diz o texto –, mas renunciou "a todas as vantagens que seus talentos lhe prometiam naquela profissão" para dedicar-se ao sacerdócio. Tornar-se-ia arcebispo aí pelo final do quarto século, sucedendo a Eulalius.

Revelou-se zeloso quanto à pureza doutrinária do cristianismo e dedicado à instrução de todos os que foram confiados aos seus cuidados pastorais. Morreu muito idoso, "pouco depois do início do século V". Photius o caracteriza como um bem-aventurado, Adriano II fala da estima em que era tido Asterius em todo o Oriente, tanto pela pessoa que sempre foi, como pelos seus escritos, que se difundiam a grandes distâncias. O Sétimo Concílio Ecumênico considera-o um dos pais da tradição eclesiástica, o que inscreve seu nome entre os "doutores da igreja".

Alguns escritos seus sobreviveram, como quatorze sermões, "incontestavelmente de santo Asterius"– diz o Michaud – incluídos no *Auctarium*, do padre Combefis, uma espécie de antologia. Já os sete sermões recolhidos por Cotelier parecem pertencer a outro Asterius, segundo a *Biographie*. Sabe-se, contudo, que ele compôs grande número de sermões, que infelizmente se perderam para a posteridade. Photius conservou um resumo de seis de tais prédicas. Os textos sobreviventes foram traduzidos pelo abade Bellegarde para o francês e publicados em 1691, em Paris. De Mancroix traduziu-lhe a *Homilia sobre o martírio de santa Eufêmia*.

É curiosa a avaliação desses remotos escritos na obra de Michaud. Traduzo-a do francês, tal como está, a fim de conservar-lhe conteúdo (evidentemente católico), o sabor e a forma:

> A despeito de alguns termos extravagantes [diz a *Biographie*] e daquela eloquência asiática, que bordeja pela imprecisão, observamos belos pensamentos, reflexões justas e sólidas, um torneado natural nas frases, expressões elegantes, vivacidade, variedade e agradáveis descrições. A doutrina é sempre exata e a moral, pura; no *Sermão sobre os santos apóstolos são Pedro e são Paulo*, ele estabelece, formalmente, o primado da jurisdição do sucessor dos santos apóstolos no

> Oriente e no Ocidente. No *Panegírico de são Focas, o mártir*, ele se manifesta, como ainda hoje o faz a igreja católica, sobre a invocação dos santos, sobre o culto das relíquias e os milagres.

Se você prestar atenção, creio que concordará comigo que essa análise crítica dos escritos de Asterius poderia até servir para avaliar os de Fénelon, cerca de mil e duzentos mais tarde. Dir-se-ia que, por artes mágicas, o crítico juntou a obra de Asterius e a de Fénelon, que ainda não estava escrita, e as examinou em conjunto.

Lamento informar que não encontrei referências biográficas a este são Focas, nem na *Biographie universelle*, nem na volumosa *História da igreja de Cristo*, de Daniel-Rops.

Erlo van Waveren diz, em seu livro, que Asterius inaugurou, com as relíquias de são Focas, a tradição do culto às lembranças materiais deixadas por homens e mulheres mortos em "odor de santidade", como se costumava dizer. Faria o mesmo como Wilfrid e Walter de Gray, na Inglaterra medieval.

Michaud menciona dois outros Asterius martirizados nos primeiros séculos do cristianismo e um terceiro santo do mesmo nome, que foi bispo de Petra, na Arábia, também no quarto século. Santo Atanásio fez o panegírico deste Asterius, em sua *Carta aos solitários* – um sugestivo título, na verdade.

Eis o que consegui apurar sobre o 'nosso' Asterius, arcebispo de Amásia, no Ponto, durante o século quarto da era cristã, remota encarnação de Wilfrid, Walter de Gray, Fénelon e Erlo van Waveren e sucessor de Judas Barsabás.

Reconheço que é pouco, mas é importante certificar-se de que o homem existiu de fato.

4 – Wilfrid

Para melhor entendimento do papel de Wilfrid, a ser analisado neste módulo, precisamos de uma vista d'olhos na história e na geografia que constituíram o cenário onde ele atuou. Recorreremos para isso à autorizada palavra de Will Durant, volume *The age of faith*, capítulo XXII, caracteristicamente intitulado "*Christianity in conflict*" (Cristianismo em conflito).

O historiador americano entende que o mais importante evento na história da igreja, entre os anos 529 e 1054 – mais de meio milênio, portanto – não foi a disputa entre a igreja grega e a de Roma – que acabaram mesmo separadas, como se sabe –, mas a bem-sucedida expansão do Islã, que punha em cheque tanto o cristianismo oriental quanto o ocidental.

A igreja católica mal consolidara suas posições no vasto Império Romano fragmentado pelas invasões bárbaras, quando algumas de suas mais prósperas províncias eclesiásticas começaram a ser dominadas pela religião muçulmana. Até mesmo os patriarcas de postos-chave, como os de Antioquia, Jerusalém e Alexandria, só continuavam em seus cargos graças à tolerância dos seguidores de Maomé. Essas igrejas mostravam-se, contudo, esvaziadas da antiga glória e despojadas do poder que, bem ou mal, fora exercido em nome do Cristo.

Ademais, em regiões importantes como a Armênia, a Síria e o Egito, os prelados locais mantinham elevado grau de independência, tanto de Constantinopla, quanto de Roma. Vemos evidência disso no livro de van Waveren, que se refere à autonomia administrativa de que gozava a igreja de Asterius, no antigo Ponto, ao norte da Capadócia. Mesmo porque os precários meios de comunicação da época tornavam ainda maiores as distâncias e, portanto, o isolamento das diversas comunidades cristãs.

Salvara-se para a igreja a Grécia, onde, no dizer de Durant (p. 530), "os monges triunfaram sobre os filósofos", mas a Espanha estava praticamente em poder dos muçulmanos e, na Ásia e na África, a situação não era melhor. Diante de tais revezes, o cristianismo "voltou-se para o norte e recomeçou a conquista da Europa", segundo Durant, concentrando seus esforços na Itália, França e Irlanda, onde, adaptado às condições locais, ainda dominadas pelos celtas, "tornou-se místico, sentimental, individualista e apaixonado". Chegou mesmo, no testemunho de Durant, a concessões mais significativas como a de "adotar as fadas e a poesia", que povoavam a imaginação dos celtas. Acrescenta que até os padres "herdaram os poderes mágicos dos druidas" (p. 531). Em confirmação a esse estranho procedimento, ainda no século XIII, como apurou van Waveren, em suas regressões, Walter de Gray, bispo de Iorque, o mesmo Wilfrid reencarnado, tentou recursos de magia para adquirir maiores poderes sobre o herdeiro do trono inglês.

Só depois de consolidada na Irlanda, a despeito de evidentes desvios doutrinários e de prática, a igreja local expandiu-se para a Escócia, Inglaterra, Gales, Alemanha e Itália, através dos pregadores – muitos deles posteriormente canonizados – que a igreja irlandesa exportava para essas regiões.

Informa, ainda, Durant (p. 533) que, segundo Tertuliano, já havia cristãos na Inglaterra desde o ano 208. A crermos em testemunhos mais ou menos lendários que se preservaram em torno da história de Glastonbury, até antes disso, pois acredita-se que o primeiro núcleo cristão ali tenha sido criado por José de Arimateia, no primeiro século da era cristã.

Seja como for, o grande ímpeto que resultou na conquista das Ilhas Britânicas para o cristianismo gerou-se na Irlanda, onde era predominante a influência dos celtas, como temos visto. Tão forte essa influência que foi necessário levar o problema ao Concílio de Whity, em 664, no qual "a eloquência de são Wilfrid" – no dizer de Durant (p. 534) – "decidiu a questão (...) em favor de Roma". Os combativos monges irlandeses não tiveram alternativa senão a de aceitar o inevitável, ainda que sob veementes protestos.

A decisão conciliar produziu relevantes consequências históricas, dado que "a igreja britânica, unificada e bem dotada" – escreve Durant –, "tornou-se um poder econômico e político e assumiu importante papel na educação do povo e no governo do país" (p. 534). O grande passo inicial, rumo a essas realizações, foi dado, portanto, por Wilfrid.

A visão da igreja – ou melhor, dos historiadores eclesiásticos – é um tanto diferente, mas não menos esclarecedora. Para Daniel-Rops, em *A igreja dos tempos bárbaros*, capítulo IV – "A igreja converte os bárbaros", a conversão da Inglaterra se deve ao gênio político-religioso do papa são Gregório, mas há que reconhecer que Wilfrid foi dos mais dinâmicos executores da vontade do papa em território inglês.

Ao finalizar-se o século seis, a Inglaterra encontrava-se dominada pelos invasores germânicos, vindos aí pela metade do século anterior – os jutos, os anglos e os saxônios. Aos poucos, definiu-se um perfil mais nítido, onde se podiam distinguir as regiões, de norte a sul: Nortúmbria, onde nasceu Wilfrid, Mércia, Anglia Oriental (East Anglia), Essex, Kent, Wessex e Sussex, ligadas entre si por frouxos laços, que preservavam a autonomia dos príncipes de origem germânica em seus respectivos territórios. Havia, ainda, um longo caminho a percorrer para unificar de fato e de direito todos aqueles autênticos posseiros de grande porte, até que se chegasse a uma configuração mais estável para a Inglaterra propriamente dita, ou seja, a *Angle land*, terra dos anglos, que virou England.

Estou certo de que nossa avaliação do período se tornará ainda mais clara se trouxermos para aqui a contribuição do historiador britânico H. G. Wells, que, com o seu admirável poder de síntese, escreveu o seguinte, em *Outline of history* (pp.635-636):

> Descrevemos o completo colapso econômico, social e político do sistema imperial romano no Ocidente, a confusão e a escuridão ocorridas no sexto e no sétimo séculos e as lutas de homens como Cassiodoro, para conservar acesa a chama da cultura no meio de todo aquele vendaval de confusões. Por algum tempo, seria ocioso escrever acerca de nações e de governantes. Menores ou maiores aventureiros apossaram-se de castelos e propriedades no interior e impuseram sua vontade em mal definidas áreas. As Ilhas Britânicas, por exemplo, foram fragmentadas por uma multidão de governantes, enquanto numerosos chefes celtas, na Irlanda, na Escócia, em Gales e no Cornwall, lutaram e se impuseram ou se eliminaram uns aos outros: os invasores ingleses também estavam divididos em número flutuante de reinados, Kent, Wessex, Essex, Susex, Mércia, Nortúmbria e East Anglia, e empenhados em guerra constante entre si. Assim acontecia na maior parte do mundo. Aqui, um bispo se tornava monarca, como Gregório, o Grande, em Roma, ali, uma cidade ou grupo de vilas ficaria sob o poder de um duque, ou príncipe disto ou daquilo.

Foi nesse ambiente que os cristãos começaram a propagar suas ideias. Não vamos mergulhar mais fundo nos detalhes para não nos distrair do nosso próprio roteiro. Apenas uma nota curiosa. Rops caracteriza Wilfrid como "o pitoresco santo Wilfrido, o próprio tipo do inglês teimoso, friamente apaixonado, indomável, que faz do seu bispado de Iorque um verdadeiro baluarte de cristianismo puramente inglês, e, com o seu amigo são Bento Biscop, povoa de mosteiros beneditinos o Norte das Ilhas..." (p. 269).

Esboçado o cenário, vamos aos atores do grande drama da expansão do cristianismo na Inglatera medieval.

Santo Wilfrid – a grafia pode ter sido também Wilfrith – bispo de Iorque, filho de um nobre da Nortúmbria, nasceu provavelmente, em 634. Aos quatorze anos era um jovem vistoso e de boas maneiras, afeiçoado às armas, aos cavalos e às roupas elegantes, mas não se sentia feliz. O problema era uma daquelas clássicas madrastas, cuja maldade a ficção às vezes exagera, mas que, de outras, a vida faz mais exageradas que a ficção. Não ficou bem claro no texto que estamos consultando – o *Dictionary of national biography* –, mas parece que a rejeição da madrasta constituiu fator preponderante para que o jovem se decidisse pela vida religiosa, entrando para um convento. Pelo menos no convento ficava a salvo das implicâncias da mulher.

Seu pai mandou-o para a corte de Oswy, um dos reis da época e cujo nome já desapareceu das enciclopédias. Na corte, Wilfrid caiu nas boas graças da rainha Eanfled, que o enviou a Lindisfarne. Apesar de não ter recebido a tonsura, o jovem fez ali – e com distinção – o noviciado. Ficou documentada a informação de que ele sabia o saltério de cor, na versão gaulesa, e estudara outros livros. (Para quem não saiba – eu sou um deles – o saltério era um instrumento musical de cordas, mas, também, nome que os setenta tradutores da Bíblia, do hebraico para o grego, deram ao conjunto de salmos).

Por essa altura, Wilfrid desejou fazer uma peregrinação a Roma, e contou logo com o apoio da sua protetora, a rainha Eanfled. Ela o encaminhou a um primo por nome Earconbert, no Kent, a fim de que fosse providenciado um bom companheiro de viagem para o rapaz.

Enquanto esperava, na corte de Earconbert, Wilfrid manteve seus hábitos ascéticos de vida e deu continuidade aos estudos, dedicando-se, desta vez, ao texto romano do saltério. Lá ficou um ano. Em 653, iniciou a programada viagem em companhia de Benedict Biscop, que se dirigia a Roma. Ao chegar em Lyon, na França, preferiu ficar por mais algum tempo ali, com o arcebispo local, de nome Annemund, enquanto Biscop seguia para Roma. Seu novo e poderoso amigo fez-lhe uma proposta tentadora: dar-lhe-ia em casamento a filha de Dalfinus, o conde local, se Wilfrid resolvesse ficar com eles. O jovem deveria ser, realmente, muito charmoso e simpático. Curioso observar que ninguém cogitava de saber, naquela época, se a moça, filha do conde, queria ou não casar-se com o inglês bonitão e inteligente. Provavelmente, sim, mas não lhe cabia nem a ela e nem ao pai, decidir seu destino pessoal. Quem mandava na vida e no coração das pessoas era o senhor arcebispo. Tal era o poder de que dispunham os chamados "príncipes da igreja".

A despeito de tão excelentes oportunidades que se abriam para ele, Wilfrid preferiu manter seus objetivos religiosos e partiu, afinal, para Roma. Lá chegando, começou a ser instruído por Bonifácio, arcediago do papa, sobre questões doutrinárias como a da Páscoa e as regras monásticas dos beneditinos. Mais que isso, Bonifácio levou-o pessoalmente para apresentá-lo ao papa Eugênio.

Terminado o estágio em Roma, Wilfrid retornou a Lyon, onde foi tonsurado pelo amigo arcebispo, em companhia de quem permaneceu durante os três anos seguintes.

Os tempos eram difíceis, no entanto, até mesmo para os arcebispos. Por alguma razão que não ficou esclarecida, o protetor de Wilfrid foi decapitado, em Châlon-sur-Saône, em 29 de setembro de 858, por ordem de certo Ebroin, administrador do palácio de Clotário III, rei da Nêustria e da Borgonha. Havia rei demais por aquela época, e qualquer passo em falso poderia ser fatal, como foi para Annemund. O próprio Wilfrid correu o risco de ser executado juntamente com o seu protetor.

Salvou-se porque descobriram a tempo que ele era inglês e, portanto, conterrâneo da rainha local, por nome Bathilda.

Ainda com a cabeça no lugar e com apenas vinte e quatro anos de idade, Wilfrid regressou à Inglaterra, ou melhor, à sua Nortúmbria. Lá chegando, ficou sabendo que Alchfrith, rei de Deira, convertido ao ritual romano, oferecia-lhe terras em Stanford para que ele construísse e administrasse, ali, um mosteiro. Em 661, Elfrith expulsou Eata, Cuthbert e outros monges columbitas (de são Columbo) da cidade de Ripon e mandou entregar o mosteiro local a Wilfrid, que, provavelmente em 663, recebeu, afinal, as ordens sacerdotais do bispo Agilbert, que estava, à época, em visita à Nortúmbria.

Os columbitas praticavam um tipo de cristianismo modificado, que acolhera muitos dos hábitos e ritos dos cultos celtas, que predominavam nos territórios que integrariam, mais tarde, a Inglaterra e, especialmente, a Irlanda.

Havia entre columbitas e romanos (fiéis a Roma), uma disputa antiga em constante fermentação. No início de 664, o rei Alchfrith convocou uma conferência em Streaneshalch, mais tarde Whitby, para debater a questão. O bispo Agilbert indicou o jovem padre Wilfrid, então com cerca de trinta anos de idade, para falar em nome de Roma, na disputa com Colman, bispo dos columbitas. Wilfrid ganhou a disputa, desenvolvendo sua argumentação com ironia e competência. Além disso, tinha a seu lado o poderio de Roma.

O derrotado bispo Colman deixou a Nortúmbria e, como Tuda, seu sucessor, morrera numa das constantes pragas que então assolavam a região, Alchfrith obteve a nomeação de Wilfrid como bispo, sediado em Iorque.

O problema, agora, consistia em sagrar corretamente o novo bispo, pois Wilfrid recusava-se ser investido em suas funções por bispos columbitas, sem condições canônicas suficientes para a cerimônia, de vez que predominava neles a coloração doutrinaria celta, em vez da pureza do cristianismo romano. O rei concordou em que ele fosse consagrar-se na Gália, onde havia prelados de bom *status* canônico.

Assim foi Wilfrid sagrado de Iorque, em Compiège, no fim do ano de 664, por Agilbert e mais onze prelados. Segundo o costume local, o novo bispo foi conduzido à cerimônia numa cadeira de ouro, nos ombros de seus companheiros. Além de boa qualificação eclesiástica, portanto, os bispos oficiantes tinham que dispor de suficiente força física.

Mais uma vez, Wilfrid retardou seu retorno à Inglaterra e, nesse ínterim, Oswy nomeou para o seu lugar, tecnicamente ainda vago, um bispo de nome Ceadda. Sem saber que o cargo havia sido ocupado por outro, Wilfrid partiu de volta para a Inglaterra, acompanhado de uma comitiva. Na altura do Sussex, seu navio extraviou-se na rota e foi atacado pelos anglo-saxões pagãos, que tencionavam matar tripulação e passageiros. Os homens de Wilfrid venceram a disputa, com perda de cinco pessoas e o navio ancorou são e salvo em Sandwich. Mais uma vez Wilfrid escapava da morte. Parecia mesmo estar sendo preservado para alguma importante missão.

Ao saber que seu bispado havia sido entregue a Ceadda – também devidamente canonizado, mais tarde – retirou-se para Ripon. Convidado pelo rei Wulfhere, da Mércia, exerceu, ali, funções episcopais. O rei mandou dar-lhe terras, nas quais construiu mais de um mosteiro, um deles o de Lichfield. Por solicitação de Egbert, do Kent, também ordenava padres e deãos, naquele reino, quando a diocese local ficava, eventualmente, vaga.

Na visita a Canterbury, em Londres, atraiu para si alguns admiradores, como Eddi (ou Eddius), seu futuro biógrafo, Eona e Putta, todos eles afinados musicistas familiarizados com os cânticos romanos, de pura estirpe doutrinária. Aproveitou a oportunidade para recrutar pedreiros, marceneiros e artesãos, com os quais viajaria pela sua diocese a construir, reformar e embelezar igrejas e mosteiros.

Em 669, o arcebispo Teodoro afastou Ceadda do bispado e Wilfrid assumiu, afinal, o cargo que nem chegara, ainda, a exercer, em Iorque. Por esse tempo, o rei Oswy pediu-lhe que o acompanhasse a Roma, mas acabou morrendo, antes de empreender a viagem.

Como se pode observar dessas idas e vindas, Wilfrid tinha livre trânsito entre os numerosos reis de seu tempo, ainda que, às vezes, correndo o risco de ser decapitado por algum passo em falso ou por estar do lado errado na política. Curiosamente, Walter de Gray e Fénelon, também nascidos (ou melhor, renascidos) em famílias nobres, frequentariam as cortes, com acesso fácil aos reis.

Wilfrid administrou diligentemente, e com grandeza, sua diocese. Acolhia, para instruir, filhos de familias nobres, outra característica de Fénelon, séculos mais tarde. Apesar de pessoalmente ascético, cercava-se de grande pompa e gastava enormes quantias de dinheiro, especialmente em construções, pois eram muitos e ricos os presentes que ganhava, diz sua biografia.

Por algum tempo, o rei Ecgfrid – como havia reis, meu Deus! – o apoiou e Wilfrid foi até conselheiro espiritual da rainha Etheldreda. Usou bem seus poderes em favor da igreja de Roma e, sob seu comando

– pois se tratava de uma verdadeira guerra –, completou-se a cristianização da Nortúmbria com a eliminação dos ritos residuais celtas. Nos mosteiros, mandou implementar a regra beneditina.

Como a catedral de Iorque encontrava-se em mau estado, resolveu reformá-la. O teto foi refeito com lâminas de chumbo (como teriam resolvido o problema de todo aquele peso suspenso nas imensas abóbodas?), botou vidros nas janelas, recobriu de massa fina as paredes, decorou o altar com ornamentos e vasos e dotou a igreja de propriedades territoriais. Em Ripon, construiu a basílica em pedra, com muitas colunas e pórticos.

Às festividades da inauguração compareceram o rei Ecgfrid e seu irmão, o vice-rei (havia disso também!) Elfwine, e uma comitiva de abades, príncipes e administradores de quase todo o norte do país. A festa durou três dias.

Foi para essa igreja que Wilfrid encomendou uma cópia dos evangelhos em letras de ouro sobre pergaminho de cor púrpura. Mandou encerrar o volume num escrínio de ouro maciço encrustado de pedras preciosas. (Será que ainda existe essa preciosidade?)

Outra igreja ele mandou construir em Hexham, algo que – dizia-se – "não seria visto deste lado dos Alpes". Por esse tempo, sua diocese estendia-se por toda a Bernícia e a Deira, e, em 678, também sobre Lindsey. Era, sem dúvida, o prelado católico mais importante da Inglaterra.

Mas nem tudo eram flores por aqueles tempos ásperos e Wilfrid acabou caindo em desgraça com o temperamental rei Ecgfrid. Tal como Fénelon com o rei Luís XIV, cerca de mil anos mais tarde. É que ele insistia em encorajar a rainha Etheldreda a permanecer virgem e, em 672, sagrou-a freira. Mas não foi somente por isso que o rei se aborreceu com ele – e já era motivo suficiente. Acontece que o rei se sentia algo enciumado do prestígio do bispo, tanto quanto de seu poder e de sua riqueza, e nisto era estimulado pela segunda esposa, Eormenburgh ou Irminburga, já que a primeira o trocara pela clausura.

Em 678, com o apoio do arcebispo Teodoro, a vasta diocese de Wilfrid foi retalhada, desmembrando-se a de Deira, a da Bernícia e a de Lindsey, criando-se para cada uma delas uma diocese independente.

Com esse golpe político, Wilfrid ficou reduzido à diocese de Iorque, onde seria apenas um dos quatro bispos da região, em vez de continuar sendo o único.

Wilfrid, porém, não era homem de aceitar pacificamente uma coisa dessas. Tomou a palavra no *gemot* – espécie de parlamento – e interpelou corajosamente o rei e o arcebispo, perguntando-lhes por que haviam feito aquilo com ele. A resposta foi a de que nada tinham contra ele, mas que a decisão seria mantida. Certo de que não tinha qualquer chance de reconsideração do ato, Wilfrid declarou publicamente que apelaria a Roma. A ameaça foi acolhida com ironiais, mesmo porque nenhum bispo inglês jamais recorrera a Roma para resolver pendências internas. A atitude era considerada antipatriótica.

Episódio semelhante aconteceria com Fénelon, que, passando por cima do orgulho nacionalista da igreja de França, apelou a Roma em questão doutrinária, quando do rumoroso caso da controvérsia em torno do quietismo. Veremos isso, no momento certo, mais adiante.

Estavam enganados os que não acreditaram nas ameaças de Wilfrid, tanto quanto os que subestimaram a determinação de Ecgfrid de impedi-lo de ir a Roma, como advogado em causa própria. O rei combinou com Teodorico III, da Nêustria, e com Ebroin, seu 'administrador', uma emboscada para deter o indignado bispo, em Quentavic ou em Etaples, pontos nos quais habitualmente desembarcavam, na costa francesa, os passageiros vindos da Inglaterra. Ainda uma vez a sorte ajudou Wilfrid – em vez dele, aprisionaram o bispo de Mércia, cujo nome, aliás, era muito parecido, pois se chamava Winfrid. Salvou-se providencialmente desta vez pela simples troca de um 'l' por um 'n'. Wilfrid aproveitou a confusão para desembarcar na Frísia.

Já que estava mesmo por ali, pediu e obteve o consentimento do rei local para pregar o cristianismo, conseguindo converter e batizar muitos dos chamados pagãos. Engajado nessa tarefa, permaneceu naquele país durante todo o inverno.

Como Ebroin tinha lá suas diferenças com Wilfrid – que, no apogeu de seus poderes, ajudara Dagobert II, da Austrásia, a retornar do exílio na Irlanda –, tentou subornar o rei da Frísia para que lhe entregasse o cobiçado bispo, a fim de entregá-lo ao seu amigo Ecgfrid, mas a proposta foi recusada.

Na primavera de 679, Wilfrid viajou para a corte de Dagobert, que o recebeu com todas as honras de estilo e ofereceu-lhe o bispado de Estrasburgo, mas Wilfrid não pretendia ficar. Foi, ainda, bem recebido pelo rei lombardo Perctarit, que contou a Wilfrid que havia recebido emissários ingleses dispostos a pagar-lhe bom preço pelo bispo, mas também este recusou a negociar a vida do bispo.

Ainda nesse ano, Wilfrid chegou, afinal, a Roma, são e salvo. Reuniu-se um conselho presidido por Agatho, para decidir sobre as preliminares do caso. Já estava lá o representante do teimoso rei Ecgfrid, enquanto Wilfrid, igualmente teimoso, compareceu pessoalmente, para defender sua causa, que acabou ganhando com a boa retórica de que dispunha.

Roma concordava, portanto, em que ele havia mesmo sido espoliado e que deveria ser reconduzido ao cargo, restaurado em sua amplitude anterior, enquanto os demais bispos seriam afastados. Por medida conciliatória, o conselho sugeria que ele nomeasse os bispos desalojados como seus coadjutores.

Em março de 680 foi convocado um concílio para discutir a temática do monofisismo. Esta seita, surgida no século V, atribuía ao Cristo uma só natureza – a divina – e não as duas, como Deus e homem. Nesse concílio Wilfrid tomou a palavra e falou como bispo de Iorque, por toda a Inglaterra, em nome dos bretões, dos escosseses e dos pictos, que, aliás, tinham muito a ver com os celtas.

Terminado o concílio, ele partiu de volta para a Inglaterra, levando consigo o decreto que restaurava sua posição na igreja inglesa. Ecgfrid, porém, não aceitou nada disso. Para ele e seus conselheiros, Wilfrid havia comprado o decreto em Roma. E mais: mandou prender o bispo e encerrá-lo em Bromins.

A oportunista rainha apoderou-se do valioso relicário que Wilfrid mandara fazer para a igreja. Mantinha-o em casa, nos seus próprios aposentos e, sempre que viajava, levava-o consigo. Somos levados a suspeitar de que seu apego ao livro não seria, provavelmente, por piedade cristã, voltada para a leitura e meditação dos textos evangélicos.

Na viagem de volta, ao passar pela Gália, Wilfrid foi informado de que o rei local, Dagobert, seu amigo, havia sido assassinado. Mais uma vez, Wilfrid escapou de ser também executado somente por ter sido amigo do rei morto. Ao que tudo indica, não era muito saudável ser rei, naqueles tempos e nem amigo do rei, ao contrário do que pensaria, muitos séculos depois, o poeta brasileiro Manuel Bandeira.

Wilfrid curou a mulher do seu carcereiro e este se recusou, daí em diante, a mantê-lo prisioneiro. O bispo foi transferido, então, para uma prisão em Dunbar, onde ficava mais bem vigiado. Após nove meses de cárcere, sua liberdade foi pleiteada por Ebba, abadessa de Coldingham, que a conseguiu.

Como a Nortúmbria não lhe oferecia a desejada segurança, Wilfrid procurou asilar-se na Mércia, mas o rei lá era cunhado do temível Ecgfrid, e não quis acolher o bispo perseguido. Wilfrid foi para Wessex, mas lá também havia problemas, porque a rainha local era irmã de Eormenburh, esposa do sempre presente Ecgfrid. Finalmente, conseguiu ser acolhido pelo rei Ethelwalch, de Sussex, que lhe prometeu segurança. Wilfrid não perdeu tempo, convertendo e batizando o rei e a rainha, mas o povo continuava pagão, a despeito de um pequeno convento em Bosham, dirigido por um monge escocês.

Wilfrid saiu em campo com a missão de converter aquela gente. A fome atormentava o povo, após três anos de seca. Como não se aventuravam pelo mar alto, somente conseguiam agarrar enguias para comer. Wilfrid ensinou-lhes a juntar as redes individuais, amarrando-as umas às outras. Na primeira tentativa após essa medida, os pescadores conseguiram grande quantidade de peixe. Wilfrid não era somente um pescador de homens, como queria o Cristo, mas de frutos do mar, também.

O povo mostrou-lhe gratidão, ouvindo o que o bispo tinha as lhes dizer acerca do *Evangelho* e, como a seca acabou, de repente, Wilfrid se sentiu grandemente prestigiado e batizou muita gente. Em reconhecimento, o rei deu-lhe terras e uma residência na península de Selsey, habitada por oitenta e sete famílias. Wilfrid batizou-os a todos e libertou duzentos e cinquenta, que viviam sob regime de escravidão. Pouco depois construiu ali um mosteiro.

Lá mesmo, no Sussex, Wilfrid tornou-se amigo de um exilado por nome Cedwalla, da casa real do Wessex. Este cavalheiro assassinou o rei Ethelwalch e, em 686, tornou-se rei dos saxônios ocidentais. Em testemunho da amizade por Wilfrid, deu-lhe de presente a quarta parte da ilha de Wright, que também havia conquistado e da qual se tornara rei. Era um dos últimos redutos ingleses ainda não evangelizados. Wilfrid mandou para lá seu sobrinho Berwini, e mais um padre, a fim de cuidarem da evangelização da região.

Em 686, Wilfrid retornou a Iorque e reconciliou-se, em Londres, com Teodoro, que escreveu ao novo rei da Nortúmbria, por nome Aldfrid, e a outras personalidades de prestígio, algumas cartas de recomendação em favor do perseguido bispo. O rei concordou em acolher as pretensões, mas Wilfrid teve de se conformar com o bispado de Iorque, pois as dioceses desmembradas já se haviam consolidado como independentes. Bosa, que exercia o cargo em Iorque, aposentou-se – não muito de sua vontade, provavelmente – e retirou-se para Ripon.

Durante cinco anos as coisas ficaram nesse pé, mas Wilfrid nunca se conformaria de ter sido rebaixado em seu prestígio pastoral. (Enfrentaria problema semelhante como Fénelon, mas, por essa época, quase mil anos depois, mostrar-se-ia perfeitamente conformado). Em 691, novamente se irritou com a intenção do rei de transformar sua querida Ripon em bispado e novamente contestou a validade dos decretos de Teodoro que desmembravam sua antiga e vasta diocese. Como de hábito, interpelou pessoalmente o rei e acabou tendo de fugir mais uma vez, de volta para a Mércia, onde o rei Ethelred deu-lhe o bispado de Leicester, no qual continuou no exercício de suas tarefas, tal como as entendia.

Novamente o inconformado e renitente Wilfrid recorreu ao papa, a essa altura Sergius, que enviou uma representação ao rei, que, por sua vez, convocou um concílio para examinar o problema. Wilfrid perdeu de novo. A decisão foi a de que ele tinha de reconhecer as medidas desmembradoras tomadas por Teodoro e ficar apenas com Iorque. Ele reagiu, mostrando que o concílio estava ignorando determinações de três papas e que não abdicava aos seus direitos, confirmados por Roma.

Pressionado, o concílio concordou em conservar Ripon sob o poder do teimoso bispo, desde que Wilfrid se comprometesse a ficar lá quietinho, sem insistir no excercício total dos poderes que entendia como seus. Wilfrid reagiu, indignado, e mais uma vez resolveu apelar a Roma.

Passou à Mercia e de lá empreendeu nova jornada à Cidade Eterna. Ethelred assumiu com ele o compromisso de não interferir em seus mosteiros enquanto não fosse conhecida a decisão final do papa.

Já aos setenta anos de idade, Wilfrid partiu a pé para Roma, em companhia de Acca. Em viagem, visitou Willibrord, arcebispo de Utrecht, na Holanda. (Ele próprio, Wilfrid, renasceria nesse país, no início do século XX, como Erlo van Waveren). Chegou a Roma em 704, pouco antes dos emissários do rei da Nortúmbria, incumbidos de acusá-lo.

O papa – era João VI – convocou um sínodo para debater o caso, ouvindo acusado e acusadores. A batalha verbal durou quatro meses, em setenta reuniões, às quais Wilfrid compareceu para defender pessoalmente sua causa.

Mais uma vez ganhou o apoio de Roma às suas pretensões. O papa escreveu a Ethelred e a Aldfrid, comunicando-lhes a decisão do sínodo, recomendando que se convocasse outro sínodo na Inglaterra, a fim de acertar os detalhes. Se de todo fosse impossível chegar-se a um consenso, o caso deveria ser re-submetido a Roma.

A essa altura, Wilfrid sentia-se cansado de toda aquela guerra político-religiosa – mais política do que religiosa, naturalmente – e manifestou desejo de permanecer em Roma até o final de seus dias, o que não deveria andar muito longe, mas o papa recomendou-lhe que retornasse à Inglaterra.

No caminho de volta, ainda na França – ou melhor, na Gália, como então se chamava a região –, Wilfrid passou mal, e foi levado inconsciente para a cidade de Meaux. O destino marcava mais um ponto importante no mapa da sua vida, ou melhor, das suas vidas. Cerca de mil anos após, ele, como Fénelon, seria derrubado de sua elevada posição na corte e na igreja, em vista de forte pressão contrária exercida por Bossuet, bispo de Meaux.

Mas Wilfrid não estava pronto, ainda, para morrer. Segundo contou ao amigo Acca, o anjo Gabriel apareceu-lhe num sonho para dizer-lhe que ainda lhe restavam quatro anos de vida e que ele deveria, ainda, construir uma igreja dedicada à Virgem.

Desembarcou, de volta à Inglaterra, em Kent, no ano 705 e se reconciliou com Brithtwald, responsável, em parte, pelas suas agruras, porque ajudara o rei a confirmar as restrições territoriais que lhe haviam sido impostas. O rei Aldfrid, contudo, procurado por intermediários, recusou-se terminantemente a reconsiderar a decisão contrária aos interesses de Wilfrid.

Pouco depois Aldfrid morreu e Wilfrid recorreu ao novo rei, Eadwulf. A resposta deste foi fulminante: Wilfrid deveria deixar o reino dentro de seis dias, mas ele próprio, Eadwulf, foi deposto e expulso dois meses depois. Subiu ao trono Osred, filho de Aldfrid, que apelou para a usual providência de convocar novo concílio para debater o problema suscitado por Wilfrid, o teimoso.

Nesse ponto do drama vivido pelo velho bispo, entra em cena a abadessa Elflaed, com o depoimento de que, no seu leito de morte, o rei Aldfrid havia declarado a ela que, se continuasse vivo, acolheria a decisão dos papas, restaurando o poder de Wilfrid. Com isso, o rei, os bispos e nobres, em geral, fizeram as pazes com Wilfrid.

Em lugar de reconduzi-lo ao cargo de bispo de Iorque, contudo, deram-lhe o bispado de Hexham e mais o mosteiro de Ripon, que seria elevado a bispado também, o que não foi cumprido. Dessa maneira, a posição de Wilfrid, afinal de contas, não era tão boa quanto a que tivera quando sua diocese fora dividida em quatro, quase trinta anos antes e isso, a despeito de seus apelos ao papa. Muita briga por tão pouco...

Em 708, o velho bispo ficou doente outra vez. Só se recuperaria em 709, mais de um ano depois. O incansável batalhador sentia-se no fim. Ditou o testamento, dividindo sua fortuna em quatro porções. A parte mais valiosa deixava para as igrejas de Santa Maria e de São Paulo, em Roma, e o restante destinava aos pobres, aos prebostes (administradores prepostos) em Ripon e Hexham e aos seus companheiros de exílio.

Ceolred, rei da Mércia, convidara-o para ir até lá, a fim de discutirem os problemas dos mosteiros locais. Wilfrid deixou encaminhada uma solução para a sua sucessão, em Ripon, caso não voltasse com vida da Mércia, e despediu-se de seus monges.

A não identificada doença atacou-o novamente em um dos seus mosteiros, em Oundle, em Northamptonshire, e lá ele morreu, enquanto os monges entoavam o Salmo 104, cujo versículo 30 fala da criação dos seres e da renovação da face da Terra. Era uma quinta-feira, provavelmente 3 de outubro, o ano, 709. Só a morte conseguira vencer o velho bispo, mas teve que esperar setenta e cinco anos para ganhá-lo.

Foi enterrado na sua querida Ripon, pela qual tanto lutara. Constou que o arcebispo Odo mandaria, mais tarde, remover seus ossos para Canterbury, mas há notícia de que são Osvaldo os encontrou posteriormente, lá mesmo, em Ripon.

A controvérsia continuou, pois Eadmer alega que os ossos encontrados em Ripon seriam de outro Wilfrid, mais jovem, optando pela versão da remoção para Canterbury, que teria sido "confirmada por sinais celestiais". Caberia, contudo, ao arcebispo Walter de Grey, trasladar as relíquias do obstinado santo, em 1226, para local mais pomposo, com o que se confirmou a versão primitiva do sepultamento. Consta, ainda, que um braço de Wilfrid estaria em Iorque.

Essas minuciosas informações constam do valioso *Dictionary of national biography*, como se viu. Desse mesmo livro, colhemos a avaliação final de Wilfrid, que está assim redigida:

> De brilhante intelecto, vigoroso e construtivo gênio, Wilfrid montou o sistema romano na Inglaterra em substituição aos procedimentos da igreja columbita, em cuja queda exerceu importante papel. A despeito de seu obstinado apego ao poder e à riqueza, ele os usou em proveito do serviço divino, e apesar de haver-se recusado a sacrificá-los, quando a renúncia se fez necessária para o bem-estar da igreja, o tratamento desleal que lhe deram constitui desculpa válida para a recusa. Seus apelos a Roma contrariavam o sentimento nacional; mas não há como culpá-lo por buscar justiça perante o único tribunal no qual ele podia ter esperança de obtê-la. Corajoso e firme nos seus propósitos, nunca se intimidou ante o perigo da perseguição. Seu temperamento era dominador e nada conciliador com seus adversários. Era, contudo, uma pessoa amável e seus monges e o clero, em geral, eram-lhe fiéis nas suas dificuldades e o consideravam com filial afeição. Foi um santo, bem como magnífico prelado. Seu trabalho missionário na Frígia e no Sussex, realizado em período de grande turbulência em sua vida, garantem-lhe destacado lugar entre os pais da igreja. O dia de são Wilfrid ficou marcado no calendário, a 12 de outubro, que não teria sido o dia de sua morte, pois, em 709, caiu num sábado. Seu culto expandiu-se amplamente, de modo especial, no norte do país.

A *Encyclopaedia britannica* – verbete "Wilfrid", volume 23, p. 607 – considera-o:

> [...] um nome memorável na história da Inglaterra, não apenas pelo importante papel exercido em suplantar a disciplina céltica e em *estabelecer o precedente do apelo à autoridade do Papa,* mas também, pelos serviços prestados à arquitetura e à cultura. [Destaque desta tradução]

Informa ainda a *Britannica* que, em suas idas a Roma, constituía para ele grande prazer recolher relíquias para expô-las na sua querida igreja de Ripon, hábito que, segundo apuramos – e van Waveren o confirma – iniciou séculos antes, como Asterius, em Amásia, ao preservar as relíquias de são Focas.

Um aspecto ainda resta a comentar. Há, na vida de Wilfrid, constantes referências às suas dificuldades com o culto católico de coloração celta. Vamos conversar, a seguir, sobre isso.

Mais uma vez, recorremos à prestimosa *Britannica,* sem necessidade de pesquisar a ampla literatura, hoje existente, sobre o celtas.

O nome celta – esclarece o verbete "celt", volume 5, p. 105 – foi aplicado, de maneira genérica, a um antigo povo originário da Europa central e da ocidental. Nos Alpes e no vale do Danúbio, há notícia de celtas desde a idade da pedra, mas foi somente nos últimos quinhentos anos antes do Cristo que eles atingiram verdadeiro apogeu, com "uma tremenda e notável expansão pela Europa Central". Consta que todo esse poderio deva ser atribuído à competência dos celtas em metalurgia, especialmente a do ferro, que aprenderam a trabalhar antes dos demais povos, que somente sabiam lidar com o bronze. Na verdade, portanto, os celtas precipitaram a mudança da era do bronze para a do ferro.

Para os objetivos de nosso estudo, basta-nos uma rápida notícia sobre a ida dos celtas para as ilhas Britânicas, especificamente, dois grupos deles – os *brytons* e os *goidels.*

Os primeiros atravessaram o canal e se estabeleceram na Inglaterra e no país de Gales, enquanto os *goidels,* provavelmente no quarto século, passaram diretamente do estuário do rio Loire, na França, para a Irlanda, onde rapidamente se tornaram classe dominante. Só mais tarde, começariam a surgir colônias de *goidels* vindos da Irlanda, na costa ocidental de Inglaterra, Gales e Escócia.

Os celtas levaram para as ilhas Britânicas elaborado sistema de crenças, lendas e ritos pagãos, que muito tinham a ver com a magia e a manipulação das forças da natureza. Para melhor entendimento de tais crenças e práticas, contudo, temos de recorrer ao verbete sobre o druidismo e é o que faremos a seguir.

O assunto é do particular interesse daqueles que se interessam pelo espiritismo, dado que o pseudônimo Allan Kardec, adotado pelo prof. Rivail, segundo revelação feita a este, era nome que ele próprio usara no passado, quando teria sido um druida.

O druidismo foi a crença dos celtas da Gália até o tempo da romanização dessa região, que seria mais tarde a França. Ali lutou Júlio César, que viveu entre eles e sobre eles escreveu *De bello gallico*, obra da qual, em remotos tempos de ginásio, andei, penosamente, traduzindo alguns trechos, sob a regência do padre João Kalde.

Na Inglaterra, como vimos, a influência celta prolongou-se por muito tempo, a ponto de influenciar poderosamente o pensamento cristão, que estava sendo implantado ali.

Colin Wilson, em seu livro *Mysteries*, caracteriza os cultos druidas como "forma de adoração da natureza" (p. 83). As cerimônias eram celebradas nos bosques, ao ar livre, especialmene ao pé de um carvalho, árvore sagrada para eles, como também o visco, uma planta parasita, pela qual tinham grande reverência e à qual atribuíam poderes mágicos e curativos. Curiosamente, até hoje, os povos de língua inglesa usam uma pequena coroa de visco (*mistletoe*) especialmente na decoração do Natal, de preferência do lado de fora da porta de entrada das habitações. Creio legítimo indentificar nessa tradição resíduos de um sincretismo religioso do cristianismo (Natal) com o druidismo. Wilson informa, ainda (p. 93), que os druidas atribuíam-se poderes mágicos, prediziam o futuro, podiam provocar doenças e até a morte, por meio de encantamentos, como também induzir a invisibilidade nas pessoas. "Na verdade" – conclui Wilson –, "a maior parte dos poderes que mais tarde seriam atribuídos às feiticeiras."

Há quem defenda a tese histórica de que o famoso monumento iniciático de Stonehenge, na Inglatera, tenha sido construído pelos druidas, em torno do ano 500 antes do Cristo. Essa é – segundo Wilson (p.100) – a opinião do cronista (historiador) João Aubrey, contemporâneo de James I, filho de Mary Stuart e sucessor de Elizabeth I.

Com toda essa estrutura de poder bélico, econômico, civil, religioso e mágico, não é de se admirar que os celtas tenham exercido enorme influência nas ilhas Britânicas, ainda ao tempo de Wilfrid, no século VII. O culto do druidismo, pelas suas características populares, sua forte vinculação com a terra, as plantas, os astros e seres da natureza, implantara-se profundamente na mentalidade do povo e se infiltrara até no cristianismo, como vimos. Daí a importância de Wilfrid, que, com a sua vibrante retórica e sua forte personalidade, arrancou do Concílio de Whitby uma decisão considerada purificadora para o cristianismo inglês, livrando-o da influência dos celtas e, consequentemente, do druidismo. A despeito da decisão conciliar, contudo, não deve ter sido fácil a tarefa de 'purificar' o culto cristão de práticas copiadas ao druidismo e, ainda, afastar delas o povão. De qualquer modo, a igreja encontrou boas razões para canonizar Wilfrid.

Séculos depois, ao olhar para trás, como lemos em van Waveren, Wilfrid ainda guardava certo desconforto por haver sufocado as práticas druídicas, em proveito da pureza doutrinária e ritualística prescritas por Roma. Ficara com a incômoda sensação de haver atropelado as crenças e práticas populares, em proveito da teologia e das cerimônias mais sofisticadas de Roma. Talvez por isso, van Waveren haja testemunhado, nas suas dramáticas vidências, o inesperado ataque a Asterius por um leão mitológico. Mas, nesse caso, por que Asterius e não Wilfrid? Não tenho a resposta.

Do que se depreende, no entanto, que até os santos se arrependem de seus 'pecados'...

5 – Walter de Gray

Para não recuar demais em busca do fio da meada que nos guie os passos no entendimento da época de Walter de Gray, creio suficiente iniciar com o rei Henrique II, da Inglaterra (1133-1189). Já ia dizendo "rei inglês Henrique II", mas recuei, porque Henrique era rei da Inglaterra, mas não era inglês. Explica-se. Nasceu em Le Mans, na França, filho de Geofroy Plantageneta, conde de Anjou, e de Matilda, filha de Henrique I, da Inglaterra. Os Plantagenetas dominaram a Inglaterra desde William (Guilherme, o Conquistador), em 1066, até o início do reinado Tudor, em 1485.

Em *The age of faith*, capítulo XXV – "*The recovery of Europe*", Will Durant convence facilmente o leitor de que "os resultados da conquista normanda foram ilimitados" (p. 668). E explica:

> Um novo povo e uma nova classe foram impostos aos dinamarqueses, que desalojaram os anglo-saxões, que conquistaram os bretões romanos, que dominaram os celtas...; alguns séculos iriam decorrer até que o sangue e a fala ingleses voltassem a prevalecer.

Os normandos, informa Durant, eram ligados aos dinamarqueses, mas acabaram se tornando franceses na Normandia e em Anjou. Ao assumir o poder na Inglaterra, levaram para lá a língua e os costumes franceses, que se tornariam oficiais durante os três séculos seguintes.

Em 1150, Henrique investiu-se do poder na Normandia e, um ano depois, com a morte do pai, tornou-se também conde de Anjou. Em 1152, casou-se com Eleanor de Aquitaine, outra herdeira bafejada pela sorte, e personagem de uma história pessoal das mais movimentadas da época.

Eleanora herdou a Aquitânia de seu pai, Guilherme X, ao qual sucedeu em 1137, aos quinze anos de idade. Casou-se com o príncipe Luís, que, um ano depois, foi elevado ao trono francês, como Luís VII. O casal teve duas filhas e nenhum filho homem. Em 1151, separaram-se por mútuo consentimento e o casamento foi anulado. Casou-se, em seguida, com Henri d'Anjou. Em 1153, com a morte de Stephen, da Inglaterra, neto de Guilherme, o Conquistador, Henri conseguiu, numa audaciosa jogada política, fazer prevalecer seus direitos ao trono inglês.

O segundo casamento de Eleanor também não deu certo, a despeito de tanto poder e riqueza, ou talvez por isso mesmo. Da indiferença passaram ao rancor, apesar dos cinco filhos e três filhas. João, futuro rei de nosso Walter de Gray, foi o mais jovem deles. Talvez por ser o último era considerado o 'mais pobre' da família e, por isso, chamado de Lackland (João Sem Terra), pois, ao contrário dos irmãos, não as tinha. João acabou entrando na posse de bens em ambos os lados do Canal, ou seja, na Inglaterra e na França, mas a história guardou-lhe o apelido.

Conta-nos Durant (p. 672), que chegou o momento em que Eleanor, "banida e feita prisioneira pelo rei adúltero", tramou com os filhos a deposição do próprio marido. Henrique, o mais velho, coordenou uma rebelião feudal contra o pai, em 1173 e 1183, mas morreu antes de conseguir seus objetivos. Como o velho Henrique II não fazia o favor de morrer, os impacientes filhos Ricardo e João, aliaram-se a Felipe Augusto, da França, numa guerra contra o pai. Em defesa de seu trono, Henrique II acabou sendo derrotado em Le Mans, exatamente onde havia nascido. Segundo Durant, ele esbravejou contra Deus, que o havia feito perder sua amada cidade natal e o trono inglês. Morreu em Chinon, em 1189, "almadiçoando, no último suspiro, os filhos que o haviam traído" e até a vida, que lhe dera tanto "poder e glória, riquezas e amantes, inimigos, vergonha, traições e derrotas" (p. 672).

Finalmente, o impaciente Ricardo – o Coração de Leão – subiu ao trono, mas não ficou muito tempo lá em cima, pois morreu em 1199, aos quarenta e três anos, em ridícula disputa em torno de um tesouro descoberto por Adhemar, visconde de Limoges. Na batalha pelo ouro, Ricardo levou uma flexada mortífera.

Foi a vez de João subir ao disputado trono. Na coroação, jurou receber o trono "por escolha da nação (isto é, nobres e prelados) e a graça de Deus" (Durant, p. 674). O povo, claro, não contava. O historiador americano não deixa de mencionar a fragilidade do juramento para um rei que já havia sido "falso ao pai, ao irmão, e à esposa". Ao irmão, porque não era a sua vez de chegar ao trono, e sim a de Arthur, o mais velho.

O rei João governaria até 1216, quando morreu. Walter de Gray ainda viveria até 1255, e sua influência passou de João a Henrique III, filho de João, cuja educação lhe fora confiada.

Como Fénelon, cerca de quinhentos anos mais tarde, seria escolhido para educar o delfim, neto de Luís XIV, como veremos.

Feita essa introdução, tão sumária quanto possível, vamos ver mais de perto quem foi Walter de Gray. Estamos recorrendo ao testemunho do *Dictionary of national biography* – que já nos valeu quanto à vida de Wilfrid – e ao da *Encyclopaedia Britannica.*

Ao levantar-se, ainda aturdido, da regressão que acabara de experimentar com a ajuda da dra. Ann, sua esposa, o dr. Erlo van Waveren estava consciente de sua existência anterior como Fénelon, e de outra, na Inglaterra medieval, também como bispo. Lembrava-se de que o prelado inglês tinha nome começado por 'W' e o sobrenome Gray ou Grey. É verdade. O homem se chamou Walter de Gray e não é certa a grafia de seu sobrenome, se com 'e' ou com 'a'. A *Britannica* (Verbete "Gray (Grey), Walter de", volume 10, p. 684) menciona ambas, mas opta por Gray, no texto. O *Dictionary* (Verbete "Grey or Gray, Walter de") volume VIII, pp. 651-655) prefere "Grey". Ficamos com Gray, grafia preferida pelo dr. van Waveren.

Não é conhecida a data do nascimento do ilustre arcebispo; sabe-se apenas que morreu em 1255. Há dúvida também quanto ao nome de seus pais. O *Dictionary* informa que ele teria sido filho de João e Hawisia de Grey, de Rotherfield, Oxfordshire, mas ressalva que, segundo Dugdale, Walter era filho de Henrique e Isolda de Grey, de Thurrock, no Essex.

Seja qual for das duas filiações, portanto, Walter é de família nobre. A *Britannica* informa ainda que Walter era sobrinho de João de Gray, bispo de Norwich.

É certo, porém, que foi educado em Oxford, universidade pela qual conservou profunda afeição pelo resto da vida. Não parece, pois, ter muito sentido, a notícia que também encontramos de que ele não era uma pessoa de grande cultura. Houve até quem alegasse que tenha sido de poucas letras. Seu carinho por Oxford fez dele um benfeitor da universidade, onde passaram a ser celebradas missas anuais em sua memória, depois de sua morte.

Não era, contudo, um prelado erudito, preferindo a ação política, na qual se envolveu profundamente, dentro e fora da igreja, tanto quanto na administração da ampla fortuna que adquiriu no correr dos anos, provavelmente em acréscimo à que herdou dos pais.

As vozes, os sonhos e as mensagens psicografadas que acusavam o dr. van Waveren de excessiva mundanalidade, séculos depois, estavam, portanto, identificando nele traços ainda muito fortes de seu antigo caráter como Walter de Gray.

Que era um sujeito ambicioso não há dúvida. Mostrou-se sempre disposto a gastar dinheiro para conseguir posições, com as quais pudesse ganhar mais dinheiro. Pelo cargo de chanceler, pagou ao rei, em 1205, a pequena fortuna de cinco mil marcos, figurando como intermediário, na transação, seu tio bispo. Pagaria a Roma, pelo arcebispado, anos depois, em 1215, "a enorme soma" de dez mil libras, dado que tudo tinha seu preço naqueles tempos, como hoje.

Por essa época, Gray se tornara fiel executor das vontades do rei João, que, em retribuição, cumulou-o de benesses: em 1207, a prebenda (rendimentos de um canonicato), em Malling, Rochester, a de Exeter, metade dos rendimentos do vicariato de Holkham, Norfolk e mais, em 1208, a reitoria de Stradbroke, Suffolk. Em 1210, o rei mandou elegê-lo bispo, no capítulo de Lichfield, em oposição ao prior Josbert, que fora escolhido pelo concílio de Coventry. Pandulfo, o legado papal, desempatou a questão, exonerando os dois. Mas o rei continuou a presenteá-lo com novas fontes de renda, dando-lhe, em 1212, o benefício eclesiástico de Cossey, Norfolk, e, em 1213, o diaconato de São Berians, também em Norfolk, e mais o de Kirkham, no Lancashire. Era muito bom ser amigo do rei...

Walter de Gray estava presente quando João prestou obediência ao papa, em Dover, em 15 de maio de 1213. Naquele mesmo ano, possivelmente, no verão, foi enviado como embaixador ao Flandres. Antes de partir, renunciou temporariamente à chancelaria. Em 20 de janeiro de 1214, de volta à Inglaterra, reassumiu o cargo de chanceler e foi eleito bispo de Worcester. Parece, contudo, que nessa época acompanhou o rei em viagem ao exterior, pois só iria receber os rendimentos do bispado em julho. Em 5 de outubro foi sagrado bispo, em Canterbury, renunciando de vez à chancelaria, ainda que mantendo sua posição de prestígio junto ao rei.

Consta que teria mandado fazer uma cópia da Bíblia para Edmund Rich, seu antigo mestre em Oxford. Parece que gostava de dar bíblias ricas de presente, como já o havia feito na existência anterior, como Wilfrid. A de Rich teria sido elaborada pelos monges de Worcester.

No outono de 1215, o rei despachou-o novamente para o exterior, com o objetivo de recrutar as tropas de que o país necessitava. Em 18 de junho, o rei escreveu ao capítulo (assembleia de autoridades eclesiásticas) de Iorque, propondo a eleição de Walter de Gray ao arcebispado. Sob a alegação de que Gray era iletrado, os cônegos insistiram em eleger Simon Langton, de quem João não gostava.

Não sei se a rivalidade com Langton começava ali, mas é certo que iria durar muito tempo. Inconformado, e talvez induzido pelo próprio Gray, João escreveu ao papa protestando contra a escolha de Langton. Inocêncio III anulou a eleição e, como os cônegos insistissem na escolha, avocou o caso a julgamento em Roma, onde os membros do capítulo perseveraram em obter a aprovação papal para Langton. O papa recorreu à sua autoridade e declarou que, se não escolhessem outro, ele, Inocêncio, decidiria por qualquer um de sua preferência. Ante a 'chave de galão', os renitentes cônegos elegeram Walter, sob a conciliadora alegação de que ele levava uma vida de castidade.

Walter de Gray estava em Roma, nessa época, participando do concílio laterano, no qual o rei João desejou ser bem representado por um prelado de elevado *status* hierárquico, como ele. Por essa razão, aliás, Walter recebeu imediatamente o credenciamento correspondente à sua nova posição de arcebispo. Foi nesse momento que assumiu o compromisso de pagar dez mil libras pela honraria. Em 19 de outubro de 1216, morreu o rei João, mas isso não suscitava problema para Gray, que fora o tutor do príncipe Henrique, coroado como Henrique III, em 28 de outubro de 1216. O novo arcebispo não esteve presente à coroação de seu pupilo.

Ao retornar à Inglaterra, encontrou novos problemas em fermentação, devido a confrontos entre os ingleses propriamente ditos e os do chamado "partido francês". Em consonância com Gualo, o legado papal, Walter excomungou os inimigos do rei, pouco antes da batalha de Lincoln, em 20 de maio de 1217.

Foi também relevante seu papel na promulgação de uma nova edição da Carta Magna, inicialmente em 19 de junho de 1215, ainda pelo rei João. O objetivo desse texto político foi o de restringir de alguma forma os poderes da coroa, até então praticamente ilimitados. Era especialmente visada a faculdade real de tributar e exigir dos nobres dinheiro, homens e provisões para as campanhas militares do rei.

O histórico documento seria a primeira constituição inglesa e era mais uma outorga da vontade dos nobres ao rei, do que deste para o povo, que continuava inexistente nas jogadas políticas. Walter de Gray estava presente quando foram assinadas a primeira carta e a segunda. Junto desta, saiu uma espécie de regulamentação do uso das florestas, provavelmente um dos primeiros textos legais da história interessados no que passaria a chamar-se ecologia.

Em dezembro, Walter foi a Berwick, onde absolveu Alexandre II, rei da Escócia, por haver protegido os invasores, tecnicamente, um crime de lesa-pátria. Dali seguiu para Carlisle, onde retomou a posse, em nome do rei, da cidade que o desastrado Alexandre havia perdido em batalha.

Em julho de 1219, Walter foi acometido de grave enfermidade. Nem por isso deixou de ter um destempero com o arcebispo Stephen Langton – tinha problemas com os Langtons – porque desejava ser reconhecido como autoridade eclesiástica na região dominada pelo rival. Tão contrariado ficou com a recusa do outro teimoso, que não compareceu a uma segunda coroação do rei Henrique, em maio de 1220, provavelmente, porque este não quis se meter na disputa entre os dois arcebispos.

Como Wilfrid, anteriormente, Walter de Gray não era de desistir facilmente de seus propósitos e continuou exigindo a implantação de suas insígnias no território de Langton. Em 1222, manteve, sobre o espinhoso assunto, uma conversa com o arcebispo de Canterbury, perto de Lincoln, mas nada ficou resolvido.

Quando William de Aumale retomou sua rebelião contra o rei, Gray excomungou-o, desta vez com o apoio de Pandulfo, o legado papal. O rebelde foi finalmente derrotado, quando lhe tomaram o castelo em Biham. Walter, ajudado pelos nobres da região, prendeu o rebelde nas vizinhanças de Fontains e o entregou ao rei, pleiteando, não obstante, que ele fosse perdoado.

Em 25 de junho, Gray celebrou, em Iorque, o casamento de Alexandre da Escócia com Joana, irmã do rei Henrique. Seu prestígio junto ao monarca continuava intacto, como o demonstram as importantes missões políticas que lhe eram confiadas. Em 1226, por exemplo, foi enviado, juntamente com outros embaixadores, com o objetivo de induzir os nobres da Bretanha, da Normadia e de Poitou a se rebelarem contra o jovem rei Luís IX, da França – mais tarde canonizado –, e aliarem-se a Henrique, no propósito de obter para o rei inglês a mão da filha do duque da Bretanha. (E a moça? será que aceitaria? Disso ninguém cogitava, pois era apenas uma peça no vasto tabuleiro de xadrez do poder que todos gostavam de jogar). Parece que os franceses não se deixaram impressionar pela argumentação dos diplomatas ingleses, pois o projeto fracassou e o arcebispo Gray retornou à Inglaterra em maio. Sem a moça.

Enquanto isso, Gray continuava obstinadamente empenhado em estender sua área de influência à Escócia, chegando mesmo a consagrar um bispo para a diocese de Withern, Galloway, região situada fora dos limites de sua jurisdição. Em 1233, protestou contra a cerimônia de coroação de Alexandre III, que, a seu ver, teria sido promovida em desrespeito aos direitos de sua diocese e à dignidade do trono inglês.

Walter continuaria insistindo teimosamente em pleitear o controle da igreja escocesa. Em 1251, já idoso, voltou ao assunto, levando a pendência à deliberação final de Roma, mas o papa (Inocêncio IV, a essa altura) preferiu manter a autonomia da igreja escocesa, negando a pretensão do arcebispo de Iorque.

Se a gente não soubesse de sua encarnação anterior como Wilfrid, ali mesmo na Inglaterra, poderia até pensar: "Mas que sujeito parecido com Wilfrid, meu Deus!" E não só ele, a personagem, mas o cenário era o mesmo e até os mais importantes episódios do enredo. Tudo igual! A vida costuma caprichar nos detalhes... Talvez para mostrar que coincidência ou acaso, como já disse alguém, são meros pseudônimos de Deus, quando ele prefere não assinar o texto das peças que suas leis nos incumbem de representar.

Gray sempre foi extremamente cioso de seu *status* e de suas prerrogativas. Em 1237, por exemplo, Oto, o legado papal, presidiu à instalação de um concílio na igreja de S. Paulo, em Londres. Gray sentia-se com direito ao segundo posto hierárquico no evento, mas o legado foi inflexível, determinando que Edmund, o arcebispo de Canterbury, se sentasse à sua direita e Walter, arcebispo de Iorque, ficasse à esquerda.

No ano seguinte, Walter foi chamado a Londres, pelo rei, a fim de proteger o legado papal que participara de uma daquelas ruidosas disputas entre sua equipe e os eruditos de Oxford. A coisa foi tão grave que o legado tivera de fugir. Com seu prestígio junto à universidade, Walter exerceu importante papel na obtenção do perdão para o prelado.

Em 1241 houve uma reunião dos bispos ingleses para debater os problemas da igreja, que eram muitos, na época, dado que Gregório IX morrera e o imperador Frederico vencera a Itália. Walter compareceu aos trabalhos. Decidiu-se por uma ordem geral de preces e jejuns, a fim de que a crise se resolvesse satisfatoriamente para os interesses da igreja, ao mesmo tempo em que uma representação era enviada ao imperador.

Em 1242, o rei se preparava para uma expedição à França e incumbiu Walter de Gray e mais duas pessoas de sua confiança a comparecerem ao grande conselho, em Londres, ao qual deveriam pleitear ajuda para a campanha, mas nada foi conseguido.

Mesmo assim, o rei embarcou para a França na páscoa, deixando Walter como regente, tecnicamente, o "magistrado-chefe do rei". O bispo de Carlisle e William Cantelupe foram nomeados assessores de Gray. A ausência do rei prolongou-se até setembro de 1243, enquanto Gray se empenhava na difícil tarefa de suprir as tropas, no continente, de dinheiro, mantimentos e gente, mesmo porque algumas remessas de víveres se haviam perdido pelos caminhos, provavelmente no mar.

Necessitado de lã, Gray recorreu aos cistercienses, e chegou a ameaçá-los com a ira real, mas os monges se recusaram firmemente a ceder. Para castigá-los, Gray negou-lhes autorização para se ausentarem do país por ocasião de uma convenção geral da ordem, na França. Eram todos sacerdotes católicos, tanto Gray como os monges, teoricamente "irmãos em Cristo", mas "*business is business*", especialmente negócios políticos.

Nessa altura, chegou ao regente uma representação dos administradores dos portos, na qual se declaravam insuficientes para proteger a costa inglesa dos navios da Bretanha e de Poitou e evitar que marujos da Normadia e de Calais pescassem em águas inglesas. Gray mandou logo uma mensagem ao rei, pedindo-lhe que regressasse imediatamente à Inglaterra, porque se temia pela segurança dele, rei, e a da própria nação. A medida parecia tão urgente e necessária que Gray mandou navios para trazerem o rei de volta, indo esperá-lo em Portsmouth.

Em 1244, Gray estava como guardião da famosa Torre, quando Griffith, filho mais velho de Llewelyn, de Gales do Norte, preso ali, tentou fugir e quebrou o pescoço. O rei assinou imediatamente um documento inocentando Gray, a pedido deste, de qualquer responsabilidade no incidente.

Em 1245, o rei solicitou ao papa que dispensasse Gray de comparecer ao concílio de Lyon, na França, mas o papa não concordou. Quatro anos depois, Gray ainda estava trabalhando por um casamento vantajoso para Henrique, desta vez com alguma jovem nobre da Provença.

Foi, contudo, no casamento de Alexandre III, da Escócia, com a filha de Henrique, em 1252, que Walter de Gray esmerou-se no preparo de uma festança histórica, em Iorque, sede de seu arcebispado. Para se avaliar a importância do evento, é preciso dizer que Gray doou sessenta cabeças de gado para as comilanças, não deixou que nada faltasse a nenhum dos numerosos convidados; providenciou alojamento para todos, pastagem para os cavalos – não faço nem ideia de quantos foram – utensílios e outras comodidades. O custo do festim foi estarrecedor para a época: quatro mil marcos, compatível – diz o *Dictionary* (p. 653) – com o *status* de "alguém que era considerado o *príncipe do norte*".

No ano seguinte, Gray desculpou-se por não comparecer às reuniões do parlamento, sob a alegação de que estava muito velho para a longa jornada. Na realidade, porém, ele estava, a essa altura, descontente com os desacertos do governo e decidido a permanecer, tanto quanto possível, afastado dos centros de decisão política. (Na França, mais tarde, como Fénelon, foi a suspeita de que também estava descontente com o governo de Luís XIV que contribuiu para cair em desgraça.)

Em 1254, deixou novamente de ir a Londres para frequentar o parlamento, como de seu direito e dever, por não se sentir em condições de viajar, o que parece ter sido a causa real, independente de seus desgostos com os desmandos políticos. Quando a rainha viajou para ir ao encontro do rei, na Gasconha, Walter foi novamente solicitado a ocupar a regência, mas recusou-se, pois se sentia realmente velho e doente. Compareceu, contudo, à reunião do parlamento, em 6 de abril de 1255, já que se achava mesmo em Londres.

Por esse tempo, Walter de Gray não dispunha mais daquela energia que parecera inesgotável nele durante todos os anos de intensa atividade. Suas preocupações com os negócios de estado e o hábito de jejuar acabaram afetando ainda mais sua saúde. O bispo de Londres convidou-o para um período de repouso em Fulham, onde ele morreu no dia 1º de maio de 1255, três dias após a chegada.

O corpo foi embalsamado e levado para Iorque, com muita pompa, por outro Walter, bispo de Durham. Foi sepultado no transepto sul do convento, sob um monumento com sua efígie, que ainda existe.

Gray foi considerado um prelado sábio e ativo e muito trabalhou pela reorganização do sistema paroquial. Não tanto quanto Wilfrid, antes dele, mas foi também um construtor e embelezador de mosteiros e igrejas, dotando estas de ornamentos e objetos de arte. Em Ripon, como vimos, ele trasladou, para local mais condigno, os ossos de são Wilfrid. Eram aqueles mesmos ossos que serviram de estrutura para o corpo físico no qual ele próprio, Walter, estivera encarnado séculos antes, quando vivera como Wilfrid. Segundo van Waveren apurou em suas regressões, foram estranhas as emoções por ele experimentadas quando reteve nas mãos, a contemplar, o crânio vazio do antigo santo, seu próprio crânio, afinal.

Os biógrafos consultados para este estudo não se referem ao fato de que ele haja perdido parte de sua enorme fortuna, para refazê-la, mais tarde, como van Waveren descobriu durante a regressão de memória à sua antiga personalidade como Walter de Gray, mas não vejo por que duvidar disso.

Seja como for, sua riqueza era incalculável. Certa vez, por exemplo, comprou toda uma vila, a de Andrewthorpe, para fazer dela sua residência oficial. Em Londres, adquiriu uma mansão na região hoje conhecida como Whitewall. A residência pertencera a Hubert de Burgh, que a vendeu aos dominicanos (*black friars*), dos quais Gray a adquiriu para instalar a residência oficial do arcebispo, quando em Londres.

Suas propriedades rurais eram bem providas de gado, como se viu por ocasião da festança do casamento de Alexandre III, da Escócia. "Morreu muito rico" – diz o *Dictionary* –, "deixando suas propriedades pessoais para o irmão, *sir* Ricardo Gray, e uma parte para seu sobrinho, Walter, filho de Ricardo"(p. 654). Deixou, contudo, fama de avarento. O redator do verbete biográfico para o *Dictionary* justifica, de certa forma, a avareza atribuída a Walter, sob a alegação de que ele teria adotado esse procedimento para se recompor do enorme dispêndio feito quando pagou dez mil libras pelo arcebispado de Iorque.

Eis aí o perfil de Walter de Gray, arcebispo de Iorque, destacado político civil e eclesiástico, homem rico, de origem nobre, dinâmico, orgulhoso, e que, por mais de uma vez, dirigiu os destinos da Inglaterra, na ausência de Henrique III, que ele próprio educara. Se está certa, como parece, a sequência reencarnatória descoberta pelo dr. Erlo van Waveren, em três de suas existências mais movimentadas, Wilfrid/Walter/Fénelon conviveram com reis, nobres, e eminentes prelados.

6 – Fénelon

a. Fénelon como Fénelon

François de Salignac de La Mothe, duque de Fénelon, nasceu no castelo da família, em Périgord, em 6 de agosto de 1651. Morreria em Cambrai a 7 de janeiro de 1715, aos sessenta e três anos de idade. Pela terceira vez, portanto, depois de Wilfrid e Walter de Gray, na Inglaterra, renascia bafejado pelas amenidades e privilégios da nobreza.

A *Encyclopaedia britannica* (verbete *Fénelon*, François de Salignac de la Mothe) descreve seu pai, de nome Pons, conde de Fénelon, como nobre de "antiga linhagem, família grande e pequena propriedade". O *Larrousse* é ainda mais explícito, ao informar que, sim, a família pertencia à antiga nobreza, mas estava "arruinada". A nós, quase quatro séculos mais tarde, é difícil imaginar quebrada uma família que vivia naquele imponente castelo que figura na ilustração ao verbete, juntamente com o retrato do famoso e charmoso prelado nos seus anos de maturidade e esplendor. Sabemos, contudo, como era importante naqueles tempos nascer nobre, ainda que arruinado.

Estava-se em pleno reinado de Luís XIV, chamado O Grande, morto no mesmo ano em que morreu Fénelon, após ter governado a França durante setenta e dois anos. Mesmo considerando-se que ele foi rei desde os cinco anos de idade, seu reinado foi excepcionalmente longo, se bem que de 1643, quando morreu Luís XIII, seu pai, até 1651, quando realmente assumiu o poder, quem mandava era o cardeal Mazarin.

Convém lembrar que também do governo de Luís XIII participara outro eminente "príncipe da igreja", o cardeal Richelieu, que, em nome do rei e, em muitas oportunidades, à revelia do soberano, dirigiu a França com férrea determinação, durante dezoito anos, de 1624 até 1642, quando morreu, aos cinquenta e sete anos de idade.

Teria Fénelon esses exemplos em mente – e as consequentes ambições –, quando passou, mais tarde, a frequentar a corte de Luís XIV? Estaria tentando inconscientemente repetir as trajetórias de Wilfrid e Walter de Gray, na antiga Inglaterra? Há, para nutrir tais especulações – por mais ociosas que sejam –, a instigante coincidência de que, tanto quanto Walter, na Inglaterra, Fénelon seria incumbido da honrosa missão de educar um herdeiro do trono francês.

O episódio pode ser resumido em poucas linhas. Por causa do longuíssimo reinado de Luís XIV, o próximo Luís, o XV, somente chegaria ao trono duas gerações mais tarde, depois de saltar pelos filhos e pelo neto do quase 'imorrível' rei.

Por algum tempo, contudo, o duque de Borgonha, neto do rei, seria o herdeiro do trono. Diz dele a *Encyclopaedia britannica* que poderia ter sido um monstro ou um santo, nunca um sujeito comum. Não chegou a ser nem uma coisa nem outra, porque morreu em 1712, antes do bisavô, portanto, que continuava governando a França. Foi esse duque e delfim que Fénelon incumbiu-se de educar e foi para uso e proveito de seu ilustre discípulo que escreveu, entre outros textos, *As aventuras de Telêmaco*, que lhe causaria alguns dissabores, como ainda veremos.

Luís XIV acreditava no direito divino dos reis e exigia de todos o tratamento compatível com suas convicções. Em várias e dispendiosas guerras, tentou impor, no exterior, a hegemonia francesa. As campanhas trouxeram ao país a triste glória da matança e deixaram a coroa falida. O luxo da corte nunca foi tão sofisticado. As aventuras extraconjugais do rei eram segredo aberto. Tornaram-se mais marcantes suas ligações com mademoisellle de La Valière, em 1681, e com madame de Montespan, em 1668, mas foi com madame de Maintenon que ele se casou secretamente (?!), após a morte de Maria Tereza, a rainha de origem espanhola, com a qual se casara em 1660. Destaque-se, neste ponto, para registro especial na memória, o nome de madame de Maintenon, pela influência que exerceria na corte em geral e, em particular, na vida de Fénelon.

Enquanto isso, e após estes comentários iniciais – com os quais se pretende desenhar em rápidas pinceladas o cenário no qual o jovem Fénelon irá atuar –, voltemos à sua história pessoal.

Até os doze anos, o menino foi educado em casa. Seu preceptor – as fontes consultadas não lhe mencionam nome – tinha o gosto pelo latim e o grego e tratou logo de ensinar essas línguas a François, para que ele pudesse familiarizar-se com as obras-primas da literatura clássica.

Completados os doze anos de idade, Fénelon passou a frequentar a Universidade de Cahors, onde concluiria os estudos de humanidades para, em seguida, encetar o aprendizado da filosofia, que daria continuidade no Colégio Du Plessis, em Paris. Foi nesse famoso estabelelecimento de ensino que se dedicou à teologia e ficou conhecendo o abade de Noailles, também de família nobre e que acabaria alcançando os mais elevados postos na hierarquia eclesiástica francesa.

Aos quinze anos de idade, Fénelon foi incumbido de pregar seu primeiro sermão, com grande sucesso, aliás.

Já dá para perceber, logo nesta introdução, que os altos escalões da igreja e da política eram constituídos por gente de elevada linhagem. Será esse o ambiente em que se movimentará Fénelon pelo resto de sua existência.

Do Colégio Du Plessis, Fénelon passou ao seminário de Saint-Sulpice, então sob a direção de Tronson. O autor do verbete da preciosa *Biographie universelle*, de Michaud, que estamos consultando para estas notícias, menciona, de modo um tanto ambíguo, a influência de Tronson sobre o jovem Fénelon, declarando que o mestre lhe passou "os princípios e sentimentos dessa caridade pura e afetuosa, desse amor a Deus pelo próprio amor, que mais tarde arrastariam Fénelon para o caminho perigoso do quietismo".

Não vejo em que aqueles sentimentos pudessem ter resultado no envolvimento posterior de Fénelon com o quietismo e nem que o quietismo tenha representado grande risco para a fé católica, que tanta gente patrulhava severamente por aquele tempo. Vamos, contudo, deixar para discorrer mais adiante acerca do quietismo e de sua desastrosa influência na brilhante carreira eclesiástica de Fénelon.

Em 1675, o jovem seminarista de vinte e quatro anos de idade foi ordenado no seminário de Saint-Sulpice. Durante os próximos três anos, desempenharia suas funções eclesiásticas juntamente com os demais sacerdotes daquela paróquia. Cabia-lhe explicar os textos evangélicos ao público, aos domingos e dias santos. Participava ativamente das tarefas de ensinar o catecismo. A igreja de Saint-Sulpice ainda conserva suas *Litanies de de l'enfant-Jésus*, escritas especialmente para os frequentadores da sua paróquia.

Pretendia o jovem sacerdote, por essa época, partir para o Oriente em missão apostólica, com o propósito de converter ao cristianismo tantos pagãos quantos lhe fosse possível alcançar, com o brilho de sua palavra e a amplitude de sua cultura teológica. Mas não seria esse o seu destino, de vez que, nesse ínterim, o arcebispo de Paris nomeou-o dirigente das *Nouvelles catholiques*. Tratava-se de uma instituição incumbida de acolher jovens e senhoras recém-convertidas do protestantismo ao catolicismo, a fim de consolidar nelas a boa e ortodoxa doutrina da igreja. Objetivo paralelo era o de instruir aquelas que se mostrassem dispostas a abandonar a 'heresia'.

Era grande a preocupação das lideranças católicas – prelados e leigos – na salvação das almas que tiveram a infelicidade de se deixar atrair pelas 'perigosas' ideias de Lutero. Bossuet escreveria a respeito sisudo tratado em dois volumes, do qual tenho um exemplar. Pouco antes, no reinado de Luís XIII, Richelieu, secundado pelo enigmático Père Joseph, sua "Eminência Parda", movera tenaz e sangrenta campanha militar destinada a lavar a nódoa protestante que se fixara no território sagrado da França. Você poderá ler, a respeito desse episódio histórico, *Eminência parda*, de Aldous Huxley.

Meu exemplar é o da antiga Livraria do Globo, edição de 1943, tradução brasileira de *Grey eminence – a study in religion and politics*. Ou, se preferir versão menos fiel à história e mais romanceada, recorra ao excelente *The arm and the darkness*, de Taylor Caldwell, sobre o qual não disponho de referências bibliográficas. Chamo sua atenção, leitor/leitora, para o subtítulo do original inglês de Huxley, ou seja, "um estudo sobre religião e política". Realmente política e religião, de certa forma, continuam como irmãs xifópagas ainda hoje, mas nunca foram tão coladas uma na outra quanto naqueles tempos. A mensagem amorosa e fraterna do Cristo ficaria, provavelmente, para mais tarde, depois que todos os habitantes da Terra se vissem obrigados a aceitar, pela força, o império do modelo católico de crença.

Para evidenciar a dramática importância do combate à heresia protestante, convém lembrar que a instituição das *Nouvelles catholiques* era patrocinada pelo próprio rei Luís XIV e por Turenne.

Turenne foi uma das figuras de grande porte naquele contexto. De família nobre, naturalmente, chamava-se Henri de La Tour d'Auvergne, visconde de Turenne. Foi marechal de França e comandou o exército alemão na Guerra dos Trinta Anos. Por algum tempo foi atraído pelos que se opunham ao cardeal Mazarin, mas não era muito saudável colocar-se como adversário de tão eminente personalidade, que reunia em si mesma poderes de um estado absolutista e de uma religião dominante, não menos absoluta. Derrotado em uma das numerosas guerras de então, Turenne foi acolhido novamente pela Corte e, em outra campanha, venceu Condé, em 1652. No inverno de 1675, conquistou a Alsácia, onde morreu. Explica-se sua proteção às *Nouvelles catholiques* pelo fato de haver sido convertido ao catolicismo (fora protestante) pelo prestigioso Bossuet.

Foi ao tempo em que exerceu o cargo de diretor das *Novas católicas* que Fénelon conheceu Bossuet, já àquela altura arcebispo de Meaux. Vinte e quatro anos mais jovem do que o arcebispo, Fénelon frequentou dois longos cursos de palestras, realizados entre 1672 e 1685, em Saint-Germain e Versalhes, sob a direção de Bossuet. Os temas foram reunidos em dois módulos intitulados, respectivamente, *Promenades philosophiques* e *Conférences sur l'ecriture sainte.*

Em 1681, o bispo de Sarlat – nobre também! –, tio de Fénelon, renunciou em favor do sobrinho, ao decanato de Carenas, que rendia de três a quatro mil libras francesas por ano. Fénelon deixou por algum tempo as *Novas católicas*, a fim de tomar posse do novo cargo, mas logo retornou a Paris e reassumiu a direção da instituição, posto em que permaneceria durante dez anos.

Escreveu, nesse período, *De l'éducation des filles*, primeira obra significativa em sua carreira de escritor e educador. O livro, solicitado pela duquesa de Beauvilliers para orientá-la na educação de suas filhas, alcançou grande sucesso, tornando-se obra de referência para as famílias da época, bem como texto de consulta para os estudiosos da pedagogia.

O relacionamento com Bossuet confirmara-se em sólida amizade. Quando o eminente prelado retirou-se por algum tempo para repousar em Germigny, Fénelon viajou para lá a fim de estar com o amigo, considerado pela opinião pública verdadeiro líder da igreja francesa.

Da harmonia de pontos de vista entre os dois acerca de uma agitada questão, surgiu o livro *Réfutation du système de Malebranche sur la nature de la grâce*. Sempre atento ao patrulhamento de suas fronteiras teológicas, Bossuet lera o livro de Malebranche e lhe fizera alguns reparos. A essa obra teológica, seguiu-se um livro polêmico intitulado *Traité du ministère des pasteurs*, no qual Bossuet declarava enfaticamente que os pastores protestantes "não tinham caráter e nem estavam investidos de missão legítima".

Estranho como possa parecer – e o autor do verbete chama para esse aspecto a atenção do leitor –, essa temática, aparentemente árida e diáfana, não apenas atraía o interesse da sociedade em geral, como suscitava acalorados debates, até mesmo – admira-se o autor – entre as mulheres, algo inusitado para a época, como se sabe. De certa maneira, era explicável essa efervescência em torno de tais assuntos. O Edito de Nantes estava sendo reexaminado para eventual revogação e, por isso, reacendiam-se velhas paixões político-religiosas.

Para que você não tenha que procurar muito longe, caso não se recorde dos detalhes – como eu –, catei no *Larrousse* um resumo dessa história não muito edificante. Sabe-se que Henrique IV, avô, aliás, de Luís XIV, não era lá muito católico. Fez-se católico para poder galgar o trono. Consta mesmo ter dito que, afinal de contas, Paris bem que valia uma missa...Ou seja, se para ser rei a gente tem que aderir ao catolicismo, tudo bem – vamos aderir. Hoje chamam a isso de realismo político, mas a expressão continua sendo um delicado eufemismo para cinismo. O certo é que, com suas simpatias pelos protestantes, Henrique IV concedeu, pelo Edito de Nantes, em 13 de abril de 1598, algum espaço para as igrejas reformadas, basicamente o vetor calvinista. Era assegurado aos protestantes – muito contra a vontade das lideranças católicas – o direito de praticar seu culto onde quer que já estivessem estabelecidos e, em outras localidades, sob certas restrições e controle. O estado os considerava integrantes de instituição legal e com direito a garantias jurídicas, políticas e até militares correspondentes. Mais do que uma solução definitiva para o conflito católicos *versus* protestantes, o documento de Nantes era apenas uma pausa, digamos, armada. Isso porque, nos bastidores político-religiosos do país, disputas, rivalidades, debates e desconfianças mútuas não cessaram nunca. A igreja católica, até então absoluta, não conseguia conviver, sem inquietação, com os 'hereges'. Bossuet, como temos visto, era um dos que não aceitavam tal convivência. Por isso, questões meramente teológicas, como uma discussão acadêmica sobre a graça, assumia proporções desusadas, não apenas nos templos, seminários e na literatura especializada, como na tagarelice ociosa dos salões.

Como se esperava, o Edito foi finalmente revogado em 18 de outubro de 1685, por Luís XIV, voltando os protestantes à antiga condição de proscritos.

Não sei da posição de Fénelon na questão, mas, como amigo e admirador de Bossuet, é bem possível que ele concordasse, em princípio, com as severas restrições legais impostas aos protestantes franceses, ainda que não tenha tomado parte ativa, ao que eu saiba, na perseguição aos 'hereges', com os quais, pelo seu temperamento, tenha sido mais tolerante. Não deixou, contudo, de participar, por sugestão de Bossuet, da direção das missões católicas, incumbidas de atuar no Poitou, com o objetivo de consolidar as posições da igreja, recuperando, tanto quanto possível, as almas que a doutrina luterana houvesse seduzido para o inferno.

Fénelon teve carta branca para escolher seus colaboradores no desempenho dessa missão. Sabe-se que da sua equipe fez parte o abade Fleury, também da melhor linhagem social.

Não sei qual deles. Há um Claude Fleury (1640 – 1723) que seria, mais tarde, confessor de Luís XV, membro da Academia, autor de uma *Histoire eccléseastique*. Há André Hercule Fleury (1653-1743) , cardeal e político, arcebispo de Fréjus, ministro de Luís XV. Como ministro, pôs em ordem as combalidas finanças da coroa e conseguiu apaziguar a disputa com os jansenistas. O terceiro Fleury, encontrado no *Larousse*, é Emile Félix, conde. Mas este viveria muito depois, entre 1815 e 1884. Também ele se envolveu na política e tomou parte ativa no golpe de estado de 2 de dezembro de 1851. Tudo gente da mais fina estirpe, como se vê, e todos simultaneamente prelados e políticos e até literatos. Seriam, certamente, ancestrais do querido amigo e confrade brasileiro Euclides Fleury, coronel, engenheiro, homem culto, inteligente, poliglota, dotado de uma elegância de posturas que o situariam muito bem naquele contexto de sutilezas sociais do tempo dos luíses de França.

O autor do verbete sobre Fénelon na *Biographie*, de Michaud, assegura que, graças à sua "simplicidade, doçura e caridade", Fénelon obteve considerável sucesso na tarefa, conseguindo converter rapidamente grande número de pessoas. Adverte, contudo, que Fénelon não se iludiu com suas numerosas conquistas, reconhecendo que nem todas eram sinceras. Uma avaliação realista, essa. Com os protestantes em minoria e postos fora da lei, o catolicismo, mesmo insincero, tornara-se mais confortável ou, no mínimo, mais seguro. Mesmo assim, acrescenta, o resultado de sua missão foi considerado "muito satisfatório".

Não escapou, no entanto, a algumas críticas. É que as alas mais radicais da igreja atacaram seus métodos de conversão e o consideraram "demasiado condescendente com os heréticos". Ele preferiu não se justificar.

Nesse ínterim, vagou-se o bispado de Poitiers. O nome de Fénelon foi indicado e o rei concordou, mas a nomeação não chegou a concretizar-se, segundo se diz, por causa das intrigas do nobre senhor de Harlay, arcebispo de Paris, que tinha lá suas divergências com Bossuet e não via com bons olhos a amizade de Fénelon com o rival. Tudo no melhor estilo da pior política de bastidores.

Por essa mesma época, Fénelon sofreu outro revés. Alguém – seria ainda o senhor arcebispo de Paris? – convenceu o rei a negar-lhe a nomeação como coadjutor do arcebispo de La Rochelle, que o desejava como colaborador.

Pouco depois, em 1689, os bons ventos do sucesso voltaram a soprar a favor do jovem prelado. O duque de Beauvilliers, designado 'governador' do jovem duque de Borgonha – neto do rei e herdeiro presuntivo da coroa, como vimos –, escolheu Fénelon para o honroso cargo de preceptor do príncipe. Como estamos lembrados, ele escrevera, a pedido da duquesa de Beauvilliers, um livro destinado a orientá-la na educação das filhas do casal.

Repetia-se na corte francesa do século dezessete, o que ocorrera na corte inglesa do século treze, quando Walter de Grey foi incumbido de educar Henrique, herdeiro do trono de seu pai, o rei João.

A escolha de Fénelon era acertada. O caráter impetuoso e rebelde do jovem príncipe constituía desafio que o prelado teria de enfrentar desde o primeiro momento. Seu biógrafo informa que:

> [...] a doçura unida à firmeza, a graça juntamente com a dignidade, fizeram desaparecer pouco a pouco as asperezas de um temperamento que, nas suas explosivas manifestações, alarmava a todos os circunstantes.

Fénelon dedicou-se logo a trabalhar no sentido de corrigir o comportamento do príncipe por meio de fábulas, que ele próprio ia escrevendo. Escreveria, em seguida, o curioso *Dialogues des morts* (*Diálogos dos mortos*), engenhoso e criativo texto, no qual punha a dialogar personalidades históricas do passado empenhadas em (re)avaliar seus próprios (e alheios) atos e posturas.

Sem condições de espaço e tempo para um exame desses curiosos textos, que ainda hoje são lidos com interesse, vale aqui lembrar apenas um dos diálogos, no qual Fénelon coloca frente a frente, às portas do mitológico inferno grego, Xerxes e Leônidas. Como você sabe, Xerxes, rei da Pérsia, decidido a conquistar a Grécia, determinou que suas tropas a invadissem pelo desfiladeiro das Termópilas. Era uma passagem relativamente apertada entre o mar e a montanha, que dava acesso à Tessália, no centro da Grécia. Com uma pequena, bem-treinada e valente tropa de apenas trezentos homens, a maioria espartanos, Leônidas, rei de Esparta, conseguiu deter a invasão, até que, mortalmente feridos, os espartanos não tiveram mais como resisitir e Xerxes forçou a passagem. Suas perdas foram enormes e o heroísmo daquele punhado de bravos tornou-se lendário. Isso foi no ano 480 antes do Cristo.

Xerxes morto trata Leônidas morto com arrogância e desprezo, mas o ex-rei de Esparta responde à altura. A fogueira da rivalidade político-militar ainda não se extinguira neles, mas Leônidas não se deixa humilhar pelo orgulhoso rei Persa. Sutilmente, Fénelon introduz no diálogo seus conselhos e advertências subliminares. A última palavra, caracteristicamente, é do bravo Leônidas, que, sem as pompas, as riquezas e o poderio de Xerxes, é um homem de caráter firme, direto e de boa formação.

"Você foi, naturalmente, dotado de coragem e de bondade de coração" – concede Leônidas generosamente. "As lágrimas que você derramou à vista de tantos milhares de homens, dos quais nenhum restaria antes do final do século, marcam significativamente seu caráter. É a mais bela passagem de sua vida. Se você não tivesse sido um rei tão poderoso e tão feliz, teria sido um homem honesto."

Moral da história, no 'recado' para o príncipe herdeiro: demasiado poder e felicidade demais podem evitar que a pessoa seja boa, pura e honesta.

"Por toda parte" – lemos no Michaud (p. 321, Tomo XVII) – , "até aos mais ínfimos detalhes dessa educação, manifestava-se a intenção muito marcante do preceptor em formar um rei virtuoso e instruído."

Para que nada ficasse ao sabor de influências duvidosas, era o próprio Fénelon quem selecionava os temas das preleções e as escrevia. O próximo e mais ambicioso projeto seria *As aventuras de Telêmaco*, sobre o qual falaremos mais adiante.

A aprovação de Fénelon como educador do jovem príncipe chegava praticamente à unanimidade. Os resultados do seu trabalho estavam evidentes no comportamento de seu real discípulo que, no dizer do biógrafo, "fazia nascer a esperança de um feliz reinado".

Bossuet desejou, a essa altura, avaliar pessoalmente os talentos do menino-príncipe. Sem que o texto mencione o aspecto, devo confessar a você, leitor/leitora, que talvez o severo e prestigioso prelado haja tido, lá no fundo, a intenção de avaliar também o mestre do jovem. Afinal de contas, o menino era o duque de Borgonha, futuro rei de França, programado para suceder ao grande Luís, seu avô. O preceptor de um adolescente desse porte acabaria assumindo também, por reflexo, uma larga fatia de poder, através da influência que certamente viria a exercer sobre o novo soberano.

A situação, aliás, tinha suas simetrias com a da Inglaterra do século XIII, quando Fénelon, nas antigas roupagens reencarnatórias do poderoso arcebispo Walter de Gray, educara o príncipe que se tornaria o rei Henrique III, sobre o qual exerceu natural ascendência, como vimos. E se isso acontecesse novamente com Fénelon, com a subida do duque de Borgonha ao trono?

Não estou suspeitando de Bossuet por motivos fúteis e injustos. Mesmo sem nenhuma intenção duvidosa, o eminente prelado poderia ter tido apenas a nobre intenção de verificar se o futuro rei estava indo bem na sua formação moral e cultural.

De qualquer modo, concluída a aferição, Bossuet deu-se por satisfeito, declarando que "a opinião pública não era nada exagerada" acerca das excelências da metodologia didática de Fénelon. E isso, para mim, basta para justificar a impressão de que era o mestre, e não o aluno, que estava sendo examinado.

Com o substancioso aval de Bossuet, Fénelon assumiu mais a responsabilidade pela educação dos duques de Anjou e de Berry, também filhos do delfim e, portanto, herdeiros eventuais do trono, no caso de algum incidente de percurso, digamos assim, sempre possíveis nas tramas dos destinos humanos.

De repente, numa das tais reviravoltas do destino – teria havido aí algum componente cármico? –, Fénelon foi afastado da corte, pouco após ter dado início à educação do mais jovem dos duques, o de Berry. Como se sabe, da rede de intrigas que opera no ambiente onde se situam os núcleos de poder, não seria de admirar-se que Fénelon fora vitimado pela ciumeira que convive simbioticamente com os fuxicos de bastidores.

Assegura-nos, contudo, o verbete, que Fénelon portou-se com "raro desinteresse" em Versalhes. A despeito do grande prestígio de que gozava junto da poderosa madame Maintenon, ele nunca se prevaleceu disso em seu próprio favor ou para beneficiar qualquer membro de sua família. Procedimento, aliás, que adotou consistente e inflexivelmente. Alguma coisa, portanto – e muito importante –, mudara nele desde que fora Walter de Gray, há quatro séculos, na Inglaterra. Como estamos lembrados, lá, ele disputara abertamente o poder, seja atropelando os competidores, seja comprando, a peso de ouro, elevados cargos na hierarquia civil e na religiosa.

Os registros históricos informam que, a esse tempo, na corte de Luís XIV, mesmo a despeito de seu reconhecido prestígio e sua influência, "experimentou por várias vezes" – no dizer do Michaud –, "embaraços financeiros". Demonstrava, portanto, estar se libertando do fascínio pelo dinheiro, que o dominara ao tempo em que viveu como Wilfrid e, especialmente, como Walter de Gray. Concentrava-se mais, agora, na tarefa de educador, sem maiores preocupações com o exercício do poder político, dentro ou fora da igreja.

Por esse tempo, suas obras começaram a chamar a atenção da Academia Francesa, que formalizou seu interesse em levá-lo para o ilustre cenáculo, quando da morte de Pélisson. É bem verdade – lembra o texto que estamos consultando – que os preceptores dos príncipes em particular e os da família real em geral costumavam ser convidados para fazer parte da Academia. Entende, contudo, o biógrafo que Fénelon tinha méritos próprios – que se confirmariam mais tarde – e não precisaria recorrer, como não o fez, à condição de educador da realeza para credenciar-se como candidato à honrosa cadeira entre os 'imortais'.

Tanto assim que d'Alembert deixou documentada na *Histoire des membres de l'academie française* – *apud* Michaud –, sua indignação pelo fato de que dois membros votaram contra a admissão de Fénelon, colocando na urna "*deux boules d'éxclusion*" (dois votos de exclusão). "Felizmente para eles" – escreveu d'Alembert – "e sobretudo para nós, como historiadores, jamais eles serão esquecidos." Considerou, pois, uma indignidade votar-se contra uma personalidade como Fénelon, ainda que dois minoritários e inexpressivos votos.

Curiosamente, madame Maintenon não levava a Academia muito a sério e, por isso, costumava passar ao amigo Fénelon seus comentários algo jocosos sobre sua investidura literária.

Ao falar, como de praxe, de seu predecessor, na poltrona que passou a ocupar, Fénelon disse, no discurso de posse, em 31 de março de

1693, que "para demonstrar sua virtude, não lhe faltou, sequer, fazer-se infeliz – ele o foi", Será que a observação não se aplicaria também ao próprio Fénelon? É o que pensam os biógrafos, mesmo porque, pouco depois, Fénelon cairia em desgraça perante o rei. Infelicidade maior do que aquela era impensável em tempos nos quais tudo girava em torno da figura olímpica, semidivina de sua majestade.

Não há como deixar de reconhecer, contudo, que Fénelon gozava de grande prestígio pessoal naquele momento. A elevada qualidade literária de seus escritos se confirmaria no merecido sucesso e na durabilidade de sua obra, que ainda hoje se lê com prazer.

Enquanto isso, madame Maintenon pretigiava-o com crescente admiração. Foi ele uma das personalidades eminentes às quais ela submeteu seu projeto de regulamentação para a instituição religiosa de Saint-Cyr. Mais do que isso, submeteu-se ela própria ao seu escrutínio, ao solicitar-lhe que lhe indicasse seus defeitos pessoais. Era uma questão extremamente delicada, como se vê.

Mais uma vez, Fénelon saiu-se brilhantemente da incumbência, "não apenas com inteligência" – diz o Michaud –, "mas com toda a sinceridade que o assunto exigia".

Exemplos da difícil avaliação:

> A senhora é boa para aqueles pelos quais nutre predileção e estima, mas é fria quando lhe falta essa predileção; quando a senhora é ríspida, sua rispidez vai bastante longe; o que a fere, fere vivamente... A senhora é naturalmente inclinada a confiar nas pessoas de bem das quais não haja se certificado da prudência, mas quando começa a desconfiar, seu coração se afasta delas muito bruscamente.

Pela confiança que lhe inspirava, madame Maintenon pretendia convidar Fénelon para ser seu confessor, ou melhor, como então se chamava, seu diretor de consciência, "mas" – acrescenta o texto de Michaud – "por motivos que não são bem-conhecidos, ela escolheu outra pessoa".

De qualquer modo, para recompensá-lo pelos serviços que lhe haviam sido prestados, o rei designou Fénelon, em 1694, dirigente da abadia de Saint-Valéry, na diocese de Amiens.

Pelo fim daquele mesmo ano, Fénelon redigiu o que se chamou "projeto da famosa carta anônima a Luís XIV", publicada pela primeira vez por D'Alembert, no terceiro volume de sua já mencionada *História dos membros da academia francesa.*

O documento começava com uma introdução, na qual o autor assegura seu zelo, seu respeito e sua fidelidade ao rei, mas ataca, a seguir, os abusos cometidos pelo governo, como as injustiças de numerosas guerras, especialmente a da Holanda, em 1672, a indignidade de certas pessoas, às quais o soberano distinguia com sua confiança e vários outros episódios pouco recomendáveis, protagonizados pelo rei ou em seu nome, e com o seu consentimento.

Por muito tempo – acrescenta a informação – a autoria do texto atribuído a Fénelon foi contestada, mas as dúvidas foram dissipadas cerca de século e meio mais tarde. Realmente, em 1825, o livreiro Augustin Renouard descobriu o manuscrito original num lote de livros e documentos adquiridos ao sr. Gentil. As críticas ao olímpico Luís XIV foram mesmo de autoria de Fénelon.

Não se sabe ao certo, ademais, se Luís XIV tomou conhecimento dos termos da carta. Não há evidências a respeito. Supõe-se, se é que soube de sua existência, ser provável que nem a tenha lido, pelo menos na íntegra. Isso porque, depois disso, ele nomeou Fénelon para o elevado cargo de arcebispo de Cambrai, em fevereiro de 1695.

Ao ser informado de sua nomeação, Fénelon fez saber elegantemente ao rei que as leis da igreja não lhe permitiam aceitar o honroso posto, de vez que era o preceptor dos filhos do delfim. Luís XIV retrucou, porém, que, segundo as leis citadas, a igreja somente obrigava a permanência do titular na residência episcopal, durante nove meses cada ano. A solução proposta pelo rei – rei não propõe, manda – era simples e prática. Fénelon continuaria como educador de seus netos durante três meses por ano e, nos nove restantes, supervisionaria a educação, lá de Cambrai mesmo, como se estivesse em Versalhes.

Em outra atitude não menos elegante, Fénelon entendeu que, à vista de sua nomeação para o arcebispado de Cambrai, cabia-lhe renunciar à abadia de Saint-Valéry, o que realmente fez. Conseguira, portanto, livrar-se da ambição que o levara à disputa de poder e dinheiro, que tanto o infelicitara nas existências anteriores como Wilfrid e, mais ainda, como Walter de Gray, na Inglaterra.

A sagração como arcebispo realizou-se a 10 de julho de 1695, na capela de Saint-Cyr. Um dos oficiantes foi Bossuet, presença constante na vida de Fénelon. O novo arcebispo ainda não completara quarenta e cinco anos de idade, sendo de se prever para ele, portanto, uma longa e vitoriosa carreira na hierarquia da igreja e, possivelmente, no governo civil.

A época era propícia a tais expectativas. Fénelon tinha tudo para galgar posições ainda mais eminentes no contexto em que vivia. Os exemplos de Mazarin e Richelieu eram ainda recentes. Além do sangue nobre

– o que muito iluminava seu valioso currículo –, era um prelado brilhante, membro da Academia, desempenhara-se bem nas tarefas que até então lhe haviam sido confiadas, chegara cedo na vida ao elevado cargo de arcebispo e, além disso, estava incumbido da educação do futuro rei da França. Quando o duque de Borgonha subisse ao trono, certamente não se esqueceria daquele que fora responsável pela sua formação moral e cultural.

Michaud lembra que por esse tempo circulou na corte uma história – *un bruit*, diz o texto, ou seja, uma espécie de boato –, segundo a qual o rei teria comentado bem humoradamente com alguém que Fénelon seria "o mais belo espírito de seu reino e, ao mesmo tempo, o mais quimérico".

O biógrafo não se revela nada disposto a aceitar a autenticidade da história. Acha que para ser considerada, ela precisaria de "autoridade menos suspeita do que a de Voltaire", seu divulgador.

A única outra fonte dessa informação foi d'Aguesseau, que não participava, àquela época, das intimidades do poder. Sua carreira política somente ganharia relevância durante o reinado de Luís XV, do qual seria o chanceler, entre 1717 e 1750. Não deixa, contudo, de assinalar a *Biographie universelle* que, embora pouco provável que Luís XIV fizesse aquele comentário depreciativo acerca de um prelado que ele próprio acabara de elevar à condição de arcebispo, é certo que, pouco depois disso, Fénelon começaria a perder credibilidade na corte. "Não estava longe" – continua o texto – "o tempo das tribulações" para Fénelon, principalmente pelas suas manifestas simpatias pela controvertida doutrina do quietismo, vigorosamente pregado por madame Guyon. Atraído por essas ideias, Fénelon até parece justificar a avaliação jocosa do rei que o considerava um tanto fantasista ou quimérico. Foram, aliás, suas manifestações acerca da perfeição cristã, obviamente inspiradas nas ideias da senhora Guyon, "a origem" – diz o biógrafo – "e a causa de sua desgraça".

Julgo recomendável, neste ponto, recorrer a um texto menos comprometido ou, no mínimo, mais imparcial na análise crítica do quietismo, porque o autor do verbete do Michaud me parece mais inclinado a condenar tais ideias do que em apresentar sobre elas uma informação pura e simples. Discorrendo, de início, sobre a natureza do quietismo, menciona, "sobretudo, as graves consequências sociais" contidas potencialmente nessa doutrina. Chama, contudo, atenção para o agitado e apaixonado debate que as ideias da senhora Guyon suscitaram na época.

Realmente, personalidades de grande relevo envolveram-se na controvérsia, que despertou considerável e prolongada atenção do público e provocou grande quantidade de artigos, estudos, sermões, discursos e livros. A doutrina acabou sendo explicitamente condenada pelo Vaticano, o que deixou mal o arcebispo de Cambrai, um de seus mais eminentes simpatizantes. O quietismo, na opinião do biógrafo, não passa de uma "espiritualidade exclusiva".

Lê-se, no *Grand Larousse*, que se trata de uma doutrina adotada por alguns místicos, segundo os quais a perfeição deve ser alcançada por um estado de contemplação, no qual se suspendem todas as faculdades da alma. Devem estas permanecer em estado de absoluta passividade, na busca de um estreitamento de seus vínculos com a divindade, na qual o ser humano "perde o senso de sua individualidade".

Nesse estado de repouso absoluto, ou seja, de quietude – daí o nome – as coisas exteriores e os atos normais da vida se tornam indiferentes. Os conceitos de bem e mal perdem seu conteúdo e razão de ser, como se não existissem.

Acrescenta, ainda, o informe que o quietismo resulta na condenação das obras, retomando a velha discussão da fé apoiada nas obras *versus* fé pura. Seria uma doutrina de origem oriental, já condenada anteriormente pela igreja, nas diversas oportunidades em que surgiu.

Uma de tais manifestações dentro da própria igreja ocorreu no século XI, em alguns conventos gregos, nos quais os monges se entregaram a um estado de exclusiva contemplação. Ressurgiu nos séculos XII e XIII, entre grupos maniqueístas e albigenses, e, finalmente, no século XVII, quando ficou conhecida como molinarismo, por causa de seu líder Miguel Molinos, que o informe caracteriza como religioso português. Vejo, não obstante, no *Petit Larousse illustré*, que Molinos era teólogo espanhol, que viveu entre 1628 e 1696 e morreu, como era de se esperar, nas masmorras da igreja.

Ao tempo de Fénelon, quem reintroduziu o quietismo no debate foi, como vimos, madame Guyon. O *Grand Larousse* informa que Fénelon e madame Maintenon aderiram ao quietismo. Não estou bem certo de podermos afirmar isso de modo assim radical.

Madame Maintenon parece ter experimentado um interesse passageiro pela doutrina, em vista de sua amizade com madame Guyon. Quanto a Fénelon, não me parece correto assegurar que ele tenha sido quietista. Pelo que se depreende do aceso debate, ele via nessa doutrina alguns aspectos dignos de exame e até de prática. Talvez um interesse meramente filosófico-teológico.

Já a posição de Bossuet foi nítida e radical, como sempre. Ele atacou vigorosamente a doutrina e o próprio Fénelon, seu ex-discípulo e amigo pessoal. Sua opinião pesou decisivamente na decisão papal de condenar o quietismo.

Antes de passarmos adiante nesta história nada edificante, vamos ver quem foi madame Guyon, tendo em vista a influência indireta por ela exercida no pensamento e na carreira eclesiástica de Fénelon.

Jeanne-Marie de La Motte Guyon du Chesnoy nasceu em Montargis, em 1648. Morreria em Blois, em 1717, aos sessenta e nove anos de idade. Era, portanto, cerca de três anos mais velha do que Fénelon. Era filha de um procurador do rei e teve uma educação primorosa. Pergunto-me se não seria aparentada com o ilustrado prelado, cujo nome de família figura às vezes como de La Motte, além de de La Mothe.

Em 1664 – lê-se no *Grand Larousse* –, "deram-na em casamento" a Jacques Guyon du Chesnoy, tudo gente nobre, como se observa. Destaco a expressão para lembrar que a moça não se casou por livre escolha – "casaram-na" (provavelmente o pai, como era costume na época) sem consultar as suas possíveis preferências emocionais. Outra observação: ela contava apenas dezesseis anos de idade, ao se casar com monsieur de Chesnoy. O jovem era filho do construtor do canal de Briare, de cinquenta e seis quilômetros, que ligava o Loire ao Sena. Gente riquíssima, além de titulada. Mesmo assim, Jeanne-Marie ficaria conhecida como madame Guyon e não como du Chesnoy.

Muito piedosa, madame Guyon "alcançava rapidamente" – diz o *Larousse* – "elevados estados místicos". Não sei bem o se quer dizer com isso. Seriam transes mediúnicos? Vidências? Viúva aos vinte e oito anos de idade, com três filhos, rica, inteligente, dinâmica, madame resolveu dedicar-se à vida religiosa. Colaborou, em 1681, na fundação das *Nouvelles Catholiques,* instituição entregue à competente direção de Fénelon, como vimos.

Por algum tempo residiu em Thonon, mas, preocupado com a difusão do quietismo em sua diocese, o arcebispo de Genebra exerceu suficiente pressão para que ela deixasse a região, passando, sucessivamente, a residir em Turim, em Grenoble e Verceil, pregando sempre suas ideias. Em 1685 saiu seu primeiro livro de uma numerosa série. Chamava-se *Moyen court et très facile por l'oraison,* que cuidava, como se vê, de um método breve e fácil de se fazer uma boa prece.

No ano seguinte, em julho de 1686, ela retornou a Paris, onde provocaria as usuais suspeitas no arcebispo local, que, sem maiores questionamentos, mandou encerrá-la por uns tempos na ordem religiosa das *visitandines* (as visitadoras), inspirada na passagem evangélica segundo a qual Maria faz uma visita à sua prima Isabel. Madame ficaria 'recolhida' de janeiro a setembro de 1688. Saiu graças à prestigiosa intervenção de sua (ainda) amiga, madame de Maintenon, a favorita do rei.

Nesse mesmo ano, em liberdade, e até introduzida na corte de Saint-Cyr, ficou conhecendo Fénelon, que, segundo o *Larousse*, "sofreu profunda influência" de suas ideias.

Acontece que a sra. Guyon começou a brilhar um pouco demais para o gosto de madame de Maintenon, que, enciumada – diz-se – do sucesso da outra, voltou-se contra ela e a acusou frontalmente de quietismo.

Guyon foi presa novamente, em dezembro de 1695, desta vez na temida Bastilha. A prisão era, evidentemente, arbitrária, mas madame desafiara o poder civil e o religioso e, mais do que isso, o ciúme de uma mulher mais poderosa do que os ministros do rei. Não pesava sobre ela nenhuma explícita acusão de teor legal. Mas, como se sabe, o conceito de arbitrariedade sempre foi extremamente flexível nas cortes onde a lei era a vontade do rei e, no caso, madame de Maintenon tinha à sua disposição a vontade e o poder do soberano.

Daí em diante, entrou em declínio o prestígio de madame Guyon, na corte. Posta em liberdade, ela começou um período de exílio em Dizier, em 1703, e, posteriormente, em Blois, onde, nas palavras do *Larousse*, viveria seus últimos anos "cercada pela veneração" de seus adeptos. A despeito de toda a perseguição, porém, ampliava-se continuamente sua influência através de contatos pessoais e pela ativa correspondência mantida com muita gente. Suas numerosas obras seriam publicadas entre 1712 e 1720, pelo pastor Poiret.

Não saberia eu dizer se por ingenuidade ou excesssiva tolerância, o certo é que Fénelon escreveu sobre o tema, o livro *Explications des maximes des saints* (Explicações das máximas dos santos), que contribuiria decisivamente para derrubá-lo do alto de seu prestígio eclesiástico, político e social.

Poucos, na igreja e fora dela, estavam dispostos a encarar o quietismo com o mesmo espírito indulgente de Fénelon. Vimos alhures que o acusaram da mesma postura tolerante com relação aos convertidos do protestantismo, quando incumbido de 'negociar' com eles a transição para o catolicismo.

Bossuet foi um dos que se opunham tenazmente à novidade, com o mesmo vigor que empregava no combate ao protestantismo.

Pelo relevante papel que exerceu na formação e no destino de Fénelon, torna-se necessário abrirmos aqui algum espaço para esse eminente prelado.

Jacques Benigne Bossuet foi uma imponente figura humana. Nasceu em Dijon, em 1627, sendo, portanto, vinte e quatro anos mais velho do que Fénelon, seu discípulo, amigo, colega e, posteriormente, adversário. Além de excelente orador sacro, Bossuet tornou-se um bom escritor e foi acolhido pela Academia Francesa.

Sua carreira eclesiástica começou cedo. Lê-se na *Britannica* (1963, vol. 3, verbete *Bossuet*, Jacques Bénigne) que, graças à influência de seu pai, juiz no parlamento de Dijon, ele foi nomeado aos treze anos de idade para um canonicato. Ainda adolescente, portanto, já era cônego. Impressionados com o devotamento do menino aos estudos e ao trabalho, seus colegas no colégio de Navarre, em Paris, criaram para ele um expressivo apelido-trocadilho, chamando-o, em latim, de *bos suetus aratro*, algo assim como um "boi feito para o arado".

Ordenou-se em 1652. Passaria os próximos sete anos em Metz, onde metade da população era constituída de protestantes. Galgou logo o posto de arcediago e mergulhou fundo na disputa, começando a emergir como tenaz adversário dos seguidores de Lutero. Na verdade, seu primeiro texto, publicado em 1655, resultou de sua refutação ao pastor Paul Ferry. Trazer os protestantes para o seio da igreja tornou-se o sonho de sua vida. Com sua costumeira obstinação, passou a preparar-se para a tarefa, desenvolvendo suas potencialidades de orador.

Tornou-se, de fato, um grande pregador. Tinha a postura exigida para a tarefa, a voz poderosa, o domínio da palavra falada, a flexibilidade e a capacidade para identificar a essência do argumento e atirá-lo ao auditório com o impacto necessário. O volume *Oraisons funèbres* reúne suas melhores e mais dramáticas peças oratórias.

Em 1659, estabeleceu-se em Paris e, três anos depois, subia ao prestigioso púlpito da Capela Real. Daí em diante, sua carreira político-religiosa seria uma coleção de sucessos pessoais.

Em 1669, foi nomeado bispo de Condom, na Gasconha, mas renunciou ao cargo, porque, como Fénelon mais tarde, foi escolhido preceptor do delfim, filho de Luís XIV, para o qual escreveu o livro *Discours sur l'histoire universelle.*

Em 1681, foi nomeado arcebispo de Meaux. Pela sua projeção no cenário político-religioso e cultural de sua época, tornar-se-ia conhecido como a "Águia de Meaux". No conhecido livro *Histoire des variations des eglises protestantes*, de 1688, deu sua decidida contribuição de apoio à política de Luís XIV contra os protestantes.

Antes mesmo de tomar posse de seu novo posto, em Meaux, contudo, viu-se envolvido na acesa disputa que se travara entre Luís XIV – que queria mais liberdade para a igreja francesa – e o papa, que obviamente não concordava em ceder ao rei maior quota de poder de decisão em assuntos eclesiásticos.

Era delicada a posição do arcebispo, incomodamente colocado entre o papa e o rei. Adotou uma atitude tão moderada quanto possível, dedicando-se à elaboração de um documento que intitulou *Defensio cleri gallicani* (*Defesa do clero francês*), que somente seria publicado depois da sua morte.

Amainado o temporal da disputa, Bossuet retomou seu projeto predileto, que consistia em trazer os protestantes de volta ao seio amplo da igreja católica. Em 1668, conseguiu expressiva vitória pessoal com a conversão de Turenne. Em 1670 publicou uma *Exposition de la foi catholique*, redigida em tom tão moderado, que seus adversários – mais radicais que ele, claro – acusaram-no de diluir fraudulentamente os dogmas católicos a fim de torná-los mais palatáveis ao gosto protestante. As paixões e as intolerâncias de sempre...

A *Histoire des variations des églises protestantes*, considerada pela *Britannica* "talvez o seu livro mais brilhante", surgiu em 1688. Era, certamente, uma obra vigorosa, muito no estilo do "boi de arado". Do ponto de vista católico, os protestantes teriam sido pulverizados pela cerrada argumentação do senhor arcebispo.

Mas a guerra não estava ganha. Algum tempo depois, os huguenotes – como eram tratados – pareciam ter metabolizado as críticas de Bossuet e resolveram contra-atacar. Talvez as tais variações – desvios doutrinários – não fossem coisa tão grave assim e, sob certos aspectos, até interessantes. Autores protestantes se puseram em campo para expor outras tantas 'variações' – ou seja, desvios – que encontraram no catolicismo.

Os duelos verbais prosseguiam, mais acirrados do que nunca, em artigos, livros e nos púlpitos de ambos os lados. Bossuet manteve atitude relativamente serena, mas acabou irritado com os ataques e escreveu, em 1695, um texto veemente intitulado *Maximes sur la comédie*, no qual atacava Molière, que morrera há vinte anos.

Três anos depois, o dinâmico arcebispo assestaria suas baterias sobre o ex-amigo Fénelon. O tema desse debate – o amor de Deus – era, obviamente, incompatível com o rancor que ambos revelaram na batalha verbal. Durante dois anos os dois contendores trocaram ódios em torno do amor de Deus.

> O que se pode dizer em sua defesa [de Fénelon] [lê-se na *Britannica*] é que Fénelon, vinte e quatro anos mais jovem [do que Bossuet], era um antigo discípulo que subitamente assumira a estatura de rival. E mais: que a maioria dos entendidos deu razão a Fénelon.

Bossuet morreu, em 1704, aos setenta e sete anos, ainda vigoroso e em pleno calor de tais pelejas verbais, mergulhado com todo o seu poder verbal nas controvérsias em debate. Na verdade, a avaliação final da *Britannica* é a de que o arcebispo "foi um dos grandes polemistas de seu tempo e até mesmo de todos os tempos".

É natural que a gente experimente aqui uma sadia curiosidade, especialmente aqueles, como eu, que se convenceram de que a vida continua do outro lado da própria vida que ficou com o nome de morte. O que pensaria de tudo aquilo o combativo arcebispo Jacques Bénigne Bossuet, já na condição de espírito sobrevivente? Que avaliação teria feito de sua vida, de seus feitos, das campanhas, das glórias terrenas? Seria possível saber-se disso?

É possível. A *Revista Espírita*, publicada sob responsabilidade pessoal de Allan Kardec, de 1858 a 1869, reproduz em seu número de agosto de 1861 (pp. 268-269), uma longa comunicação subscrita pelo espírito de Bossuet. Que título você acha que o nobre arcebispo teria escolhido para o seu texto mediúnico? Se você pensou em "A controvérsia", acertou!

Vamos lê-la, na íntegra, acrescentando que a mensagem foi enviada pelo sr. Sabò, de Bordéus, a Allan Kardec, que a acolheu para publicação.

> Ó Deus! meu senhor, meu pai e meu Criador, dignai-vos dar ainda ao vosso servo um pouco daquela eloquência humana, que levava a convicção ao coração dos irmãos que vinham, em torno da cátedra sagrada, instruir-se nas verdades que lhes ensinastes.
>
> Enviando seus espíritos para vos ensinarem vossos verdadeiros deveres para com ele e para com os vossos irmãos, Deus quer, sobretudo, que a caridade seja o móvel de todas as vossas ações e de vossos irmãos, que querem fazer renascer esses dias de luto e estão na via do orgulho. Esse tempo está longe de vós e Deus seja para sempre bendito por ter permitido que os homens cessassem para sempre essas disputas religiosas, que jamais produziram qualquer bem e que causaram tanto mal. Por que querer discutir os textos evangélicos, que já comentastes de tantas maneiras? Esses diversos comentários foram feitos quando não tínheis o espiritismo para vos esclarecer, e este vos diz: A moral evangélica é a melhor; segui-a. Mas se, no fundo de vossa consciência, uma voz gritar: Para mim há tal ou qual ponto obscuro e não me posso permitir pensar diferentemente de meus outros irmãos! Eloim! meu irmão, ponde de lado aquilo que vos perturba; amai a Deus e a

> caridade e estareis no bom caminho. Para que serviu o fruto de minhas longas vigílias, quando eu vivia em vosso mundo? Para nada. Muitos não lançaram os olhos sobre os meus escritos, que não eram ditados pela caridade e que sempre atraíram perseguições aos meus irmãos. A controvérsia é sempre animada por um sentimento de intolerância, que pode degenerar até à ofensa, e a teimosia com que cada um sustenta suas pretensões afasta a época em que a grande família humana, reconhecendo os erros passados, respeitará todas as crenças e não afiará o punhal que tinha cortado esses laços fraternos. E para vos dar um exemplo do que acabo de dizer, abri o Evangelho e aí encontrareis esta palavra: "Eu sou a verdade e a vida; aquele que crer em mim viverá". E muitos de vós condenais os que não seguem a religião que possui ensinamentos do Verbo Encarnado. Contudo, muitos estão sentados à direita do Senhor, porque, na retidão de seus corações, o adoraram e o amaram; porque respeitaram as crenças de seus irmãos e porque clamaram ao Senhor quando viram os povos se estraçalhando entre si nas lutas religiosas e porque não estavam aptos a encontrar o verdadeiro sentido das palavras do Cristo e porque não passavam de instrumentos cegos de seus sacerdotes e de seus ministros.
>
> Meus Deus, eu que vivia nesses tempos em que os corações estavam cheios de tempestades contra os irmãos de uma crença oposta, se tivesse sido mais tolerante: se em meus escritos não tivesse condenado sua maneira de interpretar o Evangelho, eles estariam hoje menos irritados contra os seus irmãos católicos, e todos teriam dado um passo maior para a fraternidade universal. Mas os protestantes, os judeus, todas as religiões um pouco destacadas, têm seus sábios e seus doutores; e quando o espiritismo, mais espalhado, for estudado de boa-fé pelos homens instruídos, eles virão, como fizeram os católicos, trazer a luz aos seus irmãos e acalmar os seus escrúpulos religiosos. Deixai, pois, Deus continuar sua obra de reforma moral, que vos deve elevar para Ele, a todos no mesmo grau, e não vos rebeleis contra os ensinos dos espíritos que ele vos envia. (a) Bossuet.

Em 1º de novembro de 1866, "Dia dos Mortos", uma revoada de entidades escreveu pelas mãos do médium Bertrand, da Sociedade de Paris, o que Kardec caracterizou como "uma série de pensamentos destacados e completando-se uns pelos outros".

Fénelon e Bossuet – provavelmente reconciliados no além – estavam lá. Vejamos, por exemplo, esta sequência de mensagens:

"Era o amor que Diógenes procurava" – escreveu Sócrates –, "procurando um homem...que veio séculos depois, e que o ódio, o orgulho e a hipocrisia crucificaram."

"Os sábios da Grécia" – acrescentou Platão, logo a seguir – "por vezes o foram mais nos escritos e nas palavras do que em sua pessoa (pessoalmente)."

"Ser sábio" – anotou Fénelon – "é amar; procuremos então o amor pela via da sabedoria."

"Não podeis ser sábios" – ensinou Voltaire – "se não vos souberdes elevar acima da maldade dos homens."

"Sábio" – declarou Corneille – "é aquele que não crê sê-lo."

Bossuet comparece mais adiante para observar que "A doutrina de Jesus não se sente nem se compreende senão pelo coração; então, seja qual for a maneira por que a falam (eu diria: transmitem), ela é sempre o amor e a caridade."

Na comunicação mais longa, acima reproduzida, encontramos um Bossuet quase penitente, lamentando não ter sido mais tolerante com os irmãos de outras crenças, reconhecendo que elas também têm seus sábios e doutores. E que, não tivesse condenado de modo tão veemente a interpretação que os protestantes atribuíam aos textos evangélicos, "eles estariam hoje menos irritados contra seus irmãos católicos, e todos teriam dado um passo maior para a fraternidade universal".

De nada serviram – reconhece agora – as longas vigílias para produzir seus escritos, senão para "atraírem perseguições aos meus irmãos", dado que "não eram ditados pela caridade".

Esse é o Bossuet renovado pela transição de uma dimensão da vida para outra, muito mais ampla, luminosa, panorâmica. E sem polêmicas inúteis e desgastantes. Não foi para o céu, com o qual talvez contasse em seus anseios de antigo prelado, nem para o inferno com o qual o dogmatismo teológico sempre ameaçou os que não concordavam em se filiar à igreja como única dispensadora da salvação.

Retomemos, a seguir, o fio da narrativa, de volta àqueles tempos em que se cuidava mais da esgrima verbal em torno do que os teólogos pensavam do Cristo, do que acerca do conteúdo espiritual e emocional do que ele ensinou e exemplificou.

É inegável que o quietismo afetou Fénelon mais do que talvez ele próprio desejasse, numa época em que desvios doutrinários – especialmente num sacerdote e, mais do que isso, num arcebispo – constituíam intolerável escândalo. Identificado o autor pela vacilação, punham-se no seu encalço os patrulheiros ideológicos, empenhados em defender intransigentemente o que se entendia por pureza doutrinária.

Temos visto que Fénelon foi pessoa tolerante. Procurava ser compreensivo ante divergências de opinião. Ao que se depreende, ademais, parecia inclinado a modalidades mais contemplativas de prática religiosa que, de certa forma, o predispunham à aceitação de um comportamento místico. Talvez por isso tenha sido atraído pelas ideias da simpática madame Guyon, a quem ficou conhecendo pessoalmente em outubro de 1688.

> Fénelon [colhemos no *Grand Larrousse enciclopedique*, volume 4] inquietou-se, de início, por certas tendências dessa doutrina e pelas características que pudessem lembrar o quietismo de Mollinos, recentemente condenado em Roma. Mas – prossegue o texto – ele acabou por considerar boa a doutrina, que somente as imprudências de linguagem faziam parecer perigosa.

Nesse ponto, sentindo-se pressionada por adversários mais veementes, madame Guyon tomou a iniciativa de solicitar um pronunciamento oficial sobre suas ideias. Não desejava, certamente, um confronto com a maioria católica esmagadora, atenta e, principalmente, poderosa, além de intolerante com desvios doutrinários, viessem de onde viessem.

Dois eminentes prelados se prepararam para examinar o assunto e emitir sobre ele uma decisão conclusiva – Bossuet e o monsenhor de Nouialles. Eles se reuniram em Issy, entre julho de 1694 e maio de 1695, para estudar a matéria. Em fevereiro de 95, contudo, Fénelon foi nomeado arcebispo de Cambrai, como vimos, e juntou-se aos dois prelados que já cuidavam da questão.

Chegou-se, aparentemente, a um acordo. A essa altura, no entanto, Bossuet estava decidido a combater "com extremo vigor, o quietismo, que considerava perigoso", como se lê na *Larousse*. Fénelon, por sua vez, inclinado tolerantemente, senão em favor da polêmica doutrina, pelo menos disposto a colher nela o que julgasse aproveitável, escreveu *Explication des maximes des saints*, publicado em fevereiro de 1697.

Estava acesa a fogueira de uma "querela extremamente violenta", no dizer da *Larousse*.

Como Bossuet tardasse um pouco em remeter suas observações sobre o desventurado texto de Fénelon, este resolveu antecipar-se, submetendo seu livro ao papa. Repetia, na França do século 17, atitudes que assumira mais de uma vez na antiga Inglaterra, como Wilfrid e Walter de Gray, levando suas pendências à deliberação do papa. Na esperança, por certo, de que tais decisões – sempre finalistas, sem mais recursos – lhe fossem favoráveis.

Independentemente do exame que passou a ser feito em Roma, um grupo de prelados dedicou-se à mesma tarefa sob orientação do arcebispado de Paris.

Os sinais da tempestade que se aproximava mostravam-se mais evidentes a cada momento. Enquanto Fénelon escrevia a Roma, encaminhando seu livro para exame das autoridades eclesiásticas competentes, três sacerdotes suspeitos de simpatias pelas ideias de Fénelon receberam ordens de deixar o mosteiro de Saint-Cyr. O próprio Fénelon foi chamado à corte.

Fechava-se o círculo em torno do arcebispo para que a poderosa máquina de triturar pudesse melhor operar. Poucos meses após terem seguido para Roma as execradas *Maximes*..., o rei mandou ao papa uma carta minutada por Bossuet, na qual pressionava pela condenação do texto de Fénelon – considerado péssimo e muito perigoso – o que implicava, necessariamente, na condenação do próprio autor.

Enquanto os doze teólogos designados pelo papa Inocêncio XII estudavam as *Maximes*, em Roma, o debate prosseguia, aceso como nunca, na França, e cada dia se tornava mais veemente. Parecia uma questão de vida e morte, que estivesse a pôr em risco toda a civilização cristã. Michaud comenta – seu livro foi publicado ao longo de vários anos, nas décadas finais do século 19 – que os textos condenatórios se multiplicavam espantosamente e que "ao lê-los hoje, surpreende-nos a inesgotável criatividade daquelas pessoas".

Registra esse biógrafo sua admiração pela "flexibilidade do gênio" de Fénelon, que soube sempre se defender com habilidade contra os ataques de um lutador como Bossuet, no contexto de uma causa que ele considerava boa.

Ante a demora de um pronunciamento de Roma, Bossuet passou a lançar mão de todos os recursos ao seu alcance, mudando a natureza da controvérsia. A discussão meramente doutrinária foi invadida por menções menos nobres a aspectos pessoais. No texto intitulado *Rélation du quiétisme*, publicado em junho de 1698, Bossuet ridicularizava os escritos e a pessoa de madame Guyon e atribuía a Fénelon o papel de promotor da extravagante doutrina. Referências ainda mais deselegantes foram introduzidas, considerando Fénelon o "Montan dessa nova Priscila".

A referência baixava o nível do debate e foi acolhida com entusiasmo por aqueles que acompanhavam o desenrolar da polêmica. E, naturalmente, alimentou os debates na corte, que se achava, à época, em Marly.

Por insistente solicitação do abade de Chanterac, que defendia, em Roma, a causa de seu amigo, Fénelon escreveu uma contestação ao novo ataque de Bossuet. Michaud não menciona o texto dessa obra, mas eu a encontrei no volume *Oeuvres*, de Fénelon, na edição Pleiade. Tem um longo e explícito título: *Réponse de Monseigneur l'Archevèque de Cambrai à l'écrit de Monseigneur l'evèque de Meaux intitulé Relation sur le quiétisme.*

Mas resultava em tempo perdido, aquela pouco edificante guerra verbal, por trás da qual fermentavam mal disfarçados ódios, vaidades, temores, fanatismos e, obviamente, uma feia disputa de poder. Nenhuma caridade cristã ou esforço de entendimento se vislumbrava no lamentável episódio. Não se esperava que o longo braço da Inquisição arrancasse a vida de Fénelon, mas o massacre moral dele afigurava-se inevitável, tamanho era o ímpeto das forças que se desataram contra ele.

A avaliação de Michaud ao livro-resposta de Fénelon é, contudo, das mais positivas. O biógrafo considera aquele texto um dos melhores que a feia controvérsia produzira. Com muita classe, Fénelon limitava-se a desmentir as alegações de Bossuet contra ele e a rachaçar "vitoriosamente" – qualifica Michaud – "a indigna associação com o herético Montan, que seu adversário havia tido a coragem de fazer".

O tom de dignidade que Fénelon imprimiu a esse livro conseguiu o milagre de uma modificação no espírito público em seu favor.

Também em Roma, o clima se tornara mais ameno. Após sessenta e quatro sessões de estudo e debate, os dez teólogos, nomeados pelo papa para avaliar a obra ficaram empatados entre a condenação e a aprovação das discutidas *Maximes...* Esse resultado, segundo as regras em vigor, apontava para uma decisão baseada no antigo *in dubio, pro-reu*, segundo o qual a dúvida beneficiava o réu. Em outras palavras, o texto do arcebispo de Cambrai não era considerado condenável.

Acontece, porém, que Luís XIV – certamente pressionado pelo implacável Bossuet – voltou à carga junto ao papa, alegando que a perniciosa doutrina do quietismo era potencialmente perturbadora à paz em seu reinado, ante o que, o papa resolveu levar as massacradas *Maximes...* à instância superior, submetendo-as ao julgamento final do colégio de cardeais do Santo Ofício. Convocava-se, pois a Inquisição, afinal, para decidir o destino do livro e, consequentemente, o de seu autor.

Para reforçar seus argumentos, o rei exibira um pronunciamento no qual os eruditos da Sorbonne também condenavam as *Maximes...*, recurso, aliás, imaginado – entre tantos outros surgidos de sua inesgotável criatividade – por outro Bossuet – seriam parentes? –, um abade que representava em Roma os interesses do arcebispo de Meaux.

Diz-se deste segundo Bossuet que se tratava de um sujeito violento e inteligente. Acha mesmo o Michaud que, não fosse pelos "constantes e passionais incitamentos desse abade", a controvérsia não teria ultrapassado os limites de um debate meramente doutrinário.

Dois Bossuets, portanto, trabalharam ativamente para destruir Fénelon. Acabaram conseguindo.

Bossuet, que nada fazia pela metade e que até então pouco se interessara pelo misticismo, resolveu preparar-se melhor para a peleja. Estava disposto a assumir sua postura de sempre – a de paladino da igreja e defensor perpétuo da pureza doutrinária, que não admitia fosse tocada, em quaisquer de seus aspectos, por mais dogmáticos que fossem. Entregou-se, para isso, ao estudo meticuloso dos autores místicos. Escreveu, por esse tempo, *Instructions sur les états d'oraison*, uma clara resposta católica ao estudo no qual madame Guyon tratara do mesmo assunto, como vimos. Esse documento tinha por alvo seus fiéis leitores habituais, para os quais os textos produzidos em Issy seriam genéricos demais. Foi depois dessa publicação que Fénelon escreveu suas *Maximes...*, que tantos distúrbios trariam para ele.

Não que sua intenção tenha sido explicitamente, a de polemizar. Ao que parece, ele pretendia explicar-se na sustentação da doutrina do puro amor, ensinada, aliás, pelos autores místicos mais autorizados no passado. Para os seus adversários, não obstante, seu texto não passava de uma dissertação acerca de um quietismo mitigado, mas ainda quietismo. Entendia Fénelon válido o princípio fundamental de um "estado habitual de puro amor, no qual o desejo de recompensas e o temor dos castigos estariam excluídos".

A nova obra de seu antigo discípulo, contudo, somente contribuiu para intensificar as apreensões de Bossuet e "suas más disposições contra Fénelon" – lê-se no Michaud. A coisa assumia proporções tão graves para o severo arecebispo de Meaux, eram tão sérios os perigos, que ele resolveu ir pessoalmente ao rei, a fim de solicitar-lhe perdão por não tê-lo prevenido mais cedo do que considerava "o fanatismo de seu colega prelado".

A gestão foi bem-sucedida, no sentido de que o rei – que já não morria mais de amores por Fénelon – ficou irritadíssimo (*très irrité*, diz o texto) ante o grande perigo que via para a religião. Pelo que hoje, colocados em outra perspectiva, podemos perceber é que, no fundo, o rei não estava nada zeloso da pureza doutrinária da religião, mas do que ideias consideradas subversivas representavam potencialmente em face do poder absolutista por ele exercido.

Como era de se esperar a corte se virou na direção em que sopravam os ventos. O sinal da rejeição a Fénelon estava claramente escrito na irritação manifestada pelo rei. E quem deixasse de interpretar corretamente o pensamento do rei, acabaria sendo arrastado pela ventania.

Certo abade de Rancé, conhecido pela reforma que impôs à ordem dos trapistas, jogou mais lenha à fogueira ao escrever a Bossuet cartas abertas, nas quais atacava as *Máximas...* com extrema severidade. A reputação de santidade que se atribuía a de Rancé e o elevado conceito em que era tido como coluna mestra da igreja francesa, resultou em evidente fortalecimento da posição de Bossuet, que passou a contar com apoios de relevo para sua campanha contra o arcebispo de Cambrai.

Estimulado por esses eventos, o clero francês, como um todo – vozes dissidentes certamente eram esparsas –, exigiu de Fénelon uma retratação pública por escrito, à qual ele se recusou. Ficou decidido, então, que o livro seria submetido a um exame formal que, àquela altura, só poderia resultar em veemente condenação.

Em janeiro de 1699, Luís XIV exonerou Fénelon do cargo de preceptor dos príncipes franceses com a perda dos honorários correspondentes. Em 12 de março daquele mesmo ano, saiu, afinal, a decisão do colégio dos cardeais do Santo Ofício, em Roma: o livro de Fénelon estava definitivamente condenado pela hierarquia católica. Continha "afirmativas temerárias, mal-sonantes, ofensivas a ouvidos piedosos, perniciosas na prática e mesmo errôneas". O documento do Vaticano lembrava as providências subsequentes a serem tomadas quanto ao livro, mas ressalvava que não era necessário queimá-lo, como prescreviam as normas. E nem incinerar o autor. Por mais que ainda lutasse para sobreviver, a Inquisição não era mais a mesma.

Fénelon reagiu com sensatez e reconhecida elegância. Antes que o breve papal fosse oficialmente acolhido pela corte e devidamente despachado pelo rei, "aceitou a condenação com simplicidade e dignidade notáveis", lê-se no Michaud.

Nesse ínterim, algo aconteceu que contribuiu seriamente para agravar as desconfianças que o rei começara a nutrir por Fénelon. Um mês após a condenação das *Maximes...* pelo Vaticano, um livreiro publicou, à revelia do próprio autor – direito autoral era uma ficção na época –, a obra *As aventuras de Telêmaco*, que Fénelon havia escrito não com a intenção de publicar, mas simplesmente para ser utilizada pelo seu nobre discípulo, o duque de Borgonha.

Tratava-se, na verdade, de uma obra didática romanceada, escrita aí por volta de 1694, segundo se supõe. Não faltou, contudo, quem lesse nas entrelinhas, severas críticas ao governo de Luís XIV e até identificasse entre as personagens movimentadas por Fénelon, na história, retratos satíricos do rei, de madame de Maintenon e de outras eminentes personalidades da corte.

De outro lado, os que sonhavam com reformulações mais ou menos profundas no modelo político praticado pelo rei, viram no *Telêmaco* ideias que, postas em prática, poderiam levar a uma sociedade mais justa, mais humana e mais racional. Isto, contudo, teria de esperar ainda um século, quando se desatariam as forças telúricas da Revolução de 1789, quando reestruturações políticas, sociais e econômicas que poderiam ter sido promovidas pacificamente provocaram um banho de sangue de dramáticas proporções.

Examinaremos mais adiante o caso específico do *Telêmaco*, depois de concluída a análise do *affair* quietismo, que daria ainda muito que falar e que, no dizer da *Biographie universelle*, de Michaud, foi "a famosa polêmica, que será sempre considerada o episódio mais relevante da biografia de Fénelon".

Mais para o fim da vida, Fénelon reiterou sua submissão à decisão de Roma, oferecendo à sua igreja um ostensório – peça, usualmente de ouro, onde são guardadas as hóstias –, no qual uma figura simbólica pisoteava livros heréticos, entre os quais estava o das famigeradas *Maximes des saints*.

Terminara a célebre e violenta controvérsia. Na avaliação da *Biographie universelle*, "por interesse pela religião que acreditava ameaçada, Bossuet mostrara-se algumas vezes, impetuoso, duro e até injurioso".

A juízo desse mesmo texto, Fénelon não se livra de todo de certas censuras.

> Por consideração a uma mulher [lê-se aí, p. 328] cuja doutrina era generalizadamente reprovada, ele não parecia sempre sincero nos protestos de deferência com os quais prodigalizava seus adversários. A situação – prossegue – criara dificuldades para ele, obrigando-o a se defender com sutilezas que confirmaram a flexibilidade de sua inteligência, mas que resultaram em prejuízo para a sua causa.

A palavra final desse autor é de uma elegância não menos digna do que a do próprio Fénelon, ao aceitar a derrota e retirar-se para os bastidores da história. Ao mencionar os dois debatedores, eis o que conclui o texto da *Biographie*: "Se o triunfo de um (Bossuet) foi glorioso, a derrota do outro (Fénelon) não é menos digna de elogios."

Devo trazer para o nosso estudo mais uma interessante observação contida no texto da *Biographie universelle*, verbete "Fénelon".

Acha seu autor que, tanto Bossuet como Fénelon, acabaram ganhando alguma coisa com o disputado duelo verbal. Bossuet, pelo conhecimento da teologia do misticismo, que antes lhe faltava e que "serviu para corrigir suas ideias acerca da caridade". E Fénelon, por "uma circunspecção maior no trato da espinhosa temática da espiritualidade".

Não estou bem certo de que Bossuet tenha ampliado sua visão da caridade. Acho que lhe faltou, exatamente, o tempero da caridade no trato de seu adversário. Logo a ele, Bossuet, que fora batizado como Benigno (*Bénigne*). Na mensagem acolhida por Allan Kardec na *Revista Espírita*, Bossuet-espírito oferece honesta e penitente reavaliação de seu papel na contenda, quando 'vivo'. O texto mediúnico, como vimos, é um humilde *mea culpa*, uma visão mais lúcida e caridosa dos fatos e das pessoas envolvidas direta ou indiretamente no conflito.

Não sei se estou lendo coisas demais nas entrelinhas desse julgamento, mas, para mim, o autor fica mais para o lado de Bossuet, com todas as restrições que se lhe possam ser feitas – do que com Fénelon, cujas simpatias pelo quietismo são consideradas com mal disfarçadas desconfianças. Em outras palavras: o biógrafo parece-me ver o episódio como católico ou, no mínimo, simpatizante das posturas eclesiásticas. Que me perdoe, onde quer que esteja, se estou fazendo dele juízo temerário.

Outra coisa, já que estamos cuidando de opiniões pessoais deste escriba que vos fala. Como também tenho direito a umas tantas fantasias, me pergunto se a dra. Ann van Waveren, esposa e colega do ilustrado dr. Erlo van Waveren, Fénelon reencarnado, não seria, porventura, ela própria, uma reencarnação da brilhante e sedutora madame Guyon.

Passado o vendaval, amigos de Fénelon esperavam que ele retornasse à corte, onde voltariam a brilhar "as graças infinitas de sua conversação". Mas o otimismo dos admiradores não se confirmaria. Era – diz o texto – "uma ilusão da amizade". Luís XIV jamais lhe perdoou a obstinação com a qual se manteve na defesa de uma doutrina na qual o rei via apenas ilusões e uma obnubilação da inteligência, coisa intolerável ao seu bom senso.

A publicação de *As aventuras de Telêmaco* – ainda que à revelia do autor, como vimos – iria agravar a situação de desgraça em que caíra o eminente prelado perante as duas poderosas forças que comandavam a França – a coroa e a igreja.

Les aventures de Telemaque constituiu o que hoje se chamaria um *best seller*. Sucesso duradouro, aliás, que, de certa forma, ainda perdura, cerca de trezentos anos depois! Aprendemos com o Michaud que, depois da

Bíblia e da *Imitação de Cristo*, a obra é a que apresentava a maior tiragem, à época em que a biografia foi escrita, cerca de século e meio depois.

A história se passou da seguinte maneira. Fénelon confiara o manuscrito original a um servidor seu para que lhe fizesse uma cópia. Foi a partir daí, em outubro de 1698, que a obra passou a circular clandestinamente em certos grupos. Encorajado pelo interesse com o qual foi acolhido o livro, o infiel servidor deu um passo mais ousado, vendendo o texto, sem identificação do autor, a um livreiro.

A viúva Barbier, dona do manuscrito – suponho que tenha sido comprado pelo seu marido –, providenciou logo uma autorização para publicar o livro, que começou a ser composto pelo lento processo manual de então, letra por letra, em abril de 1699. Ao correr a notícia de que o texto era do arcebispo de Cambrai, a corte determinou que todo o material, inclusive simples folhas impressas, fosse apreendido e sumariamente destruído. Alguns exemplares, contudo, escaparam à busca policial e, mesmo ante as precárias condições do texto e da impressão, difundiram-se rapidamente. O restante da obra apareceu em 1699, sem identificação da editora e nem do local da impressão.

Moetjens, editor de Haia, reimprimiu o livro parceladamente, à medida que o material lhe chegava às mãos. Na França, por sua vez, outras edições começaram a surgir. Os diversos textos apresentavam divergências, o que faz supor que, a essa altura, cópias clandestinas circulavam por toda parte.

O livro foi sucesso incontestável de vendas, ainda que sem o menor proveito financeiro para o autor. Propriedade literária e direito autoral eram pura ficção por aqueles tempos. Michaud reproduz a referência contida na *Bibliothèque Britannique* de 1743, segundo a qual os editores mal podiam dar conta da demanda pública pelas *Aventuras de Telêmaco* e acrescentava: "ainda que tais edições estivessem eivadas de erros, era fácil perceber, através de tantos senões, um grande mestre".

Opiniões semelhantes emitiram alguns dos melhores críticos da época, mas a obra continuava a ser impressa à revelia do autor e cheia de incorreções, num texto corrido, sem divisões em capítulos. Foi somente em 1717 que o marquês de Fénelon, sobrinho-neto do arcebispo, fez publicar a primeira edição póstuma, de acordo com o manuscrito original.

Michaud adverte que não se pode dar muito crédito à alegada fidelidade aos originais. No manuscrito de Fénelon, a matéria não era dividida, ao passo que a ordenada por seu sobrinho-neto apresentava-se em vinte e quatro capítulos. Além disso, o marquês tomou a liberdade de fazer correções e melhoramentos redacionais ao seu inteiro critério, ou falta de. Tratava-se – lê-se no Michaud – de "liberdades usualmente tomadas à época". Somente na edição conhecida como a de Versalhes – a data não foi citada –, os textos estão conformes aos originais e a exemplares revistos pelo próprio Fénelon.

O sucesso do livro foi consistente, não apenas do ponto de vista meramente comercial, como também de crítica e, obviamente, literário. Acrescente-se, também, o aspecto político, dado que eram muitos os que identificavam em suas páginas reparos e sátiras ao grande Luís e a algumas das mais eminentes personalidades de sua *entourage*.

Pergunta-se, portanto, Michaud se, na verdade, teriam sido intencionais, como se supunha, as críticas à política do rei. O biógrafo acha que não. Cita, em proveito de seu ponto de vista, declaração do próprio Fénelon, segundo o qual jamais tivera outra intenção "senão a de divertir o senhor duque de Borgonha (seu discípulo), instruindo-o, ao mesmo tempo em que o distraía com as aventuras, sem jamais ter desejado publicar o livro".

Para desmentir um depoimento desses partindo de uma pessoa de reconhecidos padrões de caráter e virtude, seriam necessárias – entende Michaud – "provas concludentes, e nada existe nesse sentido". Há meras suposições e induções mais ou menos engenhosas, nada mais.

O biógrafo oferece, ainda em favor de sua tese – a observação de que Fénelon não teve intenção de criticar o rei –, um argumento de peso. Conforme testemunho insuspeito de Bossuet, *Telêmaco* foi escrito em 1694 ou 1695, o que confere com o que informou o próprio autor. "Eu o escrevi" – declarou Fénelon a respeito do *Telêmaco* – "a um tempo em que era objeto de testemunhos de bondade e confiança com os quais o rei me distinguia."

É verdadeiro isso. O rei não o teria nomeado arcebispo de Cambrai, em 1695, insistindo mesmo em que continasse como tutor de seus netos, se tivesse contra ele qualquer desconfiança ou restrição. Como lembra o biógrafo, é difícil imaginar-se que, a essa altura, Fénelon se dispusesse a provocar um confronto desigual e suicida – em termos de carreira política e religiosa – com o poderoso Luís XIV.

Tanto quanto posso avaliar – e não sou especialista em literatura – o que aconteceu é que Fénelon foi um pensador liberal e tolerante, mas convictamente interessado em colaborar com suas ideias na construção de uma sociedade mais humana. Esses não eram, evidentemente, os propósitos de Luís XIV. Não por maldade intrínseca, mas em decorrência do próprio contexto em que ele foi educado, em que viveu e governou a

França durante setenta e dois anos. Que outra face da realidade político-social conhecia ele?

Um século mais tarde, naquela mesma França dirigida por uma monarquia de características ainda medievais, Maria Antonieta achava muito fácil resolver o problema da fome dos pobres. Se não tinham pão, por que não comiam brioches? Não lhe passava pela cabeça que uma casa de família não tivesse brioches e talvez, queijos, vinhos, carnes, frutas e iguarias de toda sorte. Pois não era assim nos palácios em que vivia toda aquela gente em torno da corte? O mundo lá fora só podia ser igual. O que os olhos não veem, o coração não sente.

Ao escrever o *Telêmaco,* destinado – não devemos esquecer – à educação de um futuro rei, Fénelon propunha modelos políticos e admininstrativos ideais, e que certamente – como assegura Michaud – "não estavam muito de acordo com os adotados por Luís XIV e seu governo". Seu texto não pode ser considerado, contudo, um manual de prática política. Há nele, como lembra o biógrafo, observações de grande sabedoria, tanto quanto ideias quiméricas e até ingênuas. Não é a obra de um estadista, e sim a de um teórico, de um sonhador, de um utopista, ou, se você preferir – e eu prefiro – de um educador empenhado em fazer de seu jovem discípulo um bom rei. Nada mais. Ele era, àquele tempo, como declarou o dr. van Waveren, em transe regressivo, um "educador dos valores da vida".

Para me envolver, tanto quanto possível, no clima desta história, li *Les aventures de Telemaque,* na edição Hachette, de 1922. Penso que deveremos, você e eu, dar uma espiada nesse livro tão falado e discutido. É ali que vamos encontrar, na introdução escrita por Albert Cahen, uma observação reveladora. Discorrendo sobre a importância e a delicadeza da tarefa de Fénelon como preceptor do delfim, diz ele que se tratava de "preparar para a França, não somente um rei honesto, mas um rei cristão".

Mais do que isso, Cahen traz para a sua introdução um texto do próprio Fénelon, no qual o autor caracteriza o *Telêmaco* como "narrativa alegórica em forma de poema heroico como os de Homero e Virgílio, na qual coloquei as principais instruções dirigidas a um príncipe que, pelo seu nascimento, destinava-se a reinar".

No pesado jogo de interesses que se esgueira pelas sombras e desvãos dos núcleos de poder, contudo, a campanha contra o livro visava claramente ao autor. Como sempre, aliás. De todas as restrições que começavam a surgir, daqui e dali, a que mais parece ter impressionado a opinião pública foi, no entender de Cahen (p. X), precisamente a de que o formato de romance era incompatível com a dignidade de um arcebispo.

Essa era a opinião de Bossuet, mas não apenas a dele, como a de outros dentro e fora da igreja. Que era uma peça de ficção, não havia dúvida, de vez que o próprio autor a considerava explicitamente "um poema heroico". Em carta de 18 de maio de 1699, Bossuet achava o texto "pouco sério para um prelado". Seu secretário, o abade Ledieu, registrou uma conversação com alguém, na qual Bossuet havia sido ainda mais severo, ao criticar no *Telêmaco*, "expressões amorosas", "decrições galantes", "indignas" – insistia – "não somente de um arcebispo, mas de um padre e de um cristão". Para ele, Bossuet, portanto, *Telêmaco* era quase um livro pornográfico.

Voltaire juntou-se ao coro dos contestadores ao considerar "pouco conveniente que os amores de Calipso e Eucaris constassem das primeiras lições que um padre passasse às crianças francesas", ou seja, aos duques de Borgonha, d'Anjou e de Berry, netos do rei, dos quais Fénelon era o tutor.

Seria, talvez, de alguma utilidade examinarmos o longo e erudito texto de Albert Cahen sob o expressivo título "As fraquezas e os méritos do Telêmaco". Preferi, contudo, recorrer, para esta avaliação, à *Encyclopaedia britannica* (Verbete "Fénelon", vol. 9, p. 158). Encontramos ali uma visão crítica enxuta, sóbria e abrangente que me parece suficiente para os nossos propósitos neste livro.

Entende a *Britannica* que, no *Telêmaco*, "as aventuras do filho de Ulisses em busca do pai assumem as feições de um romance político intencional". Não teria sido, contudo, intenção do autor fazer de seu livro uma espécie de constituição para o seu país, como queriam alguns. "Como qualquer outra utopia" – acrescenta a *Britannica* –, "tratava-se de um descontraído arranjo entre sonhos e possibilidades." O objetivo era o de arejar a mente do duque de Borgonha a fim de que tivesse sempre presente o preceito de que "o rei existe em razão de seus súditos e não estes por causa do rei".

Aqui e ali – lê-se mais adiante –, a obra de Fénelon antecipa a era de Rousseau – na veemente denúncia da guerra, na crença nas forças da natureza e na fraternidade internacional.

Mentor, personagem que representa uma projeção do próprio Fénelon na história, propõe "mudar os gostos e os hábitos de todo o povo, e reconstruir tudo a partir dos alicerces". É, portanto, um projeto que implica demolir o modelo existente a fim de abrir espaços para a reconstrução a partir das bases sadias da sociedade. O que leva Fénelon para a categoria dos reformadores, não tanto religiosos quanto políticos.

Aliás, o interesse pela coisa pública foi uma das dominantes da formação cultural do eminente arcebispo de Cambrai, desde cedo até os últimos tempos de sua vida. Estaria trabalhando, inconscientemente, com a ampla experiência que acumulara em vidas anteriores como Wilfrid e, especialmente, como Walter de Gray? É o que parece.

A *Britannica* considera-o mais à vontade e seguro quando lidera a reação contra o modelo mercantil de Colbert, ou insiste na importância da agricultura para a economia da nação. E acrescenta: "Por mais valiosas e perspicazes que fossem, essas ideias não se adequavam ao esquema de um romance."

O texto inglês faz justiça a Fénelon ao criticar Voltaire por considerar *Telêmaco* "um poema grego em prosa francesa". Lembra também o sucesso de Fénelon na delicada tarefa de educar o turbulento duque de Borgonha. Recorrendo a Saint-Simon, o autor do verbete caracteriza o jovem príncipe herdeiro como "brilhante, passional até aos limites da mania, mas totalmente fraco e instável, capaz de se revelar um santo ou monstro, mas perfeitamente incapaz de se tornar um ser humano comum". No entanto, Fénelon "conseguiu fazer dele um devoto, extremamente afetuoso, determinado e religioso, mas desgraçadamente desprovido de tato e de bom senso".

Na construção das *Aventuras de Telêmaco*, Fénelon recorreu às personagens que Homero havia posto na *Ilíada* e na *Odisseia*. O objetivo, como ele insistiu em declarar, era o de tornar a história veículo de sua pregação a um só leitor e ouvinte – o duque de Borgonha. Seria, em termos de didática contemporânea, uma série de apostilas, escritas mais ao menos ao correr da pena, sem a meticulosa atenção com o estilo e as sutilezas exigidas por uma peça literária destinada ao grande público.

Muito se tem falado e escrito a respeito dessa obra de Fénelon. O aprofundamento de tais debates, a esta altura, neste livro, resultaria, a meu ver, em pura perda de tempo. Se você estiver mesmo interessado em tais detalhes é de sugerir-se a leitura preliminar do módulo "*Les faiblesses et les mérites du Télemaque*" (As fraquezas e os méritos do *Telêmaco*), que consta da introdução redigida por Albert Cahen à edição da Hachette. Esteja certo de que não desperdiçará seu tempo.

Para não ficarmos aqui sem dizer nada, destaco uma observação desse autor, que me limito a traduzir, sem comentar:

> Por mais que ele [Fénelon] tenha sido tocado pela 'simplicidade' dos heróis do velho poeta [Homero], a obra nos parece descer às vezes a um nível escabroso, sendo difícil identificar onde começa tal excesso. Seja como for, algo falta à imitação do que fez a riqueza e a diversidade de Homero.

Há, portanto, no relato de Fénelon das aventuras de *Telêmaco*, algo daquele 'traço grosso' que Machado de Assis, desgostoso com o explícito realismo de Eça de Queiroz, atribuía a *O crime do padre Amaro*. O mesmo tipo, portanto, de crítica feita por Bossuet, Voltaire e outros, que lamentavam no *Telêmaco* certas liberdades e galanterias, incompatíveis com o *status* do autor-prelado.

Destaco esse aspecto porque fenômeno semelhante ocorreu com Erlo van Waveren – que temos por Fénelon reencarnado – no relato de suas próprias aventuras espirituais, no livro *Pilgrimage to the rebirth*. Esse depoimento pessoal choca a sensibilidade do leitor e da leitora – pelo menos chocou à minha – com cenas explicitamente escabrosas, cujo sentido, mesmo alegórico, me escapa.

Quanto à *Odisseia*, você conhece a história. Odisseu, rebatizado por Ulisses pelos gregos, é rei de Ítaca e tem papel preponderante na disputa militar com os troianos. Teria mesmo sido o inventor do famoso ardil do cavalo de Troia, que, dado de presente aos incautos troianos, introduziu na fortaleza soldados gregos suficientes para quebrarem a resistência dos defensores.

O herói, imortalizado por Homero, era filho de Laete e Antíclea (ou Sísifo), marido de Penélope, pai de Telêmaco e protegido da deusa Atenas. Seus defeitos de caráter, como se lê na *Britannica* (verbete *Odysseus*, Vol.16, p. 711), não são ignorados; ao contrário, são tidos como virtudes. Isto faz dele uma pessoa inteligente, experiente e, às vezes, ardilosa e até insensível, quando necessário ou quando lhe convém.

Caído em desgraça perante o temível Netuno, rei dos mares, Ulisses vaga pelos oceanos, em sucessivos naufrágios e salvamentos, sem conseguir atinar com o rumo que o levaria de volta à sua pátria e à esposa.

Enquanto a bela e fiel Penélope aguarda seu regresso, é assediada por vários pretendentes que se instalam sem-cerimoniosamente em sua mansão e a obrigam a gastos que põem em risco o patrimônio da família.

Irritado com a situação, Telêmaco resolve sair pelo mundo em busca do pai ou, pelo menos, para se convencer de que ele estivesse realmente morto. Acompanha-o na prodigiosa aventura a figura de Mentor, que, em realidade, se trata da própria Minerva, deusa da sabedoria, disfarçada na personagem que servirá a Fénelon para veicular sua pregação moralista ao seu jovem leitor e discípulo, o duque de Borgonha. Esse é o esquema do qual Fénelon parte para escrever *As aventuras de Telêmaco.*

Ao tempo em que surgiu – de 1866 em diante –, a *Biographie universelle,* de Michaud, nossa principal fonte de referência para este livro, *Telêmaco* já havia sido traduzido em prosa e versos latinos, em grego moderno, armênio e em quase todas as línguas europeias.

Tanto quanto posso perceber, seria equivocado concluir-se hoje que a obra fez todo aquele sucesso porque abordava aspectos controvertidos, porque fazia certas concessões ao mau gosto ou criticava indiretamente a pessoa do rei e o modelo político-administrattivo praticado por ele e seus ministros. Não se deve ignorar que a polêmica suscitada em torno do livro tenha contribuído para o seu sucesso, mas é inegável que o texto tem méritos próprios, como assinala Albert Cahen, repercutindo a destilada opinião de muitos estudiosos da obra de Fénelon, admiradores e detratores.

Temos algo ainda a dizer, contudo, sobre Fénelon como arcebispo de Cambrai.

Vimos que ele foi nomeado para aquele elevado posto na hierarquia eclesiástica – um dos mais rendosos de França – em 1695. Logo em seguida à posse, entrou em crise seu relacionamento com o rei, como também vimos. Ele não chegou a ser destituído, mas os restantes dezoito anos que lhe restavam de vida foram vividos como virtual exilado em sua própria diocese.

A avaliação de Michaud nos será, mais uma vez, de grande utilidade para entendermos com clareza a situação.

O descontentamento de Luís XIV com as *Máximas...*, logo agravado com o *Telêmaco,* levou Fénelon a temer por grandes dificuldades que, previsivelmente, lhe seriam criadas no exercício de suas funções eclesiásticas e talvez o impediriam de praticar todo o bem que dele, como arcebispo, era esperado. Mas não foi o que aconteceu. Ele não mais frequentou a corte e permaneceu exilado em Cambrai pelo resto de sua vida. Só teve permissão para afastar-se de lá uma vez, em todos aqueles anos.

> O rei [escreve Michaud (p. 331)] cultivava o senso de seus deveres e seu distanciamento das pessoas (de seu desagrado) não ia ao ponto de fazê-lo renunciar ao benefício das virtudes que pudessem ter. Fénelon recorreu com frequência à proteção de Luis XIV e o monarca acolheu habitualmente com interesse as observações que o arcebispo fazia chegar até ele por meio do padre Tellier.

Foi, portanto, um relacionamento no qual predominavam severas reservas e bem demarcados limites, mas não desprovido de dignidade, tanto da parte do rei, que não desceu a mesquinharias, quanto de Fénelon, que se portou com irrepreensível elegância, na aceitação de uma condição claramente humilhante.

A história documentou aquela existência contida e plácida, mas não ociosa ou recolhida. À sua maneira discreta, mas firme, ele continuou participante no trato dos problemas de sua diocese e, em escala mais ampla, de questões de natureza política, que nunca deixou de analisar e comentar.

Era seu hábito levantar-se cedo, ainda pela madrugada, após poucas horas de sono. Às sextas-feiras, invariavelmente, colocava-se à disposição de todos quantos desejassem confessar-se com ele. Era de extrema sobriedade, mas queria mesa farta, servida com "magnificência", qualifica seu biógrafo. Todos os sacerdotes de sua equipe de subalternos participavam das refeições. Fénelon fazia as honras da casa, com "nobre e espontânea polidez". Era modesto no relacionamento com todos e a autoridade sempre foi temperada pelo que o texto considera "as graças de uma dicção incomparável, que lhe valeu a afeição de todos os que o cercavam".

Gostava de caminhar – o único tipo de recreação que se permitia. Essa mesma característica vamos encontrar em Erlo van Waveren. Seu livro contém frequentes referências às suas constantes caminhadas pelos bosques da Suíça, onde o escreveu.

Ao contrário de seus contemporâneos, pessoas eminentemente sedentárias, Fénelon adorava andar pelos campos, a conversar com seus amigos. "Abandonava-se, em tais passeios", – continua o biógrafo – "às doces inspirações de seu gênio terno e espontâneo."

Aqueles que o conheceram de perto são unânimes em atestar o encanto de sua conversação descontraída e inteligente.

Cultivava o generoso hábito de visitar as pessoas mais humildes do campo, em suas próprias cabanas, e aceitava com prazer e simplicidade partilhar de suas modestas refeições.

Era considerado com o devido respeito, não apenas na França, como em outros países da Europa. Isto lhe proporcionou condições de exercer seus deveres pastorais mesmo durante a guerra, percorrendo sem interrupções toda a diocese, ocupada em vários pontos por tropas inimigas. "Ingleses, alemães e holandeses" – informa Michaud – "tinham por ele grande veneração." Ofereciam-lhe até escoltas militares nessas andanças para que não corresse nenhum risco desnecessário, mas ele nunca as aceitou.

Durante todo esse tempo, ele continuou escrevendo estudos de excelente nível literário e de bom conteúdo ideológico, como *Dialogues sur l'éloquence de la chaire* (*Diálogos sobre a eloquência no púlpito*)

Segundo testemunho de seus contemporâneos, Fénelon não era muito de falar em público, pregando grandes e eruditos sermões, "discursos aparatosos", como os considera o biógrafo, embora não fosse nada estranho "às belezas da oratória". Preferia dedicar-se à instrução dos simples fiéis de sua diocese.

Sobre a eloquência de Fénelon, escreveu o cardeal Maury, *apud* Michaud (p. 331), que ele "era o dono absoluto dos ouvidos e do coração de seus ouvintes".

Logo no início de sua administração da diocese de Cambrai, cuidou de estimular a criação de seminários, conforme, aliás, recomendou o Concílio de Trento. Tentou primeiro confiar a direção do seminário existente em Saint-Sulpice ao abade Tronson. Ante os obstáculos encontrados, contudo, resolveu transferir para Cambrai o seminário de Valenciennes, para que pudesse acompanhar de perto o trabalho que pretendia dessenvolver na instituição.

Revelou-se, ainda, bom e zeloso administrador das finanças de sua diocese. Diferentemente do tempo em que viveu como Wilfrid e, especialmente, como Walter de Gray, o dinheiro não o fascinava. Vimos que, em plena corte de Luís XIV, ele passou, com frequência, por dificuldades financeiras, de vez que sua família, a despeito de tradicionais títulos nobiliárquicos, não dispunha de recursos suficientes. Quando Luís XIV, premido pelas constantes e pesadas despesas de guerra, apelou, em 1695, para que todos contribuíssem, Fénelon mandou solicitar ao rei que lhe permitisse abrir mão da totalidade de seus proventos como tutor dos príncipes. Esse não foi um exemplo isolado; outros ficaram documentados. Seus biógrafos mencionam episódios semelhantes a esse.

Enquanto isso, a vida decorria mansamente em Cambrai. Fénelon conformara-se com a sua posição de exilado ou, pelo menos, de confinado em seus próprios domínios. Mas não se alienara da vida lá fora; pelo contrário, continuou participante. Mais do que nunca, escrevia textos sobre assuntos políticos e religiosos. Era visitado com frequência por ilustres personalidades estrangeiras e se correspondia ativamente com admiradores dentro e fora da França.

Aquela era uma época fértil em controvérsias religiosas. Tanto quanto possível, Fénelon mantinha-se à margem de tais debates, a não ser para um aconselhamento ou opinião, usualmente solicitados. Um exemplo destes tem-se no caso da leitura dos *Evangelhos*, que, nos termos do famigerado *Index*, era proibida em língua vulgar. Ou seja, franceses, a rigor, não deveriam ler os textos do Novo Testamento em francês. Quando dificuldades nesse sentido surgiram na diocese de Arras, o bispo local desejou saber a opinião de Fénelon a respeito, no que foi prontamente atendido.

Certas concessões feitas pelos jesuítas aos católicos chineses também suscitaram veementes debates. Chamado a opinar, Fénelon o fez com prudência e sabedoria. O mesmo tipo de contestação havia sido formulado cerca de quarenta anos antes pelos dominicanos. A questão foi, afinal, resolvida pelo papa Clemente XI, que proscreveu, como supersticiosos, rituais e cerimônias que os jesuítas haviam tolerado entre os chineses.

A mais agitada polêmica, no entanto, foi a que se desenvolveu em torno do jansenismo. Penso que estaríamos desperdiçando tempo e espaço no exame de temas teológicos como esse. Eles não têm hoje a relevância e nem suscitam as paixões que então se levantavam, até mesmo fora do contexto eclesiástico. Creio necessário, contudo, dizer o mínimo, em vista do envolvimento de Fénelon com o assunto.

Corneille Jansen, conhecido como Jansenius (1585 – 1638), bispo de Ypres, na Holanda, escreveu em seu principal livro, *Augustinus*, publicado postumamente, uma erudita releitura das doutrinas de santo Agostinho acerca da graça, do livre-arbítrio e da predestinação. Era a velha e espinhosa questão de sempre, que cerca de um século antes suscitara acalorado debate entre Lutero e Erasmo. As ideias de Jansenius acenderam de novo a polêmica e seduziram não poucos prelados católicos, como o abade de Saint-Cyran, que se incumbiu de divulgar o jansenismo na França.

Publicara-se um documento, no qual cinco proposições extraídas da obra de Jansenius eram formalmente condenadas pela hierarrquia católica francesa, como já o haviam sido, mais de uma vez, pelo papado. Com isso, a questão parecia resolvida e durante trinta e quatro anos o jansenismo deixou de incomodar. Mas a submissão do clero não fora tão generalizada e sem reservas, como se pensou à época.

Em 1702, um livro intitulado *Le cas de conscience* ressuscitou a polêmica. Fénelon – que, na fase preliminar do debate, que durou até 1669 –, mantivera-se à margem, resolveu, desta vez, interferir. Escreveu um papel, no qual discorria sobre o tema com sua costumeira competência. Revelava-se, nesse documento, animado de grande zelo pelos interesses da igreja acerca dos riscos e dos erros contidos na doutrina, que ameaçava difundir-se novamente.

Acabaria empenhando-se vigorosamente na disputa, tão apaixonadamente, aliás, que, ao analisar sua postura perante essa causa, a *Encyclopaedia britannica*, usualmente discreta, chega a ser um tanto severa.

> A mancha nessa existência ideal [a de Fénelon] [lê-se na *Britannica*] foi sua perseguição aos jansenistas. As teorias de Fénelon sobre a vida diferiam das deles, que, por sua vez, haviam atacado suas *Máximas dos santos*, sob a alegação de que aquelas teorias visionárias sobre a perfeição eram inadequadas para um mundo, no qual mesmo os mais santificados contavam com escassas oportunidades de salvação.

Prossegue a *Britannica* declarando que, para acabar com os jansenistas, Fénelon não hesitou mesmo em promover uma aliança com os jesuítas e em pressionar o relutante clero francês pela aceitação da doutrina da infalibilidade papal.

É verdadeiro isso. Nos seus últimos dias, pressentindo que estava próximo o fim, escreveu uma carta veemente a Luís XIV, pleiteando, entre outras coisas, que escolhesse para sucedê-lo na arquidiocese de Cambrai, onde os jansenistas eram numerosos, um prelado "cujas opiniões em matéria de jansenismo fossem notórias e sólidas". Era a única maneira, a seu ver, de conter, por ali, "a propaganda dos novos heréticos". Ele sabia poder contar com a simpatia do rei por seu apelo, de vez que Luís se revelara declaradamente hostil aos jansenistas. Considerava-os não somente heréticos perigosos, como ainda, "poucos dóceis à autoridade política", ou seja, a do rei. Chegara mesmo a solicitar do papa uma bula que liquidasse de uma vez por todas com a renascida heresia.

No decorrer dos anos finais da vida, mesmo atento ao que se passava no âmbito da igreja, Fénelon jamais abandonou seu gosto pela política. São numerosos seus pronunciamentos a respeito, como o atesta a simples leitura dos títulos de alguns de seus escritos da época. Este, por exemplo: *Exame de consciência sobre os deveres da realeza.*

Numa de suas 'memórias' – expressão usada para caracterizar uma dissertação –, propunha a convocação de uma assembleia de notáveis para discutir os problemas da nação. No *Plano de governo*, sugeria a instituição dos "Estados provinciais" e dos "Estados Gerais", numa antecipação ao relevante papel que dispositivos semelhantes exerceriam nas origens da Revolução Francesa, cerca de um século mais tarde.

Esse documento, aliás, foi especificamente dirigido ao duque de Borgonha, já que a relação mestre/discípulo continuava a existir entre eles, a despeito de certo clima de cumplicidade, de vez que o rei não a aprovava. Acontece que a morte do delfim, filho de Luís XIV e pai do duque de Borgonha, colocara este como o novo delfim, perto de subir ao trono, já que o avô estava em avançada idade. Em outras palavras, Fénelon se dirigia, nesse e em outros documentos políticos, àquele que, dentro em breve, estaria, como se esperava, empossado como rei de França.

Novas frustrações, contudo, estavam à espera de Fénelon. Inesperadamente morreu também o jovem duque de Borgonha, que não chegou a assumir o reinado. Seu avô permanecia vivo e mais rei do que nunca, a despeito da idade avançada. Morreria, afinal, em 1º de setembro de1715, aos setenta e sete anos de idade.

Cerca de oito meses antes, em 7 de janeiro do mesmo ano, partira o próprio Fénelon, aos sessenta e quatro anos incompletos. Um acidente de carruagem precipitara o desenlace do arcebispo.

Bossuet, mestre, amigo e, finalmente, o grande adversário, partira em 1704, também aos setenta e sete anos de idade. As mais relevantes personalidades da época estavam se retirando aos poucos da cena, para que outros atores subissem ao palco e dessem prosseguimento ao espetáculo da vida.

Fénelon escreveu sobre religião e política até o fim. "É um dos raros escritores do século dezessete" – lê-se no Michaud p. 338 – "a se ocupar dos interesses do povo. Se isso era quimérico ao tempo de Luís XIV" – prossegue o texto – "era pelo menos uma nobre e generosa quimera."

Na expectativa de um possível caos político com a morte de Luís XIV, que certamente se aproximava, propôs, numa das suas 'memórias', que se organizasse um conselho de regência, que começaria a funcionar, ainda sob o olhar atento do velho rei, e que, após a morte do monarca, tivesse condições de conduzir o país sem maiores atropelos, durante os anos de minoridade do novo rei.

Mas não eram só textos de natureza teológica e política que ele produzia. Escrevia também sobre temática filosófica e literária, mesmo porque era membro da respeitável Academia Francesa e membro participante.

É sempre difícil desenhar-se com aceitável precisão a imagem de uma complexa figura histórica como Fénelon. Sua personalidade manifesta-se sob aspectos diferentes, alguns deles aparentemente contraditórios, num contexto que também se apresenta eivado de complexidades. Dependendo, por isso, de como nos colocamos na análise das informações históricas – nem sempre fiéis ou desapaixonadas – que nos foram passadas, o retrato pode distanciar-se bastante da realidade.

Talvez na tentativa de ser abrangente na destilação das muitas avaliações e opiniões, o *Grand Larrousse* escreve isto, sobre o eminente arcebispo:

> Realista e místico, ambicioso e desinteressado, Fénelon foi uma personalidade feita de contrastes; seu idealismo político, seu temor do despotismo, prenunciam a atitude dos filósofos do século XVIII, mas ele continua sendo o grande senhor, orgulhoso de sua nobreza. Clássico pelas duas doutrinas literárias, tem imaginação poética e sensiblidade que levam a prever as primeiras manifestações do romantismo.

Pelo que depreendo do que examinei para escrever esta notícia, não traçaria esse retrato de Fénelon. Não o vejo, por exemplo, como ambicioso ou orgulhoso. Nem realista e muito menos místico. Também não o poria como uma personalidade marcada pelos contrastes. Não foi a ambição que o levou aos elevados cargos que exerceu – entre eles, o de tutor dos netos de Luís XIV e o de arcebispo de Cambrai –, foi o talento, o brilho de sua inteligência e a amplitude e profundidade de sua cultura humanística, bem como o fascínio de sua presença, a conversa erudita, a amabilidade e tolerância com as quais tratava todos os que dele se aproximavam.

A *Britannica* também se refere às alegadas contradições, mas não como componentes reais do caráter do arcebispo, e sim como virtudes e defeitos que lhe foram atribuídos. Segundo as numerosas opiniões emitidas, Fénelon teria sido, para alguns, um sentimental, para outros, um místico, um santo, um filósofo, um prelado radical e até um histérico hipócrita.

O autor desse texto (Verbete "Fénelon", pp. 158-159) concede que em todas essas avaliações há um conteúdo de verdade. E atribui tal multiplicidade de facetas à própria época em que ele viveu,

> [...] entre dois mundos – um deles morto e outro impotente para nascer. [...] As ideias de Luis XIV, de Bossuet e Boileau – lê-se adiante – haviam perdido o sabor antes que um novo credo se levantasse para assumir o lugar delas.

É natural, pois, que aquele que contesta a ordem vigente pareça assumir as características de um rebelde. Fénelon sonhava com um modelo político de inegável colorido utópico, que produzisse uma sociedade mais justa. Talvez estivesse percebendo, intuitivamente, a sombra da Revolução Francesa a se movimentar no futuro, como decorrência inevitável dos desmandos do poder absolutista da monarquia.

As qualidades mais relevantes do caráter de Fénelon – lê-se no julgamento mais sereno da *Biographie universelle* (p. 339) – foram a doçura e a dignidade.

Concede esse biógrafo que, talvez em algumas circunstâncias, o senhor arcebispo tenha levado esta última longe demais, o que teria induzido certas pessoas a considerá-lo orgulhoso. É certo que, como praticamente todos os nobres de seu tempo, ele era extremamente cioso de suas origens. Se, porém, o 'grande senhor' estava sempre presente nas suas atitudes, ele jamais se mostrava arrogante e contundente de modo a se tornar odioso. "Ao contrário" – assegura o texto – "pela afabilidade de seu trato e pela amenidade de suas maneiras, era alvo do afeto de todos quantos o conheciam melhor."

Nas breves palavras com as quais nos dá notícia de Fénelon, o *Petit Larousse illustré* (1976) o retrata como "Espírito liberal, alma sensível (que) deixa entrever o espírito novo que prenuncia o século XVIII."

Em relação à igreja, sua atitude foi de irretocável fidelidade. Dois dias antes de morrer, renovou, no testamento, sua perfeita submissão ao Vaticano. Não era mais os orgulhosos bispos ingleses de séculos antes, a pleitearem cargos em Roma. Ao saber de sua morte, o papa Clemente XI teria lamentado não tê-lo feito cardeal, em atenção às pressões contrárias de Luis XIV.

No mausoléu erigido pelo marquês de Fénelon, seu sobrinho, gravou-se um epitáfio que d'Alembert considerou frio e inexpressivo. O ilustre enciclopedista e admirador de Fénelon propôs outro – que não foi acolhido –, que vale a pena lembrar. "Sob esta pedra" – escreveu d'Alembert – "repousa Fénelon. Passante, não apague com as suas lágrimas este epitáfio, a fim de que outros a leiam e chorem como você." Michaud considera o texto um tanto "rebuscado" e é, na verdade, mas eu, romântico e emotivo assumido, fico com d'Alembert.

Conta ainda Michaud que, num dos impulsos iconoclastas dos revolucionários de 1789, os restos mortais de Fénelon foram retirados da urna em que se encontravam, mas prontamente devolvidos ao sossego dos séculos. Justa homenagem ao homem que, em alguns aspectos, antecipou ideais que a Revolução teria como bandeira, infelizmente implantados com enorme derramamento de sangue. Fénelon certamente não teria aprovado as matanças ainda que fossem tidas por 'justificáveis' na derrubada do regime que atribuía aos reis direito divino e cidadania apenas aos nobres e ao clero. O resto, era o resto... a massa anônima, sem voz e sem face, que nem sempre conseguia sobreviver à miséria e à opressão.

Em 1824, passados os tormentos e as dores do crescimento forçado, a cidade de Cambrai mandou erigir um monumento funerário condigno para seu antigo arcebispo. Que ainda está lá, na capela da catedral.

Quase ao encerrar o longo verbete sobre Fénelon, Michaud reproduz um retrato verbal escrito por Saint-Simon, amigo pessoal e admirador do arcebispo.

> Esse prelado [declara Saint-Simon, apud Michaud, p. 339] era um homem alto, magro, bem feito, dotado de nariz proeminente, olhos dos quais o fogo e a inteligência se derramavam torrencialmente, e uma fisionomia tal que nunca vi outra que se lhe assemelhasse e da qual jamais alguém se esqueceria, ainda que contemplada uma única vez. Lia-se tudo ali. E, nela, os contrastes não entravam em conflito – a gravidade e o aspecto acolhedor, a seriedade e a alegria. Nele se percebia igualmente o douto, o arcebispo e o grande senhor...

Creio poder afirmar, para encerrar este módulo, que a soma algébrica dessas e de tantas outras opiniões e avaliações é, indiscutivelmente, positiva. A imagem que a história nos devolve, depois de toda essa elaboração e sedimentação, é a de um homem digno, amável, generoso, culto, dotado de brilhante inteligência, capaz de dialogar com os reis, prelados, intelectuais, mas também com os plebeus mais ínfimos da cruel escala social da época. Ele gostava de visitar essa gente simples nas suas cabanas e partilhar com ela a refeição trivial e o vinho pobre. Talvez fosse um tantinho orgulhoso de seu *status* nobiliárquico e eclesiástico. Fazendo-o, mantinha-se perfeitamente cônscio de seus dotes de inteligência, cultura e *finesse*.

Penso que a nós, que o contemplamos à distância, no tempo e no espaço, recomenda-se uma atitude de tolerância para as possíveis vaidades remanescentes no caráter de François de Salignac de La Mothe, marquês de Fénelon. E até mesmo certa compreensão para aquilo a que a *Britannica* considera mancha em seu caráter – a intolerância pelos jansenistas. Os tempos eram intolerantes e ele próprio foi uma de suas vítimas. Isso talvez não o justifique, mas explica a atitude de excessivo zelo que assumiu com o objetivo de preservar o que lhe parecia intocável e corria, a seu ver, riscos imprevisíveis – a estrutura doutrinária da igreja de Roma.

Acho que esse é o Fénelon que partiu para o outro lado da vida, aos sessenta e três anos de idade. No próximo módulo estaremos conversando sobre o que nos foi possível apurar acerca de sua atividade na dimensão póstuma.

b. Fénelon como espírito

Não sei que tipo de autoanálise teria feito Fénelon ao retornar à dimensão espiritual após a morte corporal e a que conclusões teria chegado ao confrontar a existência que se encerrou na terra em 7 de janeiro de 1715 e as que vivera anteriormente desde o primeiro século, como Judas Barsabás, até a de Walter de Gray, arcebispo de Iorque, entre os séculos doze e treze.

Na regressão às suas passadas memórias, a de Fénelon parece ser a que maior impacto causa ao dr. Erlo van Waveren.

> De alguma forma [confessa ele (p. 65)] não consigo falar com François. Ele está tão junto de mim que o diálogo se torna impraticável. Minha visão, minha fantasia são as dele. Somos uma só pessoa, e me sinto sugado para dentro de uma área do meu psiquismo na qual sou impotente. Tenho de me identificar com aquele bispo do início do século dezoito. Sofro com ele. A dualidade de minha consciência não existe mais. Eu sou como Fénelon. EU SOU – oh, meu Deus! – Fénelon. Não há separação. Eu era ele e eu sou ele. Ele está vivo em mim... Que coisa, essa, para aceitar-se! Era melhor que eu escrevesse 'eu' em lugar de François. No entanto, eu sou Erlo...e também François.

Não ficamos sabendo, pelo livro do dr. van Waveren, da extensão e profundidade das pesquisas realizadas por ele e pela esposa, em cada uma das suas memórias de outras vidas. Conhecemos apenas o impacto que essas recordações causaram ao doutor. Mais do que isso, no entanto, eu gostaria de saber que avaliação teria ele a fazer dos períodos de intermissão, ou seja, suas vivências na dimensão espiritual, entre uma existência e outra, na carne. Teria ele, por exemplo, se informado do que fez e pensou entre a existência vivida como Fénelon e a que viveria, a seguir, reencarnado como Erlo van Waveren?

Não sabemos se esses aspectos foram estudados. Se o foram, teriam ficado documentados em gravações e transcrições os informes porventura obtidos? Teríamos, ainda, alguma possibilidade de acesso a esse material, se é que existe?

Temos que nos contentar com muito menos, praticamente nada. Resta-nos, porém, nossa própria capacidade de análise, tanto quanto é possível a alguém auditar – para usar um termo técnico de minha profissão de contador – os registros de uma pessoa que reassume sua condição de espírito desencarnado após uma existência terrena.

É esta a delicada tarefa que pretendo desenvolver a seguir, mesmo consciente das incertezas e dificuldades que ela certamente tem a oferecer.

Os antigos imaginaram balanças um tanto mágicas e manipuladas por ignotos deuses investidos de irrecorrível autoridade jurídica para pesar erros e acertos e pronunciarem-se acerca do dramático resultado de suas aferições. Não dispomos aqui nem das míticas balanças, nem, muito menos, da autoridade competente para pronunciar julgamentos. Mesmo porque coisas como conteúdos espirituais, atos, posturas, pensamentos, emoções, constituem aspectos imponderáveis e imensuráveis do ser.

Creio, no entanto, ser possível afirmar-se que o balanço nas contas éticas de Fénelon – e volto a falar como profissional das ciências contábeis – teria sido positivo.

Van Waveren ainda vai encontrar nele traços perceptíveis de vaidade. "Em alguma parte de si mesmo – comenta o doutor – ele ainda é vaidoso e ele sabe disso." Eu não diria assim. No meu modo de ver, van Waveren estaria exagerando para vaidade aquilo que não passaria de uma responsável consciência de seus próprios méritos pessoais, tanto quanto costumamos tê-la pelos defeitos e fraquezas que ainda nos infelicitam.

Também não vejo Fénelon como ambicioso. Falamos disso ainda há pouco, neste livro. Não denota mais aquela ânsia pelo poder, que perturbou Wilfrid e, mais ainda, Walter de Gray, a disputar cargos eclesiásticos e civis, a acumular dinheiro, bens e riquezas, a insistir teimosamente em ampliar sua área de influência pessoal, a comprar posições de destaque, literalmente, a peso de ouro, a fazer questão até mesmo do lugar que julgava de seu direito sentar-se nas mesas de conferência. Ambos foram muito ciosos de suas prerrogativas, do *status* hierárquico e dos consequentes privilégios e mordomias.

Em Fénelon muitos defeitos estavam consideravelmente atenuados ou até mesmo eliminados de seu caráter. Recorreu a Roma apenas uma vez, na disputa em torno de suas alegadas simpatias pelo quietismo. Nem precisou esperar pelo julgamento dos pósteros – alguns de seus contemporâneos foram suficientemente lúcidos para entender que a polêmica em torno do quietismo foi inflada muito além de suas verdadeiras dimensões.

Encontramos, aliás, no livro de van Waveren, breve avaliação do rumoroso conflito Fénelon *versus* Bossuet. O psicanalista, regredido no tempo, declara perceber Fénelon ainda ressentido com o episódio, dado que, a seu ver,

> [...] os poderes do espírito teriam sido derrotados pela ignorância, pelo temor e pela ansiedade. Roma [prossegue o texto (p. 71)] simplesmente não conseguiu aceitar a verdade. O poder ganhou. O mal foi declarado vencedor.

O sensível tema da disputa com Bossuet vem novamente à tona, mais adiante (p. 72), quando Kerel, o ser total – do qual Fénelon e os demais são as personalidades componentes –, comenta, dirigindo-se ao antigo arcebispo de Cambrai:

> Seu amigo, o bispo de Meaux, cuja amarga animosidade testou você no mais profundo do ser e cujos métodos insidiosos quase conseguiram destruí-lo, foi aquela pessoa especial de que você precisava a fim de atingir as profundezas do sofrimento e da compreensão.

Havia, portanto, uma conotação cármica, ou, pelo menos educativa, no desconforto causado pelo seu choque ideológico com Bossuet.

Mas não foi somente isso. Ainda que Fénelon estivesse totalmente sem razão nas suas simpatias pelo malfadado quietismo, a questão jamais teria, sob condições normais, assumido as proporções que assumiu, a ponto de precipitar uma espécie de degradação pública de uma pessoa dotada de reconhecidas virtudes e elegância moral, como Fénelon. Em outras palavras, a controvérsia foi ampliada e manipulada com o claro objetivo de destruir o prelado, envolvido pelo jogo pouco edificante das intrigas palacianas, em nome da pureza doutrinária do catolicismo.

Ao mencionar as razões que Fénelon porventura tenha adotado para manifestar suas simpatias pelo quietismo, é preciso lembrar que ele encontrou, transcreveu e comentou numerosos depoimentos colhidos na melhor tradição católica que, de certa forma, explicavam – ainda que não justificassem – seu interesse, creio que puramente intelectual, pela doutrina divulgada por madame Guyon. Tratava-se, em suma, de uma controvérsia a mais, das muitas que brotavam a cada momento naquele contexto político-religioso.

O quietismo não punha em risco iminente de desmoronamento o edifício teológico da igreja. Abandonado às suas próprias forças e explicitamente condenado pelo Vaticano, o quietismo provavelmene se extinguiria por morte natural, sem deixar vítimas do porte e da responsabilidade de Fénelon. Como se sabe,madame Guyon morreu, já idosa, aos sessenta e nove anos de idade, em paz, e pregando suas ideias, com os alicerces da igreja de Roma ainda intactos.

É importante ressaltar, ademais, que Fénelon aceitou, com exemplar dignidade e até humildade, os revezes que suas posturas intelectuais lhe impuseram. A remessa do texto das *Maximes des saints* – com o qual se defendia, mostrando os santos que, no passado, pensavam como ele – não foi um gesto de rebeldia de uma pessoa sedenta de justiça e até de vingança, mas de alguém que desejava apresentar suas razões pessoais a uma instância mais elevada e, presumivelmente, isenta.

O processo provavelmente teria ficado por lá, no Vaticano, a dormitar até morrer de tédio ou por morte natural, nas gavetas dos analistas de plantão. Ou poderia ser julgado irrelevante ou, ainda, resultar numa absolvição pura e simples de Fénelon, não fosse pela cerrada pressão de Bossuet, que conseguira arregimentar para a sua causa a poderosa influência do rei.

Tais reflexões parecem autorizadas pela atitude do papa Clemente XI, que, como vimos, teria lamentado não ter resistido às pressões de Luís XIV – e indiretamente, de Bossuet –, elevando Fénelon ao cardinalato.

Feito virtual prisioneiro em sua própria arquediocese, Fénelon reagiu com imperturbável serenidade e grandeza. Aceitou a situação humilhante, dedicou-se às suas atividades pastorais, mas não se recolheu covardemente para um canto a lamentar-se. Continuou participante, escrevendo seus numeros textos políticos, religiosos ou meramente literários. E continuou, mesmo à distância e discretamente, a cuidar da educação de seu pupilo, o duque de Borgonha, remetendo-lhe, por meio de amigos, textos didáticos, conselhos, sugestões e até projetos de governo para quando ele assumisse o poder, em substituição ao seu envelhecido avô.

Creio oportuno invocar novamente neste ponto o aspecto cármico de Fénelon e, certamente, o do duque de Borgonha. Este não estaria mesmo destinado a subir ao trono da França e nem Fénelon a ser tutor de um rei de França, como o fora na Inglaterra do século XIII, de Henrique III.

O duque de Borgonha, conhecido historicamente como Luís de França, morreu aos trinta anos de idade, em 1712, cerca de três anos antes de Fénelon. Seu filho com Marie-Adélaide de Savoia seria o próximo rei – Luís XV, o Bem-Amado, nascido em 1710 e declarado rei em 1715, aos cinco anos de idade. Foi regente, durante algum tempo, Felipe de Orléans, sobrinho de Luís XIV. Como Felipe se tornou altamente impopular, Luís escolheu para substituí-lo o cardeal Fleury, mas, a esse tempo, Fénelon já havia partido desta vida. Não custa especular ou fantasiar que talvez Fénelon, restaurado ao seu prestígio, tivesse sido escolhido para reger a França, para a qual tinha tantos planos.

Há, portanto, suficientes razões para se considerar que a entidade espiritual, reencarnada como Fénelon, tenha conseguido realizar considerável progresso espiritual entre a existência como Walter de Gray, no século XIII, e a de François de Salignac de La Mothe Fénelon, entre os séculos XVII e XVIII.

Seu último documento, o testamento escrito às vésperas da morte, é uma reiterada declaração de fidelidade e obediência à autoridade da igreja de Roma. Não era mais o obstinado reinvindicador e contestador que fora Walter de Gray. Declarando-se em paz com a igreja, estava em paz consigo mesmo e preparado para a próxima etapa de seu processo evolutivo.

Essa oportunidade surgiria dentro de século e meio, ou, mais precisamente, cento e quarenta anos após sua morte, em 1715. É que, em 1855, o professor Hyppolite Léon Denizard Rivail, discípulo destacado de Pestalozzi, começaria a dedicar-se ao estudo da face invisível da vida. Em 1857, sob o pseudônimo de Allan Kardec, o professor Rivail lançaria *O livro dos espíritos.*

François Fénelon, antigo arcebispo de Cambrai, seria convocado para compor a equipe de entidades incumbidas de assistir o professor na elaboração da doutrina dos espíritos, uma nova e inteligente leitura para a realidade espiritual, na qual vivemos mergulhados, aqui e no além.

Veremos, a seguir, como foi que isso aconteceu.

Minhas pesquisas revelaram em três fontes diferentes cerca de três dezenas de comunicações mediúnicas subscritas por Fénelon, na condição de espírito desencarnado.

A *primeira* delas, pela ordem cronológica e também pela importância de que se reveste, é a documentação que compõe a codificação espírita, organizada por Allan Kardec, nisto incluída a coleção da *Revista Espírita*, publicada entre 1858 e 1869, sob responsabilidade direta e pessoal de Allan Kardec.

A *segunda* é representada pelo livro *Rayonnements de la vie spirituelle*, coletânea de textos mediúnicos, recebidos em Bordeaux por madame W. Krell, entre 1869 e 1875. Figuram neste livro numerosas comunicações de outras tantas entidades de considerável relevo histórico e cultural, bem como algumas do Espírito de Verdade e de Allan Kardec. Consta dele, a bela "Prece de Cáritas", bastante conhecida e apreciada no meio espírita brasileiro.

Costumo chamar a atenção para o fato de que esse livro oferece impressionante coletânea de poesias atribuídas a alguns dos maiores poetas da língua francesa, como Alfred de Musset, Lamartine, André Chénier e outros. É de excelente qualidade essa poesia. Tanto quanto posso avaliar, os poemas póstumos – no exato sentido do termo – nada ficam a dever aos que seus autores escreveram 'em vida'. Se é que não são ainda melhores, não apenas pelo cuidado com a forma, mas também pela qualidade filosófico-moral do conteúdo. Vejamos uma só amostra, retirada de "*Vers la paix*", de Chénier, recebido em julho de 1871:

Fermons pour un instant notre âme au noir présage,
Laisson passer l'éclair et l'ouragan finir,
Loin des bruits effrayants déchiffrons une page,
Au grand livre de l'avenir!
Frères, il est marqué le jour de la victoire,
Le jour de la conquête et du progrès vainqueur,
Jour où l'humanité sur son drapeau de gloire
Lira: Un seul peuple! Un seul coeur!
etc., etc.

Estou destacando a modalidade poética e, particularmente, a qualidade desses versos porque entendo ser a poesia o grande teste da mediunidade, ou melhor, a prova de fogo do médium ou da médium. Acho que madame Krell passou no teste. Dificilmente alguém que não fosse André Chénier poderia ter escrito poemas como os que figuram com sua assinatura nos textos recebidos pela médium de Bordeaux.

A esse mesmo teste de autenticidade submeteu-se, entre outros, no Brasil, nosso respeitável e estimado Francisco Cândido Xavier. Foi pela qualidade da poesia que ele começou a receber de eminentes poetas brasileiros e portugueses que sua mediunidade chamou a atenção até de eruditos e sofisticados literatos. Foi com essa poesia transcendental que Chico Xavier deu o testemunho de autenticidade a tudo quanto receberia posteriormente de numerosas entidades sobre os mais variados temas.

A *terceira* fonte a que recorro em busca de textos mediúnicos atribuídos a Fénelon, antigo arcebispo de Cambrai, é o livro intitulado *La survie – sa realité, sa manifestation, sa philosophie*, publicado em 1897, em Paris – atenção! –, pelo editor Leymarie, amigo pessoal e continuador das tarefas terrenas de Allan Kardec. As numerosas comunicações constantes dessa obra foram reunidas por madame Rufina Noeggerath e trazem um prestigioso prefácio de Camille Flammarion.

Não consegui, em cerca de três décadas, nenhuma informação acerca da sra. Noeggerath. Tenho pensado, às vezes, se não teria sido uma senhora brasileira ou portuguesa que teria adaptado a grafia de seu sobrenome – Nogueira? – à pronúncia francesa. Não sei.

Em breve e, talvez, injusta análise, me sinto encorajado a dizer que a qualidade dos textos mediúnicos de *La survie* é desigual. Ou pelo menos o é para o meu senso crítico pessoal. Em outras palavras, considero de boas a excelentes muitas da comunicações, senão a maioria, ao passo que outras não me parece atingirem nível mais adequado de aceitação. Atribuo essas possíveis restrições à opinião pessoal de comunicantes que, de alguma forma, não conferem com as minhas. Não me arrisco, pois, a condenar – limito-me a colocar ressalvas no que não me parece da melhor qualidade.

Outra observação devo honestamente fazer aqui. O prefácio de Flammanrion me pareceu algo relutante. Teria sido ele docemente constrangido a escrevê-lo por amizade à responsável pela obra? Digo isto, porque o eminente astrônomo escreve uma dissertação acerca da temática do livro, mas reserva apenas um magro parágrafo à obra em si, ao escrever que:

> Seria supérfluo entrar aqui nas minúcias da obra que se vai ler. Madame Noeggerath preferiu fazer uma exposição dos múltiplos e variados aspectos da doutrina espírita. Cabe ao leitor julgar por si mesmo.

Não sei se me engano, mas me parece ler nas entrelinhas, não uma desaprovação formal e generalizada ao trabalho de madame Noeggerath, mas talvez ao abandono algo caótico de tantas mensagens, tantos autores e tantos tão complexos temas reunidos de maneira anárquica, o que a própria compiladora reconhece na introdução. Se não é explicitamente de rejeição, a opinião de Flammarion é, no mínimo, a de quem não deseja envolver-se no assunto ou tomar posição pessoal nele.

O livro de madame Krell, ao contrário, apresenta as matérias sob nítido critério de classificação: ciência, poesia e moral.

Por outro lado, a terminologia utilizada pela sra. Noeggerath não é, definitivamente, a proposta pela codificação espírita. Não que isto fosse obrigatório, claro, mas leitores e leitoras de formação doutrinária espírita estranharão certas expressões. Alguns exemplos: as entidades espirituais manifestantes são caracterizadas como 'extraterrestres' ou 'sidérios'; aos médiuns, que Kardec caracterizou como 'falantes' – mais tarde tidos por 'médiuns de incorporação' e, mais recentemente, como 'psicofônicos' –, figuram como 'médiuns de encarnação', no livro da sra. Noeggerath. Detalhes, aparentemente irrelevantes, mas significativos.

Estas ressalvas não têm por finalidade condenar por igual as comunicações reunidas em *La survie*. Há textos de boa qualidade literária e de melhor conteúdo doutrinário. Muitos ensinamentos valiosos figuram, indubitavelmente, no livro e a identificação das numerosas entidades manifestantes são usualmente confiáveis. Ao alinhar tais observações – que podem parecer restritivas e, de fato, o são – não me ponho como censor a invalidar o livro em nome da pureza doutrinária. Estou procurando, apenas, adotar o procedimento recomendado pelas próprias entidades espirituais, no sentido de que as manifestações mediúnicas devem ser acolhidas e examinadas sempre com o senso crítico alertado. Venham de onde vierem, sejam elas assinadas por quem quer que seja, por mais que confiemos nas virtudes pessoais dos médiuns que as recebam.

Ficamos, então, com uma pergunta, que pode ser assim formulada: são mesmo de Fénelon as mensagens que trazem sua assinatura nas três fontes consultadas?

Para respondê-la, proponho recorrermos ao próprio Kardec. Antes disso, contudo, é oportuno lembrar que o nome de Fénelon figura pela primeira vez na Codificação na entrada mesma de *O livro dos espíritos*, nos "Prolegômenos", como um dos integrantes da equipe incumbida de assistir Allan Kardec na elaboração da doutrina dos espíritos.

Para não reproduzir aqui todo o texto, sugiro a você que o leia diretamente na Introdução que Kardec escreveu para *O livro dos espíritos*, especificamente, o módulo XII, parágrafos 1º, 5º e 6º. É nesse ponto que o codificador cuida do delicado problema da identidade dos espíritos comunicantes.

Lembra ele, honestamente, que "espíritos inferiores muitas vezes usurpam nomes conhecidos e respeitados", fazendo-se passar por figuras eminentes.

> Quem pode, pois, afirmar [pergunta-se Kardec [Módulo XII, parágrafo 1º] – que os que dizem ter sido, por exemplo, Sócrates, Júlio César, Carlos Magno, *Fénelon*, Napoleão, Washington, etc., tenham realmente animado essas personagens? [O destaque é meu]

Reconhece Kardec ser realmente difícil produzirem-se provas inquestionáveis da identidade dos manifestantes. Isso não significa, contudo, que estejamos todos à mercê de mistificadores contumazes, pois a linguagem e a maneira de tratar o tema abordado nas comunicações revelam, mais do que escondem, muito da condição do comunicante. Por isso, escreve Kardec:

> Um [espírito] que se dissesse Fénelon, por exemplo, e que, ainda quando apenas acidentalmente ofendesse o bom-senso e a moral, mostraria, por esse simples fato, o embuste. Se, ao contrário, forem sempre puros os pensamentos que exprima, sem contradições e constantentemente à altura do caráter de Fénelon, não há motivo para que se duvide da sua identidade. De outra forma, havíamos de supor que um espírito que só prega o bem é capaz de mentir conscientemente e, ainda mais, sem utilidade alguma.
>
> Nada, pois, impede [prossegue mais adiante, no parágrafo 5º] que um espírito da categoria de Fénelon venha em seu lugar, muitas vezes até como seu mandatário. Apresenta-se então com o seu nome, porque lhe é idêntico e pode substituí-lo e ainda porque precisamos de um nome para fixar nossas ideias. Mas, que importa, afinal, seja um espírito realmente ou não, o de Fénelon? Desde que tudo o que ele diz é bom e que fala como o teria feito o próprio Fénelon, é um bom espírito.

Fénelon figura, ainda, em *O livro dos espíritos*, como a entidade à qual foi dirigida a Questão de número 917, que está assim redigida: "Qual o meio de destruir-se o egoísmo?"

> De todas as imperfeições humanas [ensina Fénelon], o egoísmo é a mais difícil de desenraizar-se porque deriva da influência, influência de que o homem, *ainda muito próximo de sua origem*, não pode libertar-se e para cujo entretenimento tudo concorre: suas leis, sua organização social, sua educação. O egoísmo se enfraquecerá à proporção que a vida moral for predominando sobre a vida material e, sobretudo, com a compreensão, que o espiritismo vos faculta, do vosso estado futuro, *real* e não desfigurado por ficções alegóricas. Quando, bem compreendido, se houver identificado com os costumes e as crenças, o espiritismo transformará os hábitos, os usos, as relações sociais. O egoísmo assenta na importância da personalidade. Ora, o espiritismo bem compreendido, repito, mostra as coisas de tão alto que o sentimento da personalidade desaparece, de certo modo, diante da imensidade. Destruindo essa importância, ou, pelo menos, reduzindo-a às suas legítimas proporções, ele necessariamente combate o egoísmo.
>
> O choque, que o homem experimenta, do egoísmo dos outros é o que muitas vezes o faz egoísta, por sentir a necessidade de colocar-se na defensiva. Notando que os outros pensam em si próprios e não nele, ei-lo levado a ocupar-se consigo, mais do que com os outros. Sirva de base às instituições sociais, às relações legais de povo a povo e de homem a homem o princípio da caridade e da fraternidade e cada um pensará

> menos na sua pessoa, assim veja que outros nela pensaram. Todos experimentarão a influência moralizadora do exemplo e do contacto. Em face do atual extravasamento de egoísmo, grande virtude é verdadeiramente necessária, para que alguém renuncie à sua personalidade em proveito dos outros, que, de ordinário, absolutamente lhe não agradecem. Principalmente para os que possuem essa virtude, é que o reino dos céus se acha aberto. A esses, sobretudo, é que está reservada a felicidade dos eleitos, pois em verdade vos digo que, no dia da justiça, será posto de lado e sofrerá pelo abandono, em que se há de ver, todo aquele que em si somente houver pensado. (a) Fénelon.

Devo acrescentar que os destaques estão no original aqui transcrito. Chamo a atenção para a observação da entidade, segundo a qual o egoísmo pode ser despertado na pessoa que, atacada, sente necessidade de se colocar na defensiva. Alguma repercussão de sua experiência pessoal como Fénelon?

Em *O livro dos médiuns* há duas comunicações subscritas por Fénelon, ambas no capítulo XXXI – *Dissertações espíritas*. Na primeira delas, Fénelon aprova o propósito daqueles que o consultam, no sentido de formar um grupo de trabalhos mediúnicos. Lembra não ser aconselhável que os médiuns se mantenham isolados, mesmo porque a faculdade que lhes foi concedida não se destina a uso próprio, mas ao serviço do próximo.

Faz, contudo, uma advertência. Pergunta aos seus consulentes se estão realmente certos de que devam fundar um grupo espírita. Pelo que se depreende, percebe que, estimulados por uma dose talvez excessiva de entusiasmo, pretendam eles "reunir o maior número possível de pessoas", a fim de as convencerem pela força dos fenômenos que esperam obter.

O fenômeno puro e simples atrai curiosos que continuarão descrentes e até zombadores. Por outro lado, a eficácia do trabalho não se mede pela quantidade de gente que dele participe. Ao contrário, quanto mais reduzido o grupo, melhores os resultados.

> O espiritismo [ensina] acarretará uma reforma moral. Seja, pois, o vosso grupo o primeiro a dar exemplo das virtudes cristãs, visto que, nesta época de egoísmo, é nas sociedades espíritas que a verdadeira caridade há de encontrar refúgio.

Esse é, na sua opinião, "um grupo de verdadeiros espíritas".

Em comunicação de número XXII, transcrita na página seguinte de *O livro dos médiuns*, Fénelon responde a outra consulta de natureza semelhante. Querem saber dele o que acha da multiplicidade de grupos espíritas numa só localidade, o que poderia, talvez, "gerar rivalidades prejudiciais à doutrina".

"...os que se acham imbuídos dos verdadeiros princípios desta doutrina" – responde – "veem unicamente irmãos em todos os espíritas, e não rivais". Os que se revelarem ciumentos de outros grupos estariam semeando "a discórdia e a desunião".

"O verdadeiro espiritismo" – adverte – "não admite qualquer rivalidade, a não ser a do bem, que todos podem fazer."

Que a luta seja, portanto, "luta de grandeza d'alma, de abnegação, de bondade e de humildade".

Allan Kardec incluiu em *O evangelho segundo o espiritismo* cinco comunicações de Fénelon, uma delas, no capítulo I, que, sob o título "Não vim destruir a Lei", discorre sobre as três revelações.

A mensagem de Fénelon foi recebida em Poitiers, em 1861. O texto declara que, com o advento do Cristo, a luz da verdade varou as trevas, mas, lamentavelmente, "Depois da luz viva voltaram as trevas. Após alternativas de verdade e obscuridade, o mundo novamente se perdia." Foi então que os espíritos, como os antigos profetas, começaram falar e advertir a humanidade extraviada. "O mundo" – acrescenta – "está abalado em seus fundamentos; reboará o trovão. Sede firmes!"

Curiosamente, a linguagem e as imagens lembram as do dr. Erlo van Waveren, a falar de trevas e de trovões que abalam os fundamentos do mundo. Seu livro termina, aliás, com uma frase dessas. Encerrada a batalha que se desencadeou na intimidade, o doutor, que relutava desesperadamente em aceitar as advertências e os chamamentos de seu próprio inconsciente, parece – vencido, ainda que não convencido – resignado a aceitar o inevitável de uma rendição.

O doutor está hospedado no hotel Waldhaus, em Sils-Maria, na Suíça, onde vive a parte mais intensa de sua crise. Lá fora – tanto quanto dentro de si mesmo – desencadeou-se ruidosa tempestade. Pouco a pouco a tensão que antecede o temporal resolve-se na chuva. E ele escreve:

> O trovão ainda esbraveja à distância. Está chovendo, e isso é Tao. Meu corpo dói, parece não existir repouso para mim, contudo meu psiquismo está em paz. Muito trabalho ainda está por ser feito.

Há uma pausa e, em seguida, a última frase do livro: "O último trovão acabou de ribombar por sobre os picos das montanhas."

Cenas apocalípticas de trovões, desmoronamentos, poços insondáveis de trevas ameaçadoras e desconhecidas, de figuras mitológicas estão por toda parte em seu livro-depoimento.

Sintomaticamente, Fénelon-espírito ressalta na sua mensagem mediúnica de Poitiers, o fracasso do modelo de cristianismo que não teve como impedir que as trevas retomassem o domínio sobre as criaturas. "O reino do Cristo" – escreve mais adiante – "passados que são dezoito séculos e apesar do sangue de tantos mártires, ainda não veio."

Fala com a autoridade de quem viveu naquele exato contexto e pelo tempo mesmo de dezoito séculos, desde Judas Barsabás até Fénelon encarnado e, agora, Fénelon-espírito. E reitera a advertência apocalíptica tão do gosto de van Waveren, ao recomendar que todos devem dobrar-se "à rajada que anuncia a tempestade, a fim de não serdes derribados, isto é, preparai-vos e não imiteis as virgens loucas, que foram apanhadas desprevenidas à chegada do esposo".

Anuncia que a revolução, prestes a desencadear-se, não será material, e sim moral. E que, na gigantesca tarefa da reconstrução, cada um de nós, por menor que seja, terá sua parcela de responsabilidade e trabalho. Lembra que as montanhas são feitas de grãos de areia.

Sua palavra final guarda uma tonalidade bélica, resíduo de vivências na veterana igreja que se diz do Cristo: "Começou a nova cruzada. apóstolos da paz universal, que não de uma guerra, modernos são Bernardos, olhai e marchai para frente; a lei dos mundos é a do progresso."

Se você porventura está esquecido, deixe-me lembrar que são Bernardo de Clairvaux cometeu o equívoco de pregar – ainda que relutantemente – a 'necessidade' de se promover a Segunda Cruzada, a fim de 'libertar' o túmulo do Cristo das mãos dos muçulmanos.

O capítulo V de *O evangelho segundo o espiritismo* discute a temática da dor sob o título "Bem-aventurados os aflitos". Em seus extensos comentários, Kardec discorre sobre a justiça e as causas remotas e atuais das aflições, bem como sobre o esquecimento do passado, os motivos de resignação, o suicídio e a loucura.

Preciso de uma pausa neste ponto.

Em 1978, ao programar a reedição em *fac-símile*, no Brasil, de *Imitation de l'évangile selon le spiritisme*, a Federação Espírita Brasileira incumbiu-me de comparar a primeira edição de abril de 1864, com a 3ª, de 1866, que se tornaria a versão definitiva daquela obra, após "revista, corrigida e modificada" pessoalmente por Kardec.

Coube-me, portanto, verificar em que extensão e profundidade foram promovidas a revisão, as correções e as modificações ao texto original de

Imitation de l'évangile... Dei conta de minhas pesquisas em "Anotações à edição brasileira", que a FEB mandou acrescentar ao raro texto francês, reeditado após mais de um século.

Volvidos os vinte anos, desde que redigi aquele texto, até o momento em que escrevo estas linhas, em 1998, observo que os comentários de Kardec ao capítulo V – precisamente o que estamos examinando no contexto da participação de Fénelon – são daqueles que mais receberam acréscimos da parte do codificador.

Especificamente ao módulo em que discute o problema do esquecimento do passado, Kardec acrescentou dois parágrafos – o primeiro deles sobre o espírito que renasce "no mesmo meio em que já viveu, estabelecendo de novo relações com as mesmas pessoas, a fim de reparar o mal que lhes haja feito".

Não há como garantir que Walter de Gray haja renascido, na Inglaterra do século XIII, para reparar o mal que tenha porventura praticado contra determinadas pessoas, mas é certo que se reencarnou no mesmo contexto político-religioso e geográfico, no século XIII, para refazer, novamente como bispo de Iorque, a trajetória que percorrera cerca de quinhentos anos antes, como Wilfrid.

Mais surpreendente, ainda, é o fato de que no segundo parágrafo, bem mais extenso, acrescentado por Kardec aos seus comentários primitivos acerca do esquecimento do passado, tenha ele se expressado da seguinte maneira:

> E não é somente após a morte que o espírito recobra a lembrança do passado. Pode dizer-se que jamais a perde, pois que, como a experiência demonstra, mesmo encarnado, adormecido o corpo, ocasião em que goza de certa liberdade, o espírito tem consciência de seus atos anteriores, sabe por que sofre e que sofre com justiça. A lembrança unicamente se apaga no curso da vida exterior, da vida de relação. Mas, em falta de uma recordação exata, que lhe poderia ser penosa e prejudicá-lo nas suas relações sociais, forças novas haure ele nesses instantes de emancipação da alma, se os sabe aproveitar.

Desejo encerrar provisoriamente esta digressão, dado que o assunto será retomado mais adiante neste livro para uma discussão mais ampla, da qual precisaremos a fim de entender melhor as dificuldades que enfrentou o dr. Erlo van Waveren para aceitar as dramáticas realidades de suas existências anteriores. Devo apenas antecipar, por ora, que houve um tempo em que também eu coloquei essa momentosa questão em termos de esquecimento, mas estou hoje convencido de que o problema é bem mais complexo e profundo, como sabiamente adverte Kardec.

No capítulo XI, no qual se discute o amor ao próximo, Fénelon novamente comparece com um texto mediúnico recebido em Bordéus, em 1861. Suponho – sem condições de comprová-lo – que a mensagem tenha sido recebida por madame Krell, responsável por todas as comunicações constantes do livro *Rayonnements de la vie spirituelle*, recebidas entre 1868 e 1875. Neste período, como veremos mais adiante, Fénelon-espírito integrava numeroso grupo de entidades que se manifestavam em Bordéus, acolhidas pela fecunda e segura mediunidade da sra. Krell.

A mensagem de 1861, selecionada por Kardec para figurar no capítulo XI de *O evangelho segundo o espiritismo*, é uma longa dissertação sobre o amor, "essência divina" que todos, "por mais abjeto, vil e criminoso que seja", trazem "no fundo do coração" como "centelha desse fogo sagrado".

Por oportuno, lembra a entidade o egoísmo daqueles que rejeitam a doutrina da reencarnação por não conseguirem aceitar uma visão mais ampla do amor, que se limitaria exclusivamente aos seus próprios familiares.

O capítulo XII intiula-se "Amai os vossos inimigos". Discute-se, no espaço reservado às instruções dos espíritos, a vingança, o ódio e o duelo, bárbaro costume que ainda prevalecia ao tempo em que a codificação estava sendo elaborada.

Este tema mereceu a contribuição mediúnica de várias entidades: Adolfo, bispo de Argel, santo Agostinho (duas mensagens), Francisco Xavier e outra de um manifestante que assinou apenas um espírito protetor. Sobre o ódio, falou Fénelon, em um texto curto e expressivo.

> Amai-vos uns aos outros [escreve o antigo arcebispo de Cambrai] e sereis felizes. Tomai sobretudo a peito amar os que vos inspiram indiferença, ódio ou desprezo. O Cristo, que deveis considerar modelo, deu-vos o exemplo desse devotamento. Missionário do amor, ele amou até dar o sangue e a vida por amor. Penoso vos é o sacrifício de amardes os que vos ultrajam e perseguem; mas, precisamente, esse sacrifício é que vos torna superiores a eles. Se os odiásseis, como vos odeiam, não valeríeis mais do que eles. Amá-los é hóstia imácula que ofereceis a Deus na ara dos vossos corações, hóstia de agradável aroma e cujo perfume lhe sobe até ao seio. Se bem a lei de amor mande que cada um ame indistintamente a todos os seus irmãos, ela não couraça o coração contra os maus procederes; ao contrário, a prova mais angustiosa, e eu o sei bem, porquanto, durante minha última existência terrena, experimentei essas tortura. Mas Deus lá está e pune nesta vida e na outra os que violam a lei de amor. Não esqueçais, meus queridos filhos, que o amor aproxima de Deus a criatura e o ódio a distancia dele. (a) Fénelon.

A mensagem – que assume um tom confessional de profunda conotação pessoal – foi recebida em Bordéus, em 1861. Teria sido madame Krell a médium? É possível.

Observa-se, na linguagem do comunicante, forte sabor católico: a doação do sangue do Cristo, a imagem da "hóstia imácula" oferecida na "ara" (= altar) dos corações humanos e cujo "agradável aroma" sobe até o "seio" de Deus.

A entidade manifestante vale-se da oportunidade para confessar sutilmente o quanto lhe foi difícil amar àqueles que o perseguiram, dado que a lei do amor não livra o coração do que sofre dos "maus procederes" alheios. É verdadeiro isso. Lembra, ainda sofrido, o quanto a prova é angustiosa, pois ele experimentou, em vida, "essa tortura".

Sua concepção ainda é a de um Deus bíblico, do Antigo Testamento, que "pune nesta vida e na outra os que violam a lei do amor". Ainda não se teria habituado, portanto, a um Deus compreensivo, o Pai amoroso de que tanto falou o Cristo, sempre disposto a perdoar e a receber de volta o filho ou a filha que tenham errado pelos caminhos da rebeldia.

Não fala de um Deus que age através de suas leis justas, perfeitas, imutáveis, severas, mas, paradoxalmente, compassivas – uma lei educativa, nunca punitiva. Na sua concepção, trata-se de um Deus ainda zangado e até vingativo, que interfere pessoalmente na vida de cada uma de suas criaturas. É um Deus algo muçulmano, para quem Alah dá, Alah tira, como se agisse em consequência de um julgamento pessoal. O espiritismo veio ensinar, contudo, que nem a lei e, muito menos, Deus castigam. Nós é que, ao errar, batemos de frente com dispositivos cósmicos que não se deixam enganar e nos machucamos com o choque.

O capítulo XVI de *O evangelho segundo o espiritismo* cuida do problema da riqueza, advertindo, logo no título, que "Não se pode servir a Deus e a Mamon". Kardec examina as diversas passagens do *Evangelho* em que o tema é referido – o episódio do moço rico, a parábola do homem que, diante de uma farta colheita, decidiu demolir os velhos celeiros e construir outros mais amplos, a fim de que, guardadas todas as provisões, pudesse repousar, comer, beber e gozar pelo resto da existência. Morreria naquela mesma noite. Menciona, ainda, a passagem de Jesus pela casa de Zaqueu, a parábola do mau rico e a dos talentos. Depois de seus comentários pessoais, abre o costumeiro espaço para as "Instruções dos Espíritos". E reproduz aí mensagem de Fénelon, recebida em Argel, em 1860.

O ex-arcebispo, talvez pensando na imensa fortuna que acumulou no século XIII, como Walter de Gray, caracteriza o ser humano como mero "depositário, administrador dos bens que Deus lhe pôs nas mãos". Não condena a riqueza em si, porém o mau uso que se pode fazer dela, para satisfação pessoal. A beneficência, a seu ver, é apenas uma das maneiras de se empregar a riqueza, sendo, contudo, "imperioso e meritório (...) prevenir a miséria", o que seria "missão das grandes fortunas". Não sei se reavaliando o uso – nem sempre recomendável – que fez de sua fortuna quando arcebispo de Iorque, na Inglaterra, comenta que Jesus falou principalmente das esmolas, porque essa era a condição de seu tempo e do meio em que vivia, nos quais "não se conheciam os trabalhos que as artes e a indústria criaram depois e nas quais as riquezas podem ser aplicadas utilmente para o bem geral".

Estamos lembrados dos enormes gastos que fizeram Wilfrid e Walter de Gray ao construir, reconstruir e decorar igrejas e mosteiros na Inglaterra medieval.

A mensagem é encerrada com o seguinte apelo: "Dai esmola quando for preciso; mas, tanto quanto possível, convertei-a em salário, a fim de que aquele que a receba não se envergonhe dela."

Encontramos, ainda, uma breve participação de Fénelon no livro *Céu e inferno*, de Kardec, primeira parte, capítulo 4, número 9, página 45.

E, finalmente, seis comunicações reproduzidas na *Revista Espírita*, entre 1860 e 1868.

A de 1860 foi recebida pela médium srta. Huet, na Sociedade Espírita, em Paris, em 3 de fevereiro de 1860. O tema nela abordado é o da imortalidade e abre com uma frase que bem se poderia aplicar ao dr. Erlo van Waveren: "Como pode um homem, e um homem inteligente" – pergunta-se Fénelon-espírito – "não crer na imortalidade da alma e, consequentemente, numa vida futura, que é a do espírito?"

No volume correspondente a 1861, figuram duas mensagens de Fénelon, uma sobre a prece, enviada pelo sr. Sabò, de Bordéus. A entidade manifestante fala das tempestades das paixões humanas que asfixiam os bons sentimentos, dos quais "todos os bons espíritos encarnados trazem uma vaga intuição no fundo da consciência".

Não se poderia dizer que paixões tempestuosas hajam sufocado no doutor van Waveren "a vaga intuição... dos bons sentimentos", mas é certo que, cansado de esperar, o inconsciente teve de dramatizar suas intuições, a fim de que ele concordasse em admitir, ainda que relutantemente, a realidade espiritual, com a qual renascera programado para trabalhar.

A *Revista Espírita* de outubro de 1861 acolhe outra comunicação de Fénelon, recebida na Sociedade Espírita de Sens. O tema está resumido no título: “Um homem de bem teria morrido”. O espírito manifestante recomenda que nos habituemos “a não condenar aquilo que não (podemos) compreender”. Lembra que Deus é justo e que, muitas vezes, o que nos parece um mal é um bem. E acrescenta novo conselho que muito bem teria proporcionado ao dr. van Waveren, durante sua heroica resistência à realidade espiritual que se lhe impunha através de sonhos, vidências, psicografias e regressões.

> [...] vossas faculdades são tão limitadas [diz o texto] que o conjunto todo vos escapa aos vossos sentidos obtusos. Esforçai-vos – aconselha – para sair, pelo pensamento, da vossa esfera estreita e, à medida que vos elevardes, diminuirá aos vossos olhos a importância da vida material, pois esta se vos apresentará como um incidente na duração infinita de vossa existência espiritual, a única existência verdadeira.

“Por que fazer de mim” – diz van Waveren, numa prece (p.25) – “um espetáculo destinado a atrair o atual desprezo das pessoas ditas educadas?”

> Sempre nutri a esperança [escreve mais adiante [p. 37] de fazer algo no contexto de meus colegas, escrever um livro, lecionar ou fazer conferências. Teria dado, assim, minha contribução ao mundo da psicologia e ao mundo de meus amigos. Mas, agora, estou dizendo adeus a tudo isso. Aquela modalidade de satisfação ao meu ego não será minha. Queria, também, o aplauso do mundo e das pessoas que estão oferecendo importantes contribuições a esta era. Mas, adeus a isso também. Adeus a todas as aspirações de meu ego pela admiração, o afeto e o respeito de meus queridos amigos.Tudo isso é, ainda, satisfação animal, como o orgulho do lobo pelo seu reluzente casaco.

A dificuldade em abandonar tudo aquilo que constituía a essência e a razão de ser de sua vida estão, justamente – reconhece ele com um toque de candura:

> [...] no fato de que me parece deixar para trás um mundo no qual não me é permitido deixar a minha marca. [...] Ninguém me conhece, tenho de deixar meu próprio ambiente antes de qualquer realização pessoal. Ninguém saberá que eu vivi e nenhum produto duradouro da existência de meu ego será permitido.

O fascínio pelo mundo material e pelos seus atrativos é exatamente o problema que ele enfrenta. Ouve, a essa dramática altura de suas muitas hesitações entre o apelo do mundo e o chamamento do espírito imortal, uma voz interior que lhe diz:

> A maior de suas dificuldades, meu querido Erlo, está na sua mundanalidade, uma curiosa combinação de vários fatores que lhe foi claramente mostrada em seu sonho desta manhã. É absolutamente necessário [prossegue a autorizada voz interior] renunciar à expressão do ego e até mesmo a alma tem de ser pura de coração, a fim de receber a mensagem sobre o que Aquário deseja que você conheça.

O mundo material e racional de hoje – lê-se mais adiante, ainda na página 35 – tem de ser inteiramente entendido, a fim de ser descartado.

"Não se trata de simplesmente, renunciar a tudo aquilo a que você ama" – insiste a voz, mais adiante, nesse longo e dramático diálogo silencioso. "Trata-se, antes, de arrancar pelas raízes aquilo que você pensava realizar e que realmente podia realizar."

É preciso que ele morra, que se apague, como personalidade, como Erlo van Waveren, a fim de abrir espaço para as realizações do espírito imortal que anseia por expressar-se no contexto terreno, no desempenho de uma tarefa espiritual programada. A voz inaudível desnuda-o impiedosamente ao dizer-lhe (p. 39): "Sei que você tem apenas um vago interesse pela imortalidade. Aquilo que em você é mortal tem o sabor da terra, da qual você não sabia que gostava tanto."

Em gritante contraste com isso, escreveu Fénelon-espírito: "Como pode um homem" – pergunta ele –, "e um homem inteligente, não crer na imortalidade da alma e, consequentemente, numa vida futura...?"

> [...] vossas faculdades [declara a comunicação recebida pelo dr. van Waveren, em Sens] são tão limitadas, que o conjunto do grande todo vos escapa aos vossos sentidos obtusos. Esforçai-vos [insiste] por sair, pelo pensamento, da vossa esfera estreita e, à medida que vos elevardes, diminuirá aos vossos olhos a importância da vida material, pois esta se vos apresentará como um incidente na duração infinita de vossa existência espiritual, a única existência verdadeira.

Em 12 de novembro de 1862, inaugura-se, em Tours, o círculo espírita local. Chavet, doutor em medicina, presidente escolhido para dirigir a nova instituição, pronuncia longo discurso inaugural. Após uma análise crítica da "degradação moral em que caíram as sociedades modernas", o orador lembra que:

> [...] as comunicações de além-túmulo podem ser consideradas como uma revelação divina, tornada necessária para a chamada à ordem por parte da providência, que não pode deixar perecer sem socorro sua criatura predileta.

O declarado objetivo do círculo é o de desenvolver trabalhos de natureza científica. Ele próprio, o orador e presidente, declara ocupar-se, no momento, de "um trabalho filosófico importante, no qual tento explicar, racionalmente, os fenômenos fisiológicos do espiritismo e os ligar à filosofia geral" (*Revista Espírita*, fevereiro de 1863, p. 58).

Em comunicação espontânea (não por evocação), manifesta-se, na ocasião, por um dos médiuns dessa instituição, o espírito Fénelon:

> Meus amigos [escreve], o fim de vossa sociedade é de vos instruirdes e trazer o homem tresmalhado à luz, que há tanto tempo é obscurecida pela treva, que reina neste século. Não deveis olhar esta instituição como vindo vos instruir sobre questões de direito ou ciência: ela vem simplesmente vos dispor a entrar na nova via de regeneração que deveis percorrer sem medo, pondo vossa confiança nas instruções que recebeis.

Comenta, a seguir, que ouviu o debate em torno do artigo que regulamentava a admissão de pessoas estranhas à sociedade e deseja oferecer suas sugestões. A seu ver, a pessoa que pedir para assistir às sessões deveria ser chamada em particular ao gabinete, a fim de ser sondada em seus sentimentos e no conhecimento da nova doutrina. Se revelar:

> [...] o desejo do bem e não a simples curiosidade; se vem animado de intenções sérias, então podeis admiti-lo sem receio. Mas repeli quem quer que venha com o pensamento de perturbar a sessão e despertar (desprezar?) os vossos ensinos. Pensai também que os espiões se insinuam por toda a parte: Jesus o teve.
>
> Se alguém se apresenta dizendo-se espírita ou médium – prossegue –, não o recebeis sem saber com quem estais lidando. Não ignorais que há médiuns cheios de frivolidades e de orgulho e que, por isso mesmo, só atraem espíritos levianos. Diz-se sempre: o semelhante atrai o semelhante. Um verdadeiro espírita não deve ter outro sentimento senão o do bem e da caridade, sem o que não pode ser assistido por espíritos elevados.

Não sei qual a sua reação, você que me lê, mas acho um tanto estranhas as recomendações da entidade que se assina Fénelon. É evidente que qualquer grupamento espírita empenhado no desenvolvimento de um trabalho sério terá que estar atento à qualidade de seus colaboradores, nos diferentes níveis, mas submetê-los a um severo exame preliminar, do qual possa resultar imediata rejeição, me parece procedimento inadequado para uma instituição dedicada a tarefas dessa natureza. É até possível que o novo membro que se oferece não tenha credenciais suficientes para a tarefa mediúnica, por exemplo, mas despachá-lo sumariamente, mediante simples avaliação preliminar, não me parece correto. Mesmo porque, é bastante incerto depreender-se, de uma breve entrevista pessoal, se o candidato tem realmente as boas e sérias intenções que alega ou, ao contrário, se vem "com o pensamento de perturbar".

Ainda que admitindo-se seja autêntica a identidade do espírito manifestante, eu poria esta comunicação à margem para exame crítico mais atento, antes de adotar o procedimento nela recomendado.

Pareceu-me, ainda, algo estranha outra observação da entidade, ainda no início de sua comunicação.

> Porque [diz ela] crede-o, quando, para vir a vós, transpus todos os degraus de espíritos impuros, o espaço a percorrer não me pareceu penoso, pois via vosso coração animado de sentimentos do bem.

A linguagem altaneira – falando dos elevados planos de onde veio – não me parece compatível com a de uma entidade que vem trazer uma contribuição de ensinamento.

Sem pretender julgar as intenções reais do espirito comunicanente – posso até não tê-las entendido corretamente –, prefiro colocar essa mensagem de quarentena.

Outra mensagem atribuída a Fénelon que também me deixou algo dividido é a que figura na *Revista Espírita* de janeiro de 1865, páginas 29 a 31, recebida em Antuérpia, em 1864.

O tom é apocalíptico e a linguagem e as imagens fazem lembrar os profetas do Antigo Testamento. Exemplo:

> A voz do altíssimo se fez ouvir! Inclinai-vos e sede humildes, porque o poder do Senhor é grande. A terra inteira deve abalar-se sob sua mão misericordiosa e os que se submeterem às suas leis serão abençoados, como outrora, Abraão, que marchava para uma terra desconhecida, porque a voz do eterno falava em seu coração.

E mais adiante, no mesmo tom bíblico:

> Coragem, espíritas! o Deus forte vos olha. Que vossos corações sejam as tábuas onde ele escreve suas leis, e que nada de impuro manche o templo do eterno a fim de que vos torneis dignos de publicar seus mandamentos. Não temais marchar nas trevas, quando a luz divina vos conduz. Os tempos designados pelo todo-poderoso são chegados; as trevas desaparecerão da terra para darem lugar aos raios divinos, que inundarão vossas almas, se não repelirdes a voz de Deus.

Às vezes, nesse mesmo texto exaltado, as imagens são, ainda, as do ideário católico, ao denunciar, por exemplo, a agitação dos espíritos encarnados "ao sopro impuro do *príncipe das trevas*, o demônio do orgulho, que lança o seu fogo semelhante à cratera de um vulcão em trabalho".

Preconiza adiante "a vitória da fé e, para que se cumpram as palavras do Cristo: *As portas do inferno não prevalecerão contra ela*".

> Aquele que põe sua vontade na de Deus [adverte além] pode enfrentar impunemente o *espírito do mal*, sem se julgar temerário. Se o ser supremo permite *a luta entre o anjo e o demônio*, é para dar à criatura ocasião para triunfar e sacrificar-se nos combates.

Curiosamente, são essas a linguagem e as imagens que vamos encontrar nos textos do dr. Erlo van Waveren, escritos cerca de um século mais tarde: trevas, luz, demônio, anjo. Acha mesmo o doutor, como vimos, que a doutrina dita cristã ficou incompleta e incongruente porque deixou de levar em conta o problema do mal, a face demoníaca, mesmo dos mais perfeitos seres, Deus inclusive. Entende, ainda, necessário atribuir a Deus um componente feminino, sem o qual estaria incompleto o conceito que dele possamos formular.

Em fevereiro de 1868, a *Revista Espírita* divulga uma série de mensagens proféticas, uma das quais assinada por Fénelon. A primeira delas é atribuída a são José e foi recebida em Sétif, na Argélia, em 1861. Esperou, portanto, cerca de sete anos para ser divulgada, por recomendação, aliás, da própria entidade comunicante. Anunciava-se nelas um novo Messias, ou, mais especificamente, um messias do espiritismo. São José – ou quem por ele tenha assinado – declara enfático que o novo Messias já teria nascido, mas que não era "permitido revelar o lugar onde nasceu" (p. 45). Encerra-se o texto com um apelo: "Crede, meus irmãos, que não sois senão vós que recebeis semelhantes comunicações; mas conservai esta secreta até nova ordem.

Há mensagens semelhantes de Fénelon, Baluze, Lacordaire, são Luís, Lamennais, Erasto (duas mensagens), Montaigne, Dupuch, bispo de Argel, João Evangelista e Clélie Duplantier.

Nada encontro sobre esta última, Clélie Duplantier. Baluze teria sido – suponho – Étienne Baluze (1630-1718), erudito historiador francês dedicado especialmente a obras de historiografia eclesiástica, como sobre os concílios e sobre os papas de Avignon. Deixou também importantes obras sobre história leiga. Foi secretário do arcebispo de Toulouse, outro notável historiador, e mais tarde, bibliotecário de Colbert. A pedido do cardeal de Bouillon, escreveu um estudo sobre a casa de Auvergne, no qual procurou demonstrar que o cardeal descendia do conde de Auvergne, do século nono. Baluze teria se utilizado, para isso, de documentos reconhecidamente falsos. O cardeal fugiu para o exterior e Baluze, despedido de seus empregos, foi banido de Paris por alguns anos. No exílio, concluiu sua *Historia tutelensis.* Morreu em Paris, em 28 de julho de 1718.

Prefiro transcrever todo o texto atribuído a Fénelon, para que você próprio o avalie.

> Está incontestavelmente constatado [escreve o comunicante] que a vossa é uma época de transição e de fermentação geral; mas ainda não chegou àquele grau de maturidade que marca a vida das nações. É ao vigésimo século que está reservado o remanejamento da humanidade; todas as coisas que se vão realizar daqui até lá não são senão preliminares da grande renovação. O homem chamado a consumá-la ainda não está maduro para realizar sua missão; mas já nasceu e sua estrela apareceu na França marcada por uma auréola e vos foi mostrada há pouco tempo, na África. (?) Sua rota está previamente marcada. A corrupção dos costumes, as desgraças que serão a consequência do desenvolvimento das paixões, o declínio da fé religiosa serão os sinais precursores de sua vinda.
>
> A corrupção no seio das religiões é o sintoma de sua decadência, como é o da decadência dos povos e dos regimes políticos, porque ela é o índice de uma falta de fé verdadeira; os homens corrompidos arrastam a humanidade por uma rampa funesta, de onde ela não pode sair senão por uma crise violenta. Dá-se o mesmo com as religiões que substituem o culto da divindade pelo culto do dinheiro e das honras, e que se mostram mais ávidas dos bens materiais do que dos bens espirituais do céu. (a) Fénelon.

A mensagem foi recebida em Constantine, em dezembro de 1861.

Mais uma vez, o tom é sombrio e contém previsão de uma decadência que realmente já se anunciava àquela época e que só fez agravar-se desde então, como estamos todos testemunhando. É estranho, contudo, que não se tenha tido nenhuma notícia posterior do anunciado Messias, que viria administrar a crise e que já teria nascido na França. Uma pessoa com tais credenciais dificilmente passaria despercebida.

Esse mesmo tom messiânico encontramos na mensagem atribuída a são Luís, que escreve assim:

> Estrela da nova crença, o futuro Messias cresce na sombra, mas já os seus inimigos tremem e as virtudes dos céus estão abaladas. [E conclui] A ignorância e a perturbação ainda vos roubam uma parte da verdade que só o celeste mensageiro vos pode revelar por inteiro.

A comunicação subscrita com o nome de Lamennais também anuncia o "novo mensageiro" e comenta: "Deus, que permitiu que vos esclarecêssemos, sustentássemos vossa marca até hoje, permitirá ainda que vos demos as instruções que vos são necessárias."

Discorrendo sobre o "futuro do espiritismo", uma entidade que se apresenta como Erasto fala em tom de urgência.

> Os acontecimentos marcham com tal rapidez [escreve] que não é possível desconhecer a poderosa intervenção dos espíritos que presidem aos destinos da terra. Há como que um estremecimento íntimo nos flancos do vosso globo, em trabalho de parto; novas raças saídas das altas esferas vêm turbilhonar em torno de vós, esperando a hora de sua encarnação messiânica, e para isto se preparando pelo estudo das várias questões que hoje abalam a terra.

Dupuch, bispo de Argel – ou quem por ele tenha subscrito a mensagem seguinte –, fala das "estrelas (que) cairão do céu".

> Já o anjo radioso do progresso [prossegue] estende suas brancas asas matizadas; já as virtudes do céu se abalam e as estrelas caem de sua abóbada, mas transformadas em puros espíritos, que vêm, como anuncia a escritura em linguagem figurada, proclamar sobre as ruínas do velho mundo o advento do Filho do Homem.

Em comunicação atribuída a João Evangelista – recebida em Paris, em 1866 –, a linguagem ainda é mais veemente, ao mencionar o precursor e a "trombeta do anjo vindo despertar os mortos para que saiam de seus túmulos", mas não menciona nenhum messias do espiritismo. É um texto sóbrio, em que pese a linguagem alegórica.

"O Juízo Final", segunda comunicação subscrita por Erasto e recebida em Paris, em 1861, traz um tom ameaçador, ao anunciar Jesus, vindo "sobre as nuvens, a julgar os vivos e os mortos", expressão retirada do texto do Credo e que, aliás, a entidade repete, linhas abaixo:

> Sim [escreve] Jesus virá julgar os vivos e os mortos. Os vivos: os justos, os da sua direita; os mortos: os impuros, os da sua esquerda; e quando nascerem as asas dos justos, a matéria ainda tomará os impuros.

Não me julgo credenciado para um julgamento acerca de tais mensagens, mas é certo que elas suscitaram alguns questionamentos, de vez que, na *Revista* do mês seguinte, março de 1868, Kardec escreveu um longo artigo sob o título "Comentários sobre os messias do espiritismo", com o objetivo de completar as comunicações "por alguns desenvolvimentos que farão compreender melhor o seu conteúdo e o seu alcance".

Discute, inicialmente, o fato de que as entidades comuncantes tenham recomendado guardar o assunto em segredo por algum tempo. E comenta (O primeiro destaque é meu; o segundo está no original):

> A ideia da vinda de um ou vários messias era mais ou menos geral, mas *encarada sob pontos de vista mais ou menos errados*, por força das circunstâncias de detalhes, contidos em certas comunicações, e de uma assimilação, *demasiado literal* por parte de alguns com as palavras do *Evangelho* sobre o mesmo assunto.

Explica mais adiante, no seu longo texto – que não há como reprduzir aqui –, o seguinte:

> A palavra *messias* é empregada pelo espiritismo na sua acepção literal de *mensageiro, enviado*, abstração feita da ideia de *redenção e de mistério*, particular aos cultos cristãos. [E acrescenta no parágrafo seguinte:]
>
> Assim para o Espiritismo, todo Espírito encarnado para cumprir uma missão especial junto à humanidade é um *messias*, na acepção geral da palavra, isto é, um *missionário* ou *enviado*, com a diferença, entretanto, que o vocábulo *messias* implica mais particularmente a ideia de uma missão direta da divindade e, por isto, a da superioridade do Espírito e da importânia da missão. De onde se segue que há uma distinção a fazer entre os *messias* propriamente ditos, e os Espíritos *simples missionários*.

A visão final do codificador é otimista, ao declarar:

> É sobretudo o vigésimo século que verá florescerem grandes apóstolos do espiritismo, e que poderá ser chamado o século dos messias. Então a antiga geração terá desaparecido e a nova estará em plena força; livre de suas convulsões, formada de elementos novos ou regeneradores, a humanidade entrará definitivamente e pacificamente na fase do progresso moral, que deve elevar a Terra na hierarquia dos mundos.

Não sei se temos como confirmar o otimismo de Kardec. O século vinte teve, por certo, grandes trabalhadores espíritas. Talvez a proximidade nos tenha dificultado, até aqui, perceber o vulto deles na perspectiva mais ampla dos tempos, mas não me parece que tenhamos tido aquele tipo de messias anunciado em algumas das comunicações. Como ali se viu, fala-se em algumas delas – justamente criticadas por Kardec – em um messias de estatura bíblica, incumbido de administrar a crise maior da civilização. Não há dúvida, contudo, de que as previsões de uma sociedade mais corrompida e até caótica estão se realizando de algum tempo a este momento em que escrevo estas linhas que você lê.

Do conjunto de treze mensagens que abordam essa temática, duas me parecem aceitáveis nas suas previsões: uma intitulada "Os espíritos marcados", sem identificação do médium ou da médium e nem da entidade comunicante – informa-se apenas ter sido transmitida em estado de "êxtase sonambúlico"; a outra, "Os mortos sairão dos túmulos", foi subscrita com o nome de João Evangelista. Ambas foram recebidas em Paris, em 1866.

> Há muitos espíritos superiores [diz a primeira] que concorrerão poderosamente à obra reorganizadora, *mas nem todos são messias.* São eles: 1) Espíritos superiores que agem livremente e por sua própria vontade; 2) Espíritos *marcados,* ou seja, designados para uma importante missão. Embora escolhidos especificamente para tarefas relevantes, podem até falir por falta de coragem, de perseverança ou de fé, de vez que dispõem de seu livre-arbítrio. Se isso acontecer, outro é chamado a fazer o que deixaram de cumprir; 3) os *Messias,* seres superiores, chegados ao mais alto degrau da hierarquia celeste, depois de haverem atingido uma perfeição que os torna infalíveis daí por diante, e acima das fraquezas humanas, *mesmo na encarnação.* (Destaques meus)

Ao cabo de mais algumas reflexões, conclui a mensagem: "espíritos dessas três categorias devem concorrer ao grande movimento regenerador que se opera".

O texto não recorre àquele tom apocalíptico das outras mensagens, define com clareza o que se deve entender por messias e se refere, sem fixar época, ao "grande movimento regenerador" que já se encontra em andamento, certamente com o advento do espiritismo.

A comunicação atribuída a João Evangelista utiliza-se de imagens apocalípticas – anunciando aquele que "vem endireitar as vias tortuosas", fala dos "selos" que estariam sendo "levantados mais cedo para alguns", mas é um texto sóbrio. Sem individualizar o precursor a que se refere de início, esclarece mais adiante:

> O espiritismo é essa voz potente que já repercute até os extremos da Terra; todos a entenderão. Felizes os que, tapando voluntariamente os ouvidos, sairão de seu egoísmo, como fariam os mortos de seus túmulos, e daí por diante realizarão os atos da vida verdadeira, a do espírito, se desembaraçam dos entraves da matéria, como fez Lázaro de seu sepulcro, à voz do Salvador.

Não disponho do original francês para confronto, mas me parece ocorrer aqui um pequeno erro. O tradutor teria vertido o verbo francês *entendre* (*entendron*, no futuro), pelo verbo português *entenderão*, quando, em realidade, deveria ter sido *ouvirão*. A opção pelo verbo ouvir é compatível com o que se segue, onde o texto menciona aqueles que "*tapando os ouvidos*, sairão de seu egoísmo", como os mortos fariam saindo de seus túmulos, na referência bíblica.

Seja como for, a comunicação atribuída a João Evangelista não fala de nenhum messias específico que já houvesse até renascido, como se lê em outras.

Os textos atribuídos a Erasto – duas comunicações – destoam do estilo sóbrio e severo dessa entidade, em outras mensagens igualmente subscritas por ele. A que se atribui a Fénelon insiste em mencionar um messias individual, que já teria renascido para empreender a relevante tarefa e que seria identificado no tempo devido.

Kardec tem razão, pois, ao comentar essas comunicações, lembra que, embora a:

> [...] opinião da maioria dos espíritos (seja) um poderoso controle para o valor dos princípios da doutrina, (isso) não exclui o do julgamento e da razão cujo uso incessante todos os espíritos sérios recomendam.

Por isso, mesmo divulgando as comunicações, ressalva:

> A ideia da vinda de um ou vários messias era mais ou menos geral, mas encarada sob pontos de vista mais ou menos errados, por força das circunstâncias de detalhes, contidos em certas comunicações, e de uma assimilação, demasiado literal, por parte de alguns, com as palavras do Evangelho sobre o mesmo assunto.

Aliás, ao publicá-las no mês anterior (fevereiro de 1868), redigira uma nota de rodapé, à página 46, informando serem inúmeras as comunicações daquele gênero, e que ele decidira publicar apenas algumas por entender chegado o momento de "levar o fato ao conhecimento de todos", e porque considerava "útil para os espíritas saber em que sentido se pronunciam os espíritos em maioria".

São merecedoras da melhor atenção as reflexões e as cautelas propostas por Kardec na avaliação final de tais mensagens. Depreendo de suas ponderadas observações que ele, Kardec, não pretende impor esta ou aquela interpretação pessoal, preferindo confiar no bom senso de cada um na formulação de suas conclusões. Sinto-me, pois, autorizado ou, no mínimo, estimulado a expor minha posição pessoal.

Considero com reservas o tom apocalíptico da maioria das comunicações, desconfio da 'revelação' de um messias para o espiritismo e que já teria até renascido, tenho minhas dúvidas sobre a identidade de alguns dos manifestantes, como Erasto. "São José", por exemplo, menciona um "novo Cristo", "novo missionário de Deus" que restabeleceria "o Evangelho de Jesus-Cristo". E que "uma grande mudança (seria) feita pelas pregações desse menino abençoado".

Lacordaire – ou quem por ele teria assinado – explica que o novo messias "não é a personalidade de Jesus, é o mesmo pensamento". Antes disso, menciona um "grupo de espíritos superiores que se aproximam de Deus e recebe as suas emanações para presidir aos destinos do vosso mundo". E acrescenta: "O que morreu na cruz tinha uma missão a cumprir, e essa missão se renova hoje por outros espíritos desse grupo divino, que vêm, eu vo-lo repito, *presidir aos destinos de vosso mundo.*" (Destaque meu)

No que toca ao interesse de nosso livro, devo dizer que não me agrada a mensagem atribuída a Fénelon, seja ou não de sua autoria, a não ser na identificação de uma época de decadência moral, política e religiosa, que de fato aconteceu e continua, em seu processo desagregador.

Dez mensagens subscritas por Fénelon foram incluídas no livro *Rayonnements de vie spirituelle*, que reúne, como vimos, textos mediúnicos recebidos em Bordéus, por madame W. Krell, entre 1869 e 1875. Uma dedicatória, uma introdução e dois prefácios foram escritos para a obra.

Um dos prefácios é da própria médium.

"A publicação destas comunicações" – escreve ela, de início – "ditadas pelos espíritos, tem por finalidade demonstrar o espiritismo em sua missão essencialmente moralizadora". Acrescenta que os textos foram recebidos espontaneamente, "exceto dois ou três que respondem a perguntas dirigidas aos espíritos."

Informa, ainda, que sua mediunidade é semimecânica e que as comunicações foram classificadas em três blocos: as de caráter científico, a poesia e as de natureza moral.

O outro prefácio é de autoria de uma entidade que se assina simplesmente Bernard. Declara como objetivo principal da tarefa que desempenham junto dos encarnados o de trazer-lhes "um medicamento eficaz às suas dores, um apoio a mais no meio da caminhada difícil que é a vida terrena".

A dedicatória, em belos versos, é assinada por Alfred de Musset. Transcrevo apenas a última das cinco quadras:

Oh! Laisse les rayons evanhir ta demeure,
Laisse autour du foyer pénétrer la clarté,
Laisse le grand amour t'emporter à toute heure
A travers les splendeurs de l'immortalité !!!

Segue-se a introdução subscrita por Melanchthon, companheiro de Lutero nas lutas pela implantação da reforma protestante no século XVI. Essa parece ter sido a entidade incumbida da coordenação dos trabalhos mediúnicos de que o livro dá conta.

"Todos os caminhos" – diz ele – "são bons para ir-se à verdade que todas as criaturas estão destinadas a conhecer; tanto faz seja ensinada por um ou por outro, ela traz sempre consigo a marca divina."

A tônica desse pronunciamento, contudo, é a de que o Cristo tenha estado na terra em diferentes encarnações, nas quais sua identidade se evidencia pelo consistente conteúdo de sua doutrina. É a essa entidade

> [...] é ao Espírito de Verdade [prossegue], como ele é hoje chamado, que deveis dirigir vossas homenagens, a esse espírito sempre grande, qualquer que seja a posição que tenha ocupado, a esse espírito perfeito, que durante suas vidas mortais, jamais se desviou do caminho da virtude.
>
> A esse espírito que demonstra, em seus menores atos – continua adiante –, nas mais simples palavras, a maior iniciação à caridade e ao progresso. A esse espírito tão devotado à Terra que o demonstrou com uma série de encarnações. A esse espírito que, insensivelmente, vos conduz à vida espiritual, objeto de todos os vossos desejos!

Você percebe, portanto, o teor polêmico das colocações contidas nesse texto atribuído a Melanchthon, quando as situamos no contexto do espiritismo praticado no Brasil. Não tenho a mínima intenção de arrastar essa controvérsia para o âmbito deste livro. Limito-me a reproduzir a opinião da entidade manifestante. Aproveitemos, no mínimo, a valiosa lição de Bossuet-espírito, a lamentar-se das controvérsias em que se empenhou quando exercia, na hierarquia da igreja francesa o elevado cargo de bispo de Meaux. Nosso propósito aqui é o de rastrear as manifestações do espírito Fénelon, nos seus numerosos pronunciamentos de natureza mediúnica. Vale, ainda, observar que Melanchthon identifica o Espírito de Verdade como sendo o próprio Cristo.

Quanto a Fénelon, temos dele a mensagem recebida por madame Krell, em 1º de novembro de 1873, por exemplo, na qual ele discorre sobre a santidade. "Que é um santo?" – pergunta-se. "Eu deveria dizer, antes, que é necessário para se tornar um santo?"

Parece que a entidade se vale da oportunidade para uma reflexão pessoal revisionista, na qual põe em confronto sua antiga formação católica e sua posição atual como espírito desencarnado. Convém lembrar, ainda, que – a serem verdadeiras suas identificações anteriores, como estamos aqui admitindo – ele próprio foi canonizado pelo menos três vezes, no contexto do cristianismo: como Judas Barsabás, Asterius e Wilfrid.

> Será necessária uma vida exclusivamente consagrada à sua própria salvação? [prossegue a questionar-se] Ou seria pelo martírio fanático, sem saber às vezes, nem por qual ideia se dá a vida? Será pelo conhecimento que se proporciona aos grandes, aos poderosos e que se nega aos fracos e aos pequenos? Será que a santidade se alcança escrevendo belos livros, a pronunciar belos sermões, a pregar virtudes das quais se ignora totalmente a prática?

O santo, a seu ver, deveria ser uma criatura perfeita.

> É aquele que, sabendo o que faz, e consciente do que sabe, doa, sem medida de sua sabedoria e de seu devotamento. Santo é aquele que, livre do orgulho, aprenderá bastante para ensinar ainda mais. Santo é aquele que, pelo poder de suas virtudes, pela pureza e simplicidade de sua prece, irá, se necessário, aos pés do Todo-poderoso buscar a centelha para incendiar a terra, como novo Prometeu. Santo é o que sabe sofrer, quando o sofrimento significa progresso. Santo é aquele cujos fluidos são dotados de propriedades que levam à perfeição, ao amor. Santo, afinal, é todo grande ser que se faz pequeno para o bem geral, em todas as religiões, em todas as nações, em todos os mundos.

Não é, portanto, simplesmente aquele que os procedimentos jurídicos e administrativos da igreja consideram santificado. Os mecanismos da reencarnação têm colocado implacavelmente a descoberto santidades por decreto eclesiástico. Muitos dos 'santos' nos altares, por toda parte, poderão estar amargando penosas reencarnações retificadoras para corrigir vaidade, orgulho, prepotência, fanatismo, vinganças e até crimes que, em termos humanos, tenham passado despercebidos.

Às páginas 211-212 de *Rayonnments...*, Fénelon discorre acerca da redenção. Sua concepção não é mais, obviamente, a que teria o antigo arcebispo, ou seja, a de uma salvação pelo sangue do Cristo sacrificado na cruz. "Cada espírito" – ensina – "é um mundo microscópico carregando em si o germe de todos os bons princípios e o germe do todo o mal."

Ao contrário do que pensaria como Erlo van Waveren, cerca de um século mais tarde, o problema do mal não deixou de ser considerado pelo cristianismo. Nem chega, aliás, a ser uma questão teológica.

> O espírito [informa sua comunicação de janeiro de 1874] é bom ou mau segundo dê acesso ao mau pensamento ou dele se afaste sem se deter. Ele situa-se em estado intermediário, entre um e outro, porquanto há uma luta entre o bom e o mau princípio.

Trata-se, portanto, de uma questão de escolha, de uso adequado do livre-arbítrio, de decisão pessoal de cada um, seguir por este ou por aquele caminho.

Ainda ao contrário do que pensaria como van Waveren, que relutava em aceitar o chamamento da realidade espiritual porque preferia as honrarias terrenas, Fénelon-espírito aconselha: "Quanto mais desconsiderados, mais curvados sob o peso do ridículo, mais serão estudados e compreendidos no futuro."

Mais adiante (p. 224) discorre, numa "Sexta-feira santa", em abril de1874, sobre Jesus, que caracteriza como "modelo divino" (...) que "consentiu em se fazer prisioneiro temporário de um corpo de carne". Por que teria empreendido tão grande sacrifício pessoal? Para demonstrar à humanidade sofredora que Deus não é injusto e que podem as criaturas humanas "seguir o exemplo do modelo". Para ensinar que "o Cristo é vosso mestre e que deveis, como ele, oferecer à causa do progresso o sacrifício de vós mesmos, e daquilo a que amais, que deveis vencer sem estar contando sempre com o apoio do mais alto".

Em *Benissons la souffrance* (Abençoemos o sofrimento), mensagem recebida em setembro de 1874, parece recordar-se da dramática cena que ele próprio verificou ter vivido no passado como Judas Barsabás, no alto do Gólgota, perante o mastro sobre o qual Jesus havia sido crucificado.

> Paciência [recomenda], perseverança e fé no futuro da terra. Pelo áspero caminho da dor [prossegue] a humanidade sobe ao Gólgota, para encontrar plantada lá em cima no alto daquela dolorosa elevação, a árvore da vida e da liberdade! E irá até o pé daquela árvore luminosa despojar-se de sua grosseira materialidade para colocar as vestes fluídicas que, mais diáfanas que a outra e mais acessível aos fluidos puros, lhe permitirá melhor ver, melhor compreender e a fará levantar o voo livre da evolução espiritual.

Mais um texto que muita falta faria ao dr. van Waveren...

Em dezembro de 1874, lembra Fénelon a velha dicotomia César e Cristo, recomendando que se dê a César o que a ele pertencer, mas que se ofereça a Deus aquilo que é de Deus. "O infante" – escreve – "quando pequeno, teve necessidade de um mestre, o jovem precisa de uma guia, o adulto caminhará livremente, sustentado por sua razão e sua consciência."

Em 24 de dezembro de 1874, escreve uma mensagem de Natal, sob o título "A cada um sua parcela de luz". Nessa mesma data, em outra longa comunicação, fala sobre Jesus, recordando que "naquele dia nasceram o amor e a verdade, esse é o dia que libertou vossas almas e lhes mostrou que o sofrimento é o caminho da felicidade".

Em fevereiro de 1875, madame Krell recebe de Fénelon um texto mais longo intitulado "Metamorfoses". A entidade fala da luta entre o passado e o futuro. Termina com um dramático apelo em favor da doutrina dos espíritos. "Um dia há de chegar" – declara – "em que não fareis outra coisa senão vos amar". E conclui:

> Amai-a, portanto, a essa criança delicada que frequentemente a materialidade sufoca, ajudai-a com a força do vosso devotamento, com o poder de uma vontade que fareis divina, levando-a às proximidades de Deus. Ajudai-a a implantar-se, a expandir-se pela terra, sopro benfazejo, sopro divino. Ajudai-a sem tibiezas, sem dela duvidardes jamais. Ajudai-a, pois que ela é a salvação. Lembrai-vos, espíritas, de que se ela vos pertence, tambem vós pertenceis a ela!

Na sua última comunicação, recebida em abril de 1875, Fénelon discorre acerca de como nos devemos preparar para uma sessão mediúnica. Pede apenas uma coisa, uma só, àqueles que se dirigem à sala de trabalho – "que não leveis convosco os mil e um pensamentos levianos ou pouco caridosos que possam assaltar-vos no correr de vossa vida".

> [...] o espiritismo [ensina mais adiante] não é uma frívolidade; não é para vos distrair ou para vos divertir que abandonamos por um momento nossa liberdade espiritual e vimos nos encerrar, de alguma forma, no corpo do médium.
>
> O espiritismo [escreve ainda] é, como sabeis, o germe da felicidade futura, é esta grande crença que faz de um espírito um rei, o rei da matéria, e do devotamento, um dever.

Resta-nos, ainda, percorrer as mensagens enfeixadas no livro *La survie.*

Fénelon figura nele com certo destaque, já que lhe cabe subscrever um texto no qual se define o objetivo da tarefa a que se entregam as entidades que participam do grupo coordenado pela sra. Rufina Noeggerath. Em nota que se segue à comunicação do antigo arcebispo de Cambrai, madame considera-o 'diretor' (guia ou espírito familiar) do médium e esclarece que este foi pessoa ligada a ele em "existência precedente".

"Esta" – declara Fénelon, de início – "é uma obra de instrução e de amor." Prevê que o livro será discutido, mas será também apreciado pelas ideias libertadoras que contém.

Queixa-se da dificuldade em "traduzir com um cérebro que não é o nosso e que não pode viver para nós", as instruções pelas quais pretendem "emancipar os pobres humanos que estejam sob o jugo do erro e dos preconceitos".

> A alma é imortal [informa a seguir] mas, após a morte, ela não ingressa numa felicidade beata, nem recai em desgraça infindável. A razão ensina ao contrário, que os princípios mais elementares de justiça apontam para o erro de tais ensinamentos.

Consciente de que essas palavras, partidas de um antigo prelado, possam causar espanto, acrescenta:

> Ah! minhas palavras vos surpreendem!... Será necessário que vos fale de minha última encarnação, na qual minhas aspirações liberais foram rechaçadas? Meu espírito foi oprimido, minha vontade, submetida, como que acorrentada. Exilado da corte, me vi destituído do honroso cargo de educador dos príncipes de França... Ah! num país livre, na Holanda ou na Inglaterra, Fénelon teria deixado lembrança bem diferente! Ter-se-ia tido dele uma obra considerada benfazeja para as gerações futuras. Por outro lado, quando certas passagens de minhas comunicações forem lidas, dir-se-á, talvez: Fénelon não pensava dessa maneira... Mas é preciso que se saiba e que não se esqueça de que, durante minha última encarnação e em épocas anteriores, muito poucos espíritos podiam se tornar livres. Lembrai-vos de Galileu, Descartes e tantos outros. Lembrai-vos do que sofreram por causa da igreja...

O texto interrompe-se neste ponto com a explicação de que o restante não pôde ser taquigrafado. Uma pena!

Na série reunida sob o título comum de *Estudos psíquicos*, Fénelon escreve sobre "A ciência e o amor" – na realidade, conhecimento e amor –, como dois caminhos, duas opções abertas às criaturas. A mensagem encerra-se com veemente apelo ao amor.

> Para chegar-se à suprema ciência [diz a entidade] o essencial é amar. O amor é a chave misteriosa de todo o conhecimento necessário à evolução do espírito, a revigorar as forças que o impulsionam para cima, a conduzi-lo às elevadas esferas, rumo à alma universal.

Pouco acima, nessa mesma comunicação, proclamara o seguinte:

> Estaríamos errados se considerássemos o psiquismo ou animismo como religião. Não! É uma ciência e não uma religião. De todas as religiões, nenhuma no mundo todo, *nenhuma*, entendei, jamais conseguiu assentar-se na base da ciência experimental, e as religiões de nossos dias, por mais séculos que tenham existido, são letra morta para a maioria dos sábios. Em vossa época elas são tidas por natimortos sofismas. Ora, o psiquismo é uma ciência natural, dado que *tudo é natural*. [Os destaques estão no original francês]

Dirige, a seguir, um apelo aos sábios para que:

> [...] se dediquem à ciência do além, ao mesmo tempo em que se ocupem da ciência terrena. Tais ciências caminham juntas, são inseparáveis, mas fazei da ciência psíquica obra à parte.

A questão de considerar o espiritismo como ciência ou religião tem sido suficientemente debatida e até alimentado polêmicas, perfeitamente evitáveis. Não me parece que eu tenha algo a acrescentar em favor desta ou daquela tese. Prefiro deixá-la fora do contexto deste livro.

Em mensagem constante das páginas 35 e 36, Fénelon declara que George Sand lhe manifestara o desejo de se comunicar através do mesmo médium que o servia. "É você – lhe teria dito a escritora desencarnada – que exerce sobre ele o maior poder; ajude-me, imploro-lhe, para que, por intermédio dele, eu possa me fazer reconhecida."

Entre as páginas 79 e 82, Fénelon dedica duas dissertações ao exercício da mediunidade. A primeira delas cuida basicamente dos fenômenos anímicos, que ocorrem com frequência com médiuns despreparados, que transmitem, como provenientes dos espíritos desencarnados impressões pessoais. A comunicação contém ensinamentos úteis, nada, porém, que não tenha sido dito de maneira mais ampla e adequada em *O livro dos médiuns*, de Allan Kardec. Para sermos justos, não poderia mesmo fazê-lo no acanhado espaço de duas páginas.

A segunda discorre sobre a harmonia que deve prevalecer entre os componentes do grupo mediúnico. O autor espiritual considera indispensável – termo que repete e destaca "...que os membros do grupo estejam em harmonia entre si, que se entendam, que se visitem e se mantenham sempre em excelente nível de relacionamento – é a isso que chamamos harmonia." Quando o grupo começa a ser minado pela discórdia, o ambiente psíquico se degrada a ponto de que entidades mais elevadas não encontram mais condições propícias para se manifestarem nele. Disso resulta ficar o grupo exposto a entidades desarmonizadas, que se aproveitam para suscitar confusão e até apoderarem-se do médium, como obsessores.

Em outro pronunciamento, à página 210 do livro da sra. Noeggerath, Fénelon produz um texto de boa qualidade sob o título "Não se pode recair na animalidade".

> Temos discorrido com frequência sobre a reencarnação [começa ele]; temos dito sempre, que o ser encarnado na humanidade não recuará jamais à animalidade, qualquer que seja a falta cometida.
>
> Uma vez que alguém cometa uma ação nociva, que tenha causado grande transtorno a seu semelhante, ou mesmo falhado nos seus deveres perante a comunidade, como quereis que, contrariamente à lógica, ele seja colocado ante a impossibilidade de reparar as faltas ao recair na animalidade? Poderia o animal reparar faltas cometidas pelo ser humano? As leis universais não podem fazer que uma inteligência que já tenha conseguido consideráveis conhecimentos e faculdades possa descer novamente ao degrau inferior de onde seus esforços já o haviam retirado. A alma do ser humano reside numa forma perispiritual que não lhe permite mais acoplar-se ao corpo de um cão, de um cavalo ou de qualquer outro animal. É preciso reparar o mal no ambiente onde o mal foi cometido. Por isso o terrícola só pode reparar o mal, reencarnando-se na Terra como homem. De outra maneira, teria de retornar aos castigos inventados pelos seres humanos.
>
> Que utilidade teria para uma inteligência estagiar no corpo de um animal? Desde que o ser humano passou por aquela fase, foi-lhe possível adquirir o de que necessitava para chegar à condição humana. Para que retornar a um reino inferior? Seria tempo perdido para ele, e nada deve ser perdido na eternidade. O ser não pode progredir senão retornando ao mesmo contexto, ao mesmo nível, a partir do qual não soube elevar-se. Trata-se de um círculo do qual não se escapa. O que acontece é que, quando se pratica o mal, retorna-se em condição *social* inferior, se necessário, para melhor reparar o mal ou melhorar-se.
>
> Os animais têm inteligência; são mais jovens que vós, eis tudo, e, perante a alma universal, têm responsabilidade relativa. É preciso que o animal também melhore; a alma dos animais progride. Tudo progride, não importa qual seja o ambiente em que se situem, ou a que sacrifício.

> Podereis, então, me perguntar por que a grande lei da justiça, da equidade, permite que possamos praticar o mal, uma vez que temos de repará-lo. É que tudo deve tender à perfeição atingida pelo próprio ser. A perfeição *absoluta* seria a imobilidade, mas Deus, que é o motor universal, faz sentir que é bom amar e aperfeiçoar-se cada vez mais. (a) Fénelon.

Não estou convencido de que a perfeição absoluta produza a imobilidade, mas o teor da mensagem como um todo é bom, ainda que um tanto redundante, em certos períodos.

Mais uma vez preciso de tempo para uma digressão.

Uma entidade que se assinou Cong Dijla, o Faquir, discorreu anteriormente, às páginas 110-112, acerca da evolução dos animais. Devo dizer, honestamente, que tenho minhas discordâncias do autor espiritual em relação a algumas de suas colocações nesse texto, ou, no mínimo, sérias dúvidas sobre o que ficou dito.

Informa, por exemplo, o Faquir que,

> [...] às vezes, espíritos que habitam o corpo de grandes carnívoros se tornem suficientemente evoluídos para retornar em corpo humano. Nesse caso – prossegue –, trazem sempre consigo, a despeito de si mesmos, a sede do sangue durante um bom número de encarnações. O fato é raro. Os homens que forem admitidos à vida elementar a partir do tigre, por exemplo, deixam sempre atrás de si um rastro de sangue. Esses homens são necessários, algumas vezes, e é por isso que existem.

Duas são as minhas discordâncias aqui. Primeira, o fato de o processo evolutivo saltar, sem maiores transições, do tigre para o ser humano. Segunda, por ser a ferocidade de tais seres humanos considerada necessária.

Mas não é especificamente sobre tais objeções que tencionava falar, e sim sobre a mensagem seguinte a essa, subscrita, inesperadamente, por Robespierre.

O antigo revolucionário – ao que parece manifestado por psicofonia – levanta a cabeça, põe a mão sob a jaqueta e cruza os braços, aperta a mão de um amigo e diz "Bom-dia!". Em seguida, vira-se para os demais circunstantes e diz "Bom-dia a todos".

> Ouvi com muito interesse [começa a entidade] o que vos disse vosso amigo o Faquir e, ao mencionar o tigre sanguinário, senti, e nisso não me engano, em alguns de vós a leve suspeita de que eu tenha sido um ex-tigre, e, antes disso, um tigre, dado que se costuma dizer que os tigres são os reis da selva. Não, não, a menos que eu o ignore, não creio ter sido um tigre. Muito sofria ao ver o sangue derramar-se. Foi necessário

> fazê-lo àquela época para acabar com os abusos. Eu cumpria uma missão fatal e terrível! Ouço ainda os clamores que se elevam até mim... Essa missão eu a iniciara bem, mas a concluí mal e, por essa razão, Marat vos disse (refere-se à comunicação mediúnica atribuída a Marat e que não consta do livro) que, se voltássemos a liderar a turba, como a lideramos, com os mesmos objetivos, o faríamos por meios completamente opostos. Infelizmente percebemos que sobre a vossa terra é sempre necessário o sangue.
>
> Ousais falar de vossa civilização! O ser humano é ainda um animal; ainda tem em si tantas das características da fera, e é somente pelo cheiro de sangue que se pode atraí-lo. E que sangue! O sangue de seus irmãos. Se todos fossem como vós, psiquistas, que buscais não destruir, mas reconstruir, não haveria necessidade de inteligências como as nossas para encaminhar a multidão pelos caminhos que levam à liberdade. Poderíamos ter aprendido o que é o progresso por meio do amor e não haveria mais pena de morte.
>
> Ensinai àqueles que vêm do tigre como progredir, mas não acuseis àqueles que, pelo bem de todos, se viram obrigados de conter os tiranos pelo terror. Foi essa a vossa culpa e nossa missão. Quanto ao sangue, ah, bem desejávamos não derramá-lo. Tende sempre piedade daqueles que são obrigados a servirem-se de tais métodos, mas lamentai sobretudo aqueles que lavam as mãos no sangue por outro objetivo que não o do progresso. Vemos claramente agora, e lamentamos muito sinceramente, o sangue inútil que derramamos. Quanto ao sangue útil (?), *estava escrito.*
>
> Não vos esqueçais de dizer, quando pensardes em Robespierre: *Foi um homem colocado no lugar certo em que deveria estar. Tentou fazer o que devia, e morreu ao fazê-lo.*

Em nota redigida para comentar a manifestação de Robespierre, madame Noeggerath declara (pp. 113-114) o seguinte:

> Obras contemporâneas afirmam que Robespierre era dotado de grande sensibilidade e duma bondade da qual deu muitos testemunhos durante a juventude. Ele desmaiou quando, pela primeira vez, como membro do júri, ouviu pronunciar-se uma sentença de morte. Suas cartas à irmã, suas poesias revelam um coração muito terno. Foi movido pela piedade pelos escravos, os oprimidos e os torturados, que se tornou juiz impiedoso dos opressores e de seus carrascos.
>
> Julgamento análogo se faz de Marat, que, entre a extrema clemência e o extremo rigor, optou pela extrema clemência. Os acontecimentos foram mais fortes. Marat foi um homem de ciência e um grande médico, que em nossos dias poderíamos considerar apropriado ou não. Para realizar certas pesquisas científicas, tinha de experimentar algumas vezes *in*

> *anima vili* [com animais vivos]. Ele o fez relutantemente. "Quanto amo a humanidade" – lamentava ele – "para ser capaz de sacrificar animais inocentes!"
>
> Os convencionais [representantes do povo na assembleia] não se regozijavam com tais suplícios. A guilhotina foi inventada para abreviar, o mais rapidamente possível, a existência das desgraçadas vítimas, que deviam lavar com seu sangue abusos seculares, um longo passado de despotismo e de inauditas ferocidades.

Como se pode observar, Robespierre distingue o sangue derramado em duas categorias – o útil e o inútil. E acredita que foi uma espécie de mal necessário. Madame Noeggerath, por sua vez, também enxerga os excessos da Revolução com um olhar já distante, mas complacente. Respeitemos tais opiniões, ainda que não nos sintamos encorajados a concordar com elas.

De certa maneira, no entanto, há que se prestar atenção à sua observação de que se houvesse líderes conscientes da realidade espiritual, não haveria "necessidade" (vá lá...) de pessoas como ele e seus companheiros para levarem as multidões, a ferro, fogo, sangue e lágrimas, pelas vias da violência.

Apenas para encerrar esta digressão, vale mencionar que, em outra comunicação à página 297, Robespierre reafirma sua convicção no acerto das realizações da Revolução de 89, invocando-a como:

> [...] sopro que passou pela humanidade, sopro poderoso e vivificante, sopro de liberdade, torrente impetuosa que lavou muita lama, fez desaparecer muitos abusos e parecia ter arrastado consigo muito entulho do passado. No entanto, ficaram ainda os templos abertos, onde a multidão se curva perante os ídolos. [Considera isso um insulto ao Nazareno] [...] esse grande tribuno, grande filósofo, grande humanitário, esse homem imenso cuja voz encheu o mundo!

Termina a longa peroração, propondo que se evoque "o Jesus-Amor, Jesus, o grande igualitário, Jesus-Liberdade e Justiça. Honrai-o, amai-o, mas não *o adoreis!*"

Concluída a digressão, retornemos a Fénelon.

Após uma comunicação de Gall sobre a "utilidade da mediunidade", Fénelon acrescenta (pp. 90-91) um breve comentário, nestes termos:

> Sem a intervenção do médium, não entenderíeis certas comunicações; o médium tem, portanto, seus direitos. Pensai que o médium fica privado da vida enquanto falamos (por intermédio deles). Ele sofre algumas

> vezes, fora do corpo, dado que seu espírito, sua personalidade inteligente, fora do corpo, encontra-se do outro lado da vida terrena em estado completamente anormal. O instinto de conservação liga estreitamente a alma ao corpo, e o médium, desprendido de seu corpo, inquieta-se por haver deixado a vida terrena que deve ser sua condição atual de existência.

O texto é confuso e, a meu ver, duvidoso. É certo que o médium precisa ceder alguns controles de seu corpo físico, a fim de que a entidade possa manifestar-se, mas que fique colocado "do outro lado da vida terrena em estado completamente anormal" me parece incorreto. O desdobramento é atividade de rotina do espírito encarnado, não apenas nos transes mediúnicos, mas até em estados de relaxamento e, principalmente, durante o sono comum. Que haja médiuns que se inquietem ao perceber que seus corpos físicos estão sendo utilizados por uma vontade estranha à sua, admite-se. Essa, porém, não será a atitude do médium experimentado, seguro e confiante.

Mais adiante (pp. 216-216), Fénelon inicia uma dissertação sobre a passagem evangélica na qual Jesus fala do "muito que será dado ao que já tem, enquanto os que nada possuem serão mandados de volta, vazios e pobres". A entidade considera tais posses como conquistas obtidas em vidas passadas – o que é admissível –, mas interpreta a expressão "mandados de volta" como alusão à reencarnação. É preciso observar, contudo, que o texto evangélico não diz nada sobre "mandar de volta" aqueles que nada possuem e sim, que "aos que nada têm, até o que têm lhes será tirado". (Mt 13,12)

Em *O evangelho segundo o espiritismo*, capítulo XVIII –"Muitos os chamados, poucos os escolhidos" – Kardec acolhe para aquele texto a explicacão contida em comunicação mediúnica subscrita por "Um Espírito Amigo", recebida em Bordéus, em 1862.

A entidade manifestante reage energicamente à interpretação literal, ao dizer:

> Deus não retira das suas criaturas o bem que se haja dignado de fazer-lhes. Homens cegos e surdos! Abri as vossas inteligências e os vossos corações; vede pelo vosso espírito; ouvi pela vossa alma e não interpreteis de modo tão grosseiramente injusto as palavras daquele que fez resplandecesse aos vossos olhos a justiça do Senhor. [E prossegue] Não é Deus que retira daquele que pouco recebera: é o próprio espírito que, por pródigo e descuidado, não sabe conservar o que tem, e aumentar, fecundando-o, o óbolo que lhe caiu ao coração.

A mensagem na qual Fénelon discutia essa passagem para o grupo de madame Noeggerath, contudo, foi bruscamente interrompida, segundo nota explicativa, pelo estrépito que fazia uma empregada doméstica no cômodo contíguo ao das sessões, ao guardar os talheres. A entidade comunicante interrompeu a dissertação, queixando-se do barulho dos metais.

Em outra comunicação transcrita à página 349 do livro da sra. Noeggerath, Fénelon – ou alguém que tenha utilizado seu nome – propõe que se evoque Jesus. "Para que um grande espírito possa vir até vós" – acrescenta –, "para que ele possa descer das elevadas regiões que habita, faz-se necessário um imenso apelo." Reitera, mais adiante: "Que vossos ardentes desejos sejam uma força!"

A evocação consta de um dramático texto atribuído ao apóstolo Paulo. Vem, a seguir, uma mensagem – nada convincente, a meu ver – subscrita por Jesus. Não tenho outro comentário a fazer.

Logo que adquiri o livro de madame Noeggerath – num sebo, onde mais? –, marquei, com uma tira de papel, que ainda está lá, uma longa mensagem de Fénelon como das melhores da coletânea. Nesse texto o autor espiritual discorre sobre as encarnações anteriores. Apesar de ser um tanto longa, penso que vale a pena transcrevê-la na íntegra, por tradução do original francês.

> Caros amigos [começa a entidade], vocês nos consideram reticentes quanto a referências e esclarecimentos acerca de suas encarnações anteriores, ao passo que tanto nos estendemos sobre tantos outros ensinamentos. E pensam lá consigo mesmos: os desaparecidos (desencarnados) vêm nos falar de mil coisas – trazem-nos novas riquezas em conhecimentos ultraterrestres (espirituais); por que não nos proporcionam detalhes mais precisos e mais extensos no que diz respeito ao nosso passado e ao de nossos amigos, quando os questionamos?
>
> Nossa reserva quanto ao assunto deve ser grande. Podemos ter ideias diferentes das de vocês, dado que estamos situados em outro ponto de vista. Não gostamos de vir aqui para dizer-lhes que vocês foram tal ou qual individualidade. Para instrução de vocês e para os objetivos de suas encarnações atuais, há perigo, frequentemente grande perigo, em expor semelhantes revelações. Se vocês viveram encarnações durante as quais foram os dirigentes de uma nação, os orgulhosos, por outro lado, tiveram encarnações obscuras e outras nas quais cometeram grandes faltas, ignoradas ou corrompidas. Eu que lhes falo fui como vocês nesse mesmo aspecto. As boas e as más situações nas encarnações vividas por vocês não são sempre as mesmas. Pode-se dizer, seguramente, à grande personalidade, àquele que tenha sido diversas vezes o grande senhor, que poderá ser, em outra existência, um encarnado perdido na multidão.

Ocorre frequentemente a alguns de vocês que, em vista de experimentar grande simpatia por tal ou qual personalidade histórica, que devem ter sido tais personalidades.

Não, caros amigos, as simpatias têm razão de ser, mas, com frequência, são enganosas no sentido que vocês lhes atribuem. Se experimentam grande simpatia por uma personalidade do passado, seja um rei ou um sábio, não digam "Eu devo ter sido ele." E, se um médium, sentindo sua afinidade com aquela personalidade, lhe diz que você foi, realmente, aquela figura, isso não basta para que você creia – é preciso, para isso, numerosos e escrupulosos controles.

Não sacrifiquem por coisas desse tipo as grandes instruções, as grandes linhas, não se deixem fascinar pelas encarnações brilhantes. Melhor seria vê-los entusiasmados, ao contrário, pela pesquisa daquelas mais apagadas e até mesmo de menor mérito, de modo a perceber em vocês o bem-estar do progresso realizado, de sentir a força que lhes impulsiona para o bem, essa força, enfim, que a tudo vence e os eleva, radiosos e cheios de amor, à sublimidade do progresso. Não se deixem retardar por esses erros que acariciam o amor próprio e o orgulho; aí está o perigo, grande perigo!

Às vezes insinuam-se nas sessões, desencarnados que se divertem com a credulidade dos participantes. Infelizmente muitos se deixam facilmente prender por isso. Um nome qualquer, mas sempre célebre, é atribuído a um dos assistentes que se regozija disso. O próprio desencarnado se sente envaidecido, por ser calorosamente agradecido e isso lhe proporciona forças para retornar ao grupo e assumir o lugar de espíritos sérios.

Se vocês tropeçarem nos obstáculos que lhes indico, cairão em grande ridículo. Imaginem, amigos, que logo, logo, milhares de pessoas estariam representando tal ou qual gênio que tenha regenerado a humanidade ou tenha deixado à posteridade relevantes feitos. Teríamos, com isto, não sei quantas Joana d'Arc, Jeanne Hachette, Marco Aurélio, Duguesclin, Bayard, Washington, Goethe, Delfins de França, etc. Se eu disser a uma grande assembleia: "Que esta ou aquela personalidade histórica se levante, se estiver presente aqui", teríamos talvez dez, vinte ou mais, reclamando o mesmo nome e o mesmo título.

Quando lhes dizemos, amigos, que vocês estão em companhia de pessoas capazes, podem crer em nós. Evitem atentamente cometer uma falha, que causaria grande inconveniente à ciência que cultivam. Vocês estão percebendo o risco e devem lamentar aqueles que não sabem evitar que isso lhes aconteça, porque se extraviam.. Eis porque somos muito discretos – e o seremos sempre – naquilo que diz respeito às suas encarnações. Se houvesse alguma utilidade em falar-lhes do passado, o faríamos; mas, em vista do que expomos, caros amigos, mantemos todas as reservas.

O contexto dos conhecimentos espirituais é incrivelmente vasto e, ainda que façamos nele abundante colheita, haverá sempre muito que trabalhar, a fim de trazer mais conhecimentos. Não se deixem transviar no trabalho a que dedicam, não se cultivem a montanha, onde o solo é infecundo.

Se, a despeito de todas as nossas reservas, mencionamos, às vezes, as passadas encarnações de vocês, não falem sobre elas fora do círculo a que pertencem, a fim de não prejudicar nem a ciência que constitui objeto de seus estudos; sejam discretos. Tais coisas têm sua importância, mas revelar indiscriminadamente informações sobre o passado de cada um, os expõe ao ridículo, levando as pessoas a pôr em dúvida o juízo de vocês e a duvidar também dos fenômenos, e, finalmente, a se afastarem de vocês. O que lhes dizemos, acerca de suas encarnações e a de seus amigos, destina-se apenas a cada um e deve ficar na intimidade do círculo de que fazem parte.

Tudo se liga, tudo se encadeia e, se a simpatia os atrai uns aos outros, é que tal simpatia tem muito a ver com o passado. Eis porque podem encontrar amigos tão ligados que se tornam para vocês como pessoas da família. Pois bem, podem crer que essa afeição que, de repente, lhes toca o coração, não surgiu naquele instante. Repito: é que há entre vocês vínculos passados e é esse passado que os leva a se encontrarem. Os fluidos se atraem. É por isso que as pessoas são levadas umas às outras sem que percebam, e como que por mero acaso, mas não há acasos. Ainda outra razão – antes de vir para aqui, a fim de trabalhar, dissemo-nos uns aos outros: Cuidemos de nos reencarnar de modo a nos encontrar; façamos as coisas de sorte que, a despeito da distância que porventura nos separe, alguns, por exemplo, encarnando-se na Alemanha, outros na França ou na Rússia, possamos nos reencontrar. É verdade, as pessoas fazem por se encontrar e lhes asseguro constituir grande alegria para os corações amorosos pensar que aqueles que se fizeram tal promessa acabam se encontrando para se ajudarem, apoiarem-se mutuamente. É consoladora a certeza da indestrutibilidade do ser e, como podem ver, há milagres de amor realizados por almas-irmãs e almas-esposas. A amizade e o amor podem perfeitamente atrair uns aos outros, aqueles que tragam algum vínculo anterior. As almas-esposas encontram-se frequentemente sob as mais extraordinárias circunstâncias, as mais imprevistas.

Retorno ao assunto dos nomes que tenham tido no passado. Não é necessário reiterar que devem falar disso o mínimo possível. Procurem conferir por meio de diversos médiuns as revelações a respeito de tais aspectos. Procurem certificar-se disso, tanto quanto possível, de diversas maneiras, em benefício da tranquilidade pessoal de cada um.

O que usualmente não é bem entendido é que não valemos menos do que valemos, talvez mais, quando somos colocados em posição social inferior à da encarnação precedente. Gostaria que vocês compreendessem isso muito bem. Se acharem que têm na atual encarnação menos valor do que tinham em outras, estarão equivocados. Se praticam o bem na medida do possível, se dão exemplo de coragem e de força de alma na adversidade, se são mais nobres de sentimentos do que ao tempo em que se punham sobre os degraus de um trono, é porque se tornaram superiores àqueles que porventura invejem, em virtude da utilidade que hoje representam perante a humanidade e pelo desejo que todos devem nutrir de progredir e fazer os outros progredirem. (a) Fénelon.

Tivemos, assim, uma boa amostragem do que pensava e ensinava Fénelon, enquanto viveu na dimensão espiritual, desde que morreu na França, em 1715, até renascer como Erlo van Waveren, na Holanda, no início do século vinte.

Estava certo, portanto, o dr. van Waveren, ao declarar, durante o transe regressivo assistido pela esposa Ann, que ele fora e se programara para continuar sendo um "instrutor dos valores da vida". Se isso não se poderia dizer com a mesma convicção de suas existências mais remotas, como Asterius, Wilfrid e Walter de Gray, é inquestionável que o foi como Fénelon, no que disse, no que escreveu e no que fez. É eloquente o testemunho que ele deixou sobre isso em *As aventuras de Telêmaco*, obra escrita para instruir o jovem duque de Borgonha, herdeiro do trono francês.

A propósito, e antes que me esqueça, sugiro que você leia o extenso comentário que Allan Kardec escreveu sobre o *Telêmaco*, de Fénelon, em *O céu e o inferno*, páginas 45 a 52 (21ª edição FEB), no módulo intitulado "Quadro do inferno pagão".

Mas não apenas nesse livro, que se tornaria um clássico da literatura francesa e, ao mesmo tempo, obra imensamente popular, nas várias línguas em que acabaria sendo traduzida. Há numerosos documentos seus dedicados não apenas à formação cultural e moral de seus leitores, como os que ambicionavam a mais elevados patamares, propondo novos rumos à política, à economia e à sociologia, a fim de que fosse possível chegar-se eventualmente a uma sociedade mais justa e humana.

Tivesse ele sido ouvido com atenção – ou, quem sabe, chegasse a ser, como na Inglaterra, o preceptor de um rei –, talvez não fosse necessária a sangrenta convulsão suscitada pela Revolução de 1789. Quando uma geração despreza os utopistas, a outra poderá ter que lamentar-se por não se ter prestado atenção aos sonhos que eles sonharam.

Mas não me empenhei em recontar as várias vidas atribuídas ao ex-arcebispo de Cambrai apenas por mera curiosidade, por mais atraente que fosse a especulação. É que, meditando sobre as dramáticas vivências dessa entidade espiritual no curso de quase vinte séculos, ficamos sem respostas para muitas e inquietantes perguntas. Estas por exemplo: o que acontece nas profundezas de um ser que, depois de ter sido Fénelon e dedicar-se, na dimensão póstuma, à tarefa de colaborar na montagem das estruturas da doutrina dos espíritos, rejeita, na vida subsequente, como Erlo van Waveren, tudo quanto ensinou? Pode-se chamar a isso de esquecimento? Se é, como funciona o processo? Se não é esquecimento, por que ignoramos ou tentamos ignorar aquilo que já sabíamos de outras vidas?

Por outro lado, o que falta para ser verdadeiramente cristã a uma entidade que viveu repetidamente dentro do contexto religioso, século após século? Alguma coisa estaria errada com ela, entidade, ou com o cristianismo? Ou com ambos? Reiteramos aqui, fazendo-a nossa também, a pergunta formulada pelo teólogo católico (em desgraça) Hans Küng: – Que é ser cristão? – perguntou-se ele. Estou convencido de que para responder-se a essa, temos de nos formular outra questão, esta: – Que é mesmo cristianismo?

Não sei se você que me lê irá ou não concordar comigo nas especulações que estaremos partilhando a seguir. Nada impede, contudo, que a gente converse civilizadamente sobre tais questionamentos. Estou certo de que você também terá os seus. Mesmo que a gente não chegue a um acordo, confio em que seguiremos cada um seu caminho, em paz, e convictos de que foi bom conversar. Pelo menos concordamos em trocar ideias, o que é extremamente saudável, como nos asseguram sábios e filósofos de todos os tempos.

VI Variações sobre o Esquecimento

Temos de colocar agora em pauta o problema do esquecimento do passado, de vez que a correta avaliação desse aspecto é essencial ao bom entendimento das questões que o livro de van Waveren suscita e, obviamente, quanto às soluções que oferece.

Partimos da premissa de que são legítimas as identificações das diversas personalidades (leiam-se reencarnações) vividas pelo autor. O traçado que elas deixam na história da igreja tem coerência e sugere o desdobramento de um projeto evolutivo, no qual se acha implícita a tarefa de uma entidade espiritual de alguma forma interessada nos ensinamentos do Cristo.

Não há como exigir provas do que afirma o autor a respeito de suas passadas vivências. Quem solicitasse esse tipo de comprovação, em termos satisfatórios à ciência materialista do nosso tempo, estaria lendo o livro errado. Como se prova, em termos de parâmetros materiais a sobrevivência do ser? E a reencarnação? Ainda que com todos esses aspectos muito bem demonstrados à plena satisfação dos céticos e descrentes de sempre, de que modo provar-se que van Waveren tenha, de fato, vivido como Judas Barsabás, Asterius, Wilfrid, Walter de Gray e François Fénelon? Não há fichas cadastrais a exibir, nem relatórios, prontuários, laudos laboratoriais ou pareceres subscritos por personalidades de notório saber, como se usa dizer.

Não me ocupo desses aspectos, com o que também deixo de ocupar com eles o seu tempo. Informações, relatos, depoimentos e estudos a respeito devem ser buscados alhures, na literatura especializada, alguma da qual eu próprio tenho produzido, através dos anos. Neste texto, com o qual me apresento, considero suficientemente demonstrada – ainda que sem instrumentação material – a realidade espiritual. Estamos falando aqui de existência, preexistência e sobrevivência do espírito, e, consequentemente, da doutrina das vidas sucessivas, bem como sobre o inarredável corolário da responsabilidade de cada um de nós por todos os seus atos, os bons e os outros.

Não tenho, reitero, como provar o que neste livro se afirma, mas assumo explicitamente o compromisso de aceitar para debate qualquer evidência científica de que a realidade espiritual, aqui configurada, seja uma grande balela ou uma inteligente fantasia.

Até prova em contrário, portanto, Erlo van Waveren, psicanalista junguiano de origem holandesa, com clínica em Nova Iorque, marido e colega de profissão da dra. Ann van Waveren, é a reencarnação dos cinco bispos católicos que ele identifica no seu passado espiritual. Leitores e leitoras relutantes podem tomar isto como hipótese de trabalho e continuarem com a gente.

Estou fazendo este preâmbulo não somente para definir posturas e marcar territórios especulativos, mas também porque precisamos enfrentar, como vinha dizendo, o problema do esquecimento, quando a gente mergulha em nova existência terrena, após uma temporada na dimensão póstuma, entre uma vida e outra.

A despeito de seu currículo espiritual, a entidade que mergulhou na carne, na Holanda, aí por volta de 1902, parece isolada atrás de denso véu de esquecimento. Foi necessário o dramático (e traumático) episódio do Grande Sonho, em 1945, a fim de que ele se visse forçado a encarar uma realidade da qual parecia estar fugindo ou, na melhor das hipóteses, ignorando.

Há uma agravante. Durante sua permanência na dimensão póstuma, entre a existência anterior e a que viveria como van Waveren, integrou a luminosa equipe de entidades incumbidas de assistir o prof. Rivail – Allan Kardec – no levantamento das arquiteturas da doutrina dos espíritos. Foi, por conseguinte, de fato e de direito, um autêntico "instrutor dos valores da vida".

Nada disso parece ter-se filtrado para a sua memória de vigília, senão a partir do sonho que o arranca brutalmente da cômoda placidez do que costumo chamar de ignorância erudita. Nem mesmo as poderosas emoções que o abalaram, no seu próprio dizer, até as raízes do ser, o convencem facilmente da nova realidade paradoxalmente tão antiga e com a qual tinha, necessariamente, de estar familiarizado.

> [...] naquela noite [depõe (página 21)] fui dormir me sentindo bastante cético acerca de meu mundo eterno, da reencarnação e do fato de me encontrar dominado por antigas lembranças.

Muito tempo e meditação dediquei ao fenômeno do esquecimento durante os anos de aprendizado dos conceitos fundamentais que instruem a realidade espiritual. Sobre o assunto, interpelei, aí pela década de sessenta, o veterano intelectual espírita Ismael Gomes Braga, esperantista emérito, de projeção internacional, rogando-lhe que escrevesse um dos seus pequenos e compactos estudos acerca do esquecimento do passado.

Ismael atendeu-me. Decorridos todos esses anos, tentei localizar seu texto, mas não o consegui. Uma das dificuldades está em que ele escrevia para várias publicações doutrinárias e usava uma coleção de pseudônimos. Recuperei, contudo, em minhas pesquisas, um pequeno artigo de Rodolpho Calligaris, publicado em *Reformador* de outubro de 1967.

Calligaris explica porque, no seu entender, a gente esquece o passado e discorre sobre as vantagens que isso representa ao processo evolutivo de cada um de nós. Concordo plenamente com suas ideias, mas ainda não era bem aquilo que eu desejava – eu queria saber, se possível, não propriamente o *porquê*, mas o *como*, isto é, de que maneira funciona o processo, qual o seu mecanismo e em que dispositivos biológicos se assentaria a função de esquecer.

A pergunta a Ismael, hoje o reconheço, foi mal formulada. Continuei, por isso, sem respostas às minhas indagações acerca da mecânica do esquecimento. Muitos anos se passariam antes que me sentisse razoavelmente preparado para (e encorajado a) formular a hipótese que figura em *Alquimia da mente*.

Tomo a liberdade de encaminhar você a esse livro, a fim de não se tornar necesário repetir aqui a argumentação de apoio julgada necessária para explicitar o que penso do assunto. Em resumo, porém, entendo que a personalidade (leiam-se também alma, consciente, razão) é programada a cada nova existência na carne, com relativa autonomia de voo para gerir seu relacionamento com o mundo da matéria, enquanto a individualidade (= espírito, inconsciente, intuição) recolhe-se aos bastidores, de onde monitora a outra parte de si mesma, projetada na matéria.

Na hipótese formulada, a personalidade instala seus sensores no hemisfério cerebral esquerdo, o verbal, enquanto a individualidade fica com suas terminais implantadas no direito, não verbal.

Concluído o estágio na carne – se você preferir, pode chamar a isso morte –, a programação e a memória da personalidade são recolhidas ao ambiente permanente da individualidade, como o videoteipe de um seriado que vai para o arquivo geral, onde permanecerá à disposição de futuras consultas. Assim, para cada existência, haveria, teoricamente, um cassete, ou seja, uma personalidade.

É preciso lembrar que tais personalidades não são estanques – elas interagem e constituem, em conjunto, a experiência total do espírito, a individualidade.

No caso van Waveren, cinco personalidades são resgatadas do arquivo geral e postas a rodar no videocassete exibido à consciência de vigília. Percebemos, contudo, que a individualidade – o ser total, o espírito – não se dissolve, nem se reparte e continua a monitorar o que se passa, aqui, na Terra, acoplado a um corpo físico, ou na dimensão póstuma, durante a intermissão de uma vida para a seguinte.

Para essa figura emblemática do ser total, que alguns autores chamam ISH (*inner self helper*), van Waveren escolheu o rótulo de Kerel. Kerel está familiarizado com o passado das personalidades envolvidas especificamente na peregrinação e sabe – mais ainda – o que elas ignoram a respeito de vivências ainda mais remotas. Isso porque Kerel representa o todo, o inconsciente total, o espírito em si. A cada existência que se encerra na carne, os registros, as experiências, o aprendizado, as memórias, enfim, de tudo o que se passou durante a vida são recolhidos, sem perda de um ai ou de um sorriso, aos arquivos permanentes do ser, dos quais Kerel é uma espécie de gerente geral e bibliotecário.

O problema é que, quando estamos acoplados a um corpo físico, vivendo na Terra, tomamos nossa pequena faixa operacional consciente como o ser total, ignorando tudo o mais. E só porque não temos fácil e permanente acesso aos arquivos gerais da individualidade, entendemos que ali não se pensa, ou o que se pensa é irracional e inconsciente.

Estamos, portanto, perante uma realidade – a de que, aparentemente, a gente esquece mesmo todo um passado de conquistas culturais e éticas, a partir do período em que se vai consolidando o acoplamento da entidade espiritual ao corpo físico, o que acontece, via de regra, até os sete/oito anos de idade.

Até essa idade, como o testemunharam o dr. Ian Stevenson, dos Estados Unidos, e o dr. Banerjee, da Índia, é comum encontrar crianças que, espontaneamente, se lembram de existências anteriores. Isso ocorre com maior frequência naqueles que permaneceram durante curto espaço de tempo na dimensão póstuma e logo deram início à reencarnação seguinte, em outro corpo físico.

Em livro recente – *Renasceu por amor* –, o cientista brasileiro Hernani Guimarães Andrade, dá notícia de um caso desses observado no Brasil. Em outro depoimento ainda mais recente, *Crianças e suas vidas passadas*, Carol Bowman estuda o mesmo fenômeno.

Prevalece, contudo, a regra um tanto severa do esquecimento. A lembrança espontânea é a exceção a confirmá-la.

O esquecimento seria necessário para facultar ampla faixa de liberdade operacional ao ser encarnado, ao mesmo tempo em que lhe confere quota equivalente de responsabilidade pelos seus atos. O sistema propicia condições para testar suas estruturas éticas, a fim de verificar se a entidade encarnada está aprendendo a comportar-se corretamente perante as leis cósmicas, sem que alguém esteja permanentemente a dizer-lhe o que deve ou pode fazer e o que lhe é interditado. As decisões precisam ser pessoais e tomadas livremente.

Daí, os desvios, as mudanças de rumo, o descumprimento de programas por parte de gente que não apenas deixou de executar o que se comprometera fazer, como fez mal o que precisava ter feito. Alguns, como o dr. van Waveren, despertam, ainda na carne, e esforçam-se por recuperar o tempo perdido; são muitos, contudo, os que não conseguem dar andamento às tarefas programadas para aquela existência.

Dispomos de exemplos dramáticos de pessoas que estiveram a ponto de ignorar a programação espiritual trazida para a existência material, mas acabaram por dedicar-se a ela, em tempo oportuno.

Para não alongar demais estas observações, basta lembrar as experiências de Paulo de Tarso, Francisco de Assis e Agostinho.

Sobre Paulo, temos o testemunho do próprio Cristo, ao caracterizá-lo como "vaso escolhido", ou seja, alguém que viera com o claro compromisso de executar a tarefa da difusão dos ensinamentos de Jesus. No entanto, aqui chegado, empenha-se ele não em ser um trabalhador do Cristo, mas ferrenho adversário dos primeiros cristãos.

Em vez de aderir ao movimento nascente, Paulo, ainda Saulo, assume o odioso papel do perseguidor, disposto a esmagar a nascente 'heresia'. Sua primeira vítima é Estêvão, cruelmente executado a pedradas, em ato público presidido pessoalmente por ele, depois de haver tomado a si o encargo de acusá-lo perante a comunidade judaica e arrancar do Sinédrio sua condenação à pena capital.

Encontrava-se a caminho de Damasco com carta branca para agir contra a nova 'seita' e já com Ananias marcado para morrer, quando o Cristo interfere e sacode seu espírito adormecido na carne. Sem o impacto daquela dramática revelação, Saulo continuaria sendo, provavelmente, o carrasco do cristianismo nascente e não seu mais importante pregador.

É certo que houve, aí, a forte influência da formação rabínica, que o preparou culturalmente como defensor dos postulados da religião predominante, mas é preciso entender que ele tinha necessidade de conhecer as minúcias da lei mosaica, a fim de poder operar, com um mínimo de traumas, a transição para um novo modelo de 'convênio' entre Deus e o povo eleito.

Em outras palavras, ele precisava conhecer a lei antiga para modificá-la e abrir nela espaços para os novos postulados que o Cristo trouxera. Em vez de um Deus ciumento e vingativo, como ensinaram Moisés e os profetas, a nova imagem era a de um Deus amoroso, bom, justo e compreensivo, ainda que severo, como um pai responsável e empenhado em que todos os seus filhos e filhas deem boa conta de si, no complexo ofício de viver.

Cerca de quinze séculos depois, vamos encontrar situação semelhante, quando Lutero, renascido para promover uma reformulação no cristianismo já deformado, primeiro vai para os conventos estudar a estrutura existente, de modo a poder promover as modificações que se impunham. Eu até acho que Paulo e Lutero tenham sido o mesmo espírito em diferentes existências, hipótese que ficou exposta em meu livro *As marcas do cristo*, que você poderá consultar, se o desejar.

Seja como for, vários 'despertamentos' providenciais e, usualmente, com características ditas paranormais – prefiro dizer mediúnicas – têm ocorrido número suficiente de vezes. Eles consolidam o fenômeno como ato consciente de deliberada intervenção, a fim de chamar a atenção da pessoa para o cumprimento da tarefa programada.

Francisco de Assis foi, no dizer de seus biógrafos, o líder dos mais alegres rapazes da cidade em que vivia. Nascido em família abastada, não lhe faltava dinheiro nem boas roupas, para participar da *dolce vita* de seu tempo, em companhia de amigos, com os quais se mostrava sempre generoso nas despesas.

Pietro Bernardone, seu pai, bem que se preocupoava com a gastança e com as folganças do rapaz. Preferia, no entanto, manter a generosa mesada em nível compatível com o seu *status*, mesmo porque isso era bom para a sua imagem de comerciante próspero, "rico ao ponto de satisfazer todas as extravagâncias de um filho perdulário". É o que escreve Donald Culross Peatie, em resumo biográfico que escreveu para a revista *Seleções do Reader's Digest*, posteriormente reunido em um só volume.

Aos vinte e um ou vinte e dois anos, Francisco alistou-se no exército e foi para uma das constantes guerras locais. Feito prisioneiro logo de início – não teve oportunidade, ao que parece, de matar ninguém –, ficou detido um ano. Posto em liberdade, foi acometido de grave e providencial doença, da qual salvou-se sabe Deus como. Logo que restabelecido, voltou à luta armada, mas adoeceu novamente e, novamente, livrou-se do ofício de matar (ou de arriscar-se a ser morto).

Daí em diante, não foi mais o mesmo. Começou a desinteressar-se pelas alegres noitadas de antes e entrou num período de introspecção. Numa daquelas noites, caminhando pelas ruas, parou de súbito e ficou em silêncio, como se ouvisse uma voz interior.

Pouco depois, abandonava tudo para cumprir a difícil tarefa de ser apenas Francesco, o Poverello de Assis, amigo dos leprosos, dos pobres, dos animais, do sol, da terra, da lua. René Fülop Miller colocou-o entre *Os santos que abalaram o mundo.*

Informações da dimensão espiritual identificam uma de suas existências anteriores como João Evangelista, o discípulo amado. Em meu livro *Arquivos Psíquicos do Egito,* exploro a hipótese de ter sido ele também Akenaton, o faraó herético, precursor do Deus único. Não deixa de ser impressionante a semelhança entre o Hino a Aton, em homenagem ao sol, e o Cântico do Sol, de Francisco. Teria sido Clara, também, uma reencarnação da sua querida Nefertite? Um pouco de fantasia, de vez em quando, não faz mal a ninguém... Eu disse um pouco...

Agostinho é outro exemplo de tardio, mas ainda oportuno, despertar. Depois de uma vida algo desregrada, um fenômeno inabitual chamou sua atenção para a realidade espiritual e o despertou para a tarefa de sistematização filosófica do cristianismo.

Sua doutrina pode estar – e está hoje – superada, de vez que foi elaborada dentro da moldura de um cristianismo que já se engessara em muitos de seus aspectos. Seus escritos constituem, no entanto, respeitável monumento de erudição. Em suas famosas *Confissões,* dá um comovente e humilde depoimento sobre o desnudamento da alma.

Dos anos de entrega aos prazeres e atrações do mundo, há o testemunho vivo de um filho (Deodato = dado por Deus), que, nobremente, Agostinho assumiu, levou consigo, educou e que morreu ainda jovem.

Essas pessoas – as que despertam a tempo –, tanto quanto as que não chegam a despertar, trazem, portanto, não apenas tarefas pré-programadas na dimensão espiritual, antes de renascer – vasos escolhidos, no dizer do Cristo, referindo-se a Paulo –, a bagagem ética e cultural correspondente, destilação de tudo quanto aprenderam e experimentaram em vidas anteriores.

É inconcebível que Allan Kardec, por exemplo, ao renascer na França, em 1804, como Hippolyte Léon Denizard Rivail, ignorasse a realidade espiritual, assim entendidos, basicamente, os conceitos interativos de existência, preexistência e sobrevivência do ser humano, tanto quanto sua responsabilidade perante as leis cósmicas e, portanto, a doutrina das vidas sucessivas.

Tratava-se de entidade experimentada nas lides intelectuais dos milênios, e profundamente envolvida em aspectos religiosos e educacionais, desde longa data. No entanto, quando já adulto, em plena elaboração de *O livro dos espíritos*, rejeitou, de início, a ideia da reencarnação. Disso ninguém falou por ele, dado que há explícitos depoimentos seus a respeito, revelando, ao mesmo tempo, suas dificuldades na aceitação e sua sinceridade e humildade em confessá-lo.

Em estudo publicado na *Revista Espírita* de janeiro de 1858, no número inaugural dessa publicação (p. 31), Kardec declara que *O livro dos espíritos* não poderia ter sido fruto de suas ideias pessoais, "pois sobre muitos pontos importantes tínhamos maneira de ver bem diversa"... Um dos pontos, nos quais divergia das entidades espirituais instrutoras, foi o aspecto vital da reencarnação, como confessaria mais tarde.

Ao expor o pensamento de Platão e Sócrates, em *Fuso da necessidade*, um diálogo com Glauco (*Revista Espírita*, setembro de 1858), lembra que a ideia das vidas sucessivas remonta a milênios. E acrescenta (p. 252):

> – Não discutiremos hoje esta teoria, que *esteve tão longe do nosso pensamento*, quando os espíritos no-la revelaram, surpreendendo-nos de modo estranho porque – confessamo-lo com toda humildade – o que sobre este assunto especial fora escrito por Platão nos era então completamente desconhecido – outra prova, entre milhares, de que as comunicações que nos eram dadas em absoluto não refletiam nossa opinião pessoal. [Destaque desta transcrição]

O fato de haver, de início, rejeitado a reencarnação, causou-lhe certo impacto. Afinal de contas, essa doutrina era de fundamental importância às estruturas filosófico-religiosas que lhe cabia ajudar a montar, nos termos de seu plano de trabalho. Retoma, pois, o assunto, na dissertação constante da *Revista*, de novembro de 1858, sob o título "Polêmica Espírita" (página 305 e seguintes).

"Sobre este ponto (a reencarnação)" – expõe –, "a doutrina dos espíritos nos surpreendeu; diremos mais: *ela nos contrariou, porque derrubou as nossas próprias ideias*." Como se vê, estava longe de ser um reflexo destas. E não é tudo:

> Nós *não cedemos ao primeiro choque. Combatemos*, defendemos a nossa opinião, *levantamos objeções* e só nos rendemos ante a evidência e quando notamos a insuficiência de nossos sistemas para resolver todas as questões levantadas por esta matéria. [Os destaques são meus]

Em abril de 1860, ainda na *Revista Espírita*, volta ao assunto, não apenas para marcar sua posição inicial de franca oposição ao conceito da reencarnação, como para deixar bem claro que não devemos aceitar, sem exame crítico, os ensinamentos dos espíritos, venham de onde vierem, seja qual for o nome com o qual subscrevam a informação. "Em resumo" – escreve (pp. 114-115) –, "o grande critério do ensino dado pelos espíritos é a lógica. Deus nos deu a capacidade de julgamento e a razão, para delas nos servirmos."

E comenta, mais adiante:

> Como se vê, temos muitos motivos para não aceitar levianamente todas as teorias dadas pelos Espíritos. Quando surge uma, fechamo-nos no papel de observador. Fazemos abstração de sua origem espírita (leia-se: mediúnica), sem nos deixar ofuscar pelo brilho de nomes pomposos. Examinamo-la como se emanasse de um simples mortal e vemos se é racional, se dá conta de tudo, se resolve todas as dificuldades. Foi assim que procedemos com a doutrina da reencarnação, que *não adotamos, embora vinda dos espíritos, senão depois de havermos reconhecido que ela só, e só ela, podia resolver aquilo que nenhuma filosofia jamais havia resolvido*, e isto abstração feita das provas materiais que diariamente dela são dadas, a nós e a muitos outros. [Novamente, os destaques correm por minha conta]

Ante esses inequívocos testemunhos, sentimo-nos no direito de perguntar: – Mas, então a entidade espiritual que renasceu com a identidade civil de Denizard Rivail, o professor, e que adotaria o pseudônimo Allan Kardec, ignorava, ao vir para aquela existência, o conceito da reencarnação? A entidade, obviamente, não, mas a personalidade Rivail, espírito encarnado, sim.

Na sua programação espiritual incluía-se, sem dúvida, o conhecimento da reencarnação, sem a qual nada faz sentido, como ressalta de seus escritos. Se não conseguisse vencer esse bloqueio mental, portanto, ele teria provavelmente desistido da missão que lhe fora atribuída. É o que se depreende de seu depoimento, ao analisar os incisivos pronunciamentos de seus instrutores espirituais, entre os quais, aliás, e muito a propósito, se incluía François Fénelon, além de uma verdadeira constelação de luminares da espiritualidade.

Em pelo menos uma oportunidade, seus amigos espirituais foram objetivos, quase contundentes, ao deixar bem claro que se, porventura, ele não quisesse assumir o compromisso, teriam de convocar outro para substituí-lo, pois uma tarefa daquele porte não poderia ter sido planejada contando-se com uma só pessoa, falível, como todos nós.

Está faltando, portanto, alguma coisa para uma visão mais nítida e realista do problema do alegado esquecimento que nos bloqueia a memória quando renascemos.

Voltemos, pois, ao relato de Fénelon reencarnado como o dr. Erlo van Waveren.

Sacudido por sonhos, vidências, vozes interiores e textos escritos em estado de transe, mas, acima de tudo, pelo impacto irresistível de suas próprias emoções autenticadoras, o dr. van Waveren rende-se à evidência e se resigna a contar sua saga pessoal através dos milênios. Sua opinião, as dúvidas, as hesitações, sua resistência, tudo é levado em conta, mas, ainda assim, ele é atropelado para que se veja forçado a produzir o testemunho e cumprir a tarefa programada.

A essa altura de sua existência, aí pelos quarenta e dois ou quarenta e três anos de idade, ele tem a mente reprogramada pela cultura terrena contemporânea, que não cuidou de abrir nele espaços para conceitos como sobrevivência do ser à morte corporal e, obviamente, para o da reencarnação.

Ele é um psicanalista competente e bem-sucedido e acha que a realidade espiritual é perfeitamente supérflua e dispensável no exercício de sua profissão, mesmo porque estranha e rejeitada no ambiente sócio-cultural em que vive e trabalha.

Seu depoimento sofre com isso, como seria de se esperar. Das imagens oníricas e de suas vidências retrospectivas, ele extrai um relato traduzido em linguagem psicanalítica e, em conotações religiosas arcaicas que ainda prevalecem em contexto teológico superado, obsoleto.

Perguntei-me, às vezes, no decorrer da leitura do seu relato, se não teria sido melhor que ele se houvesse limitado a narrar as imagens que via projetadas na tela da memória, sem arriscar-se a interpretá-las. Acho que sim. Há sempre o risco de provocar deformações irreversíveis no material provindo da individualidade (inconsciente), sempre que o submetemos ao escrutínio da personalidade (consciente), usualmente despreparada para a tarefa.

Eis porque encontramos em seu relato aspectos interpretativos inaceitáveis, porque informados pela teologia tradicional ou por uma psicanálise que, paradoxalmente, ignora a alma.

Ele próprio, van Waveren, esclarece que já se vinha analisando e sendo analisado há onze anos e que precisaria buscar nos sonhos – obviamente, com a instrumentação técnica da psicanálise – a explicação para toda aquela estranha fenomenologia. Na sua avaliação dita 'racional', figuram alegorias teológicas totalmente irracionais, como Lúcifer, a trindade divina, uma sugerida divindade para o Cristo, e outras tantas.

Na psicanálise, ele vai buscar em Eros – provavelmente em oposição a Thanatos – encaixes para imagens cujo simbolismo, ao que parece, não lhe foi possível traduzir de outra maneira.

Embora baseado em anotações de seu diário pessoal, que vinham de 1945, o livro de van Waveren é de 1978. O autor se revela atento às dores do crescimento que prenunciavam, já àquela época, transformações suscitadas pela 'troca de comando' da era de Peixes para a de Aquário. Por isso, oferece, em linguagem veemente, uma leitura profética dos símbolos que constituem o discurso não verbal do inconsciente. Em muitas passagens, seu texto assume tonalidades verdadeiramente apocalípticas, que, não raro, se revelaram inabordáveis ao meu entendimento.

Ele sabe, ainda, manipular conceitos alquímicos, tanto quanto os que se contêm na milenar sabedoria chinesa preservada no *I Ching*, assuntos esses aos quais seu mestre, o dr. Jung, dedicou anos e anos de estudo e experimentação.

Na sua visão espiritual, van Waveren antecipa uma era de valorização da mulher, num casamento alegórico de Miriam (Maria) com Aquário, uma personificação igualmente simbólica, da era que se avizinha. Acha, ainda, que até aqui não foi considerado na filosofia dita cristã o problema do mal. Por isso, identifica um aspecto tenebroso em tudo e em todos, sem exceção de ninguém, nem mesmo do Cristo e até de Deus. Na sua alegoria, portanto, coloca junto do Cristo a figura do "Irmão das Trevas", Lúcifer, o lendário anjo decaído da luz.

Mesmo com o biombo do simbolismo onírico, as passagens do livro, em que Deus ou o Cristo são apresentados, constituem, a meu ver, as menos satisfatórias do seu estudo. Não posso aceitar Deus a queixar-se de equívocos e de ignorância pessoal, nem o Cristo a orar pela redenção de Judas Iscariotes, por exemplo, quando as tradições espirituais nos asseguram de que essa entidade já se recompôs há tempos, perante a lei divina.

Há, pois, sérios reparos à interpretação que o autor propõe para aspectos de vital importância ao quadro que ele pretendeu desenhar. Ele estaria mais bem preparado para escrever o seu texto, se tivesse estudado sua participação como entidade espiritual na elaboração da codificação espírita.

Não há a menor indicação de que ele tenha tomado conhecimento da intermissão vivida no mundo invisível entre a última existência e aquela que experimentou como Erlo van Waveren. Com elas, muito teria ele a acrescentar à sua multibiografia espiritual nos últimos dois mil anos, desde a existência de Judas Barsabás até que, como Erlo van Waveren, contou a saga de sua peregrinação ao passado. Em outras palavras: o doutor parece ignorar totalmente a doutrina dos espíritos e sua participação na elaboração dela.

Como todos nós, no passado, fizemos aquilo que nos *parecia* certo e não necessariamente o que *era* certo. Por isso, como nós, também as personalidades que integram a individualidade que ele caracteriza como Kerel cometeram erros graves que ainda repercutem no seu psiquismo e clamam por reajuste.

Relutantemente, as diversas personalidades admitem que ninguém nos resgata dos nossos próprios equívocos senão nós mesmos. Em suma, somos nossos próprios redentores. A missão de Jesus não consistiu em nos arrebatar, pela magia de sua dor moral e física, aos patamares superiores da luz, mas em indicar-nos o caminho e, muito mais do que isso, em dar testemunho pessoal de tudo quanto ensinou.

Você que me lê certamente observou do que ficou dito até este ponto que não me considero convencido de que estejamos sujeitos a irremediável esquecimento do passado todas as vezes em que nos acoplamos, pela reencarnação, a um novo corpo físico.

É verdade, não estou mesmo. Houve um tempo em que assim pensava, mas tratava-se de uma aceitação relutante, sobre a qual me questionava e para a qual buscava razões que me levassem a uma visão mais ampla e convicta do problema. Foi essa atitude, aliás, que me levou a solicitar a Ismael Gomes Braga suas reflexões sobre o assunto.

As pesquisas que serviram de base às formulações oferecidas em *Alquimia da mente* me deixaram convicto de que o problema do alegado esquecimento das vivências anteriores é bem mais complexo do que parece.

Por outro lado, o depoimento pessoal do dr. van Waveren, aparentemente esquecido de suas conquistas espirituais como Fénelon, me levaram de volta aos textos que cuidam do assunto no ambiente da codificação espírita. Proponho partilhar com você o que me foi possível apurar nessa enriquecedora pesquisa.

O tema é inicialmente tratado em *O livro dos espíritos*, itens 392 a 399, em módulo intitulado "Esquecimento do passado".

A primeira pergunta formulada (392) pressupõe o esquecimento, o que se confirma na resposta, segundo a qual...

> Não pode o homem, nem deve, saber tudo. Deus assim o quer em sua sabedoria. Sem o véu que lhe oculta certas coisas, ficaria ofuscado, como quem, sem transição, saísse do escuro para o claro. *Esquecido de seu passado ele é mais senhor de si.* [Os itálicos estão no original]

Confirmando, ao mesmo tempo, interesse especial pelo assunto e sua habitual técnica de questionar para melhor esclarecer-se, Kardec formula razoável objeção:

> Como pode o homem ser responsável por atos e resgatar faltas de que não se lembra? Como pode aproveitar da experiência de vidas de que se esqueceu? Como conciliar isto com a justiça de Deus?

A explicação dos instrutores espirituais é longa e oferece um argumento ponderável também formulado como pergunta: "Onde o seu mérito (do ser humano encarnado) se se lembrasse de todo o passado?"

Na continuidade da explanação, os espíritos admitem que o esquecimento não é total, como poderia parecer, ao lembrarem que a "voz da consciência [...] é a *lembrança do passado*" que "vos adverte para não recaírdes nas faltas de que já vos fizestes culpados".

No comentário que acrescentou a esses ensinamentos, Kardec escreve o seguinte:

> Não temos, é certo, durante a vida corpórea, lembrança exata do que fomos e do que fizemos em anteriores existências; mas temos de tudo isso a intuição, sendo as nossas tendências instintivas uma reminiscência do passado. E a nossa consciência, que é o desejo que experimentamos de não reincidir nas faltas já cometidas, nos concita à resistência àqueles pendores.

Em reflexões, que se seguem à questão 394, Kardec refere-se à sabedoria divina ao instituir o "esquecimento das existências anteriormente transcorridas, sobretudo quanto foram amarguradas", mas insiste na importância da "voz da consciência".

O mesmo acontece em relação à questão 399.

> Mergulhado na vida corpórea [escreve Kardec], perde o espírito, momentaneamente, a lembrança de suas existências anteriores, como se um véu as cobrisse. *Todavia* – adverte –, *conserva algumas vezes vaga consciência dessas vidas*, que, mesmo em certas circunstâncias, lhe podem ser reveladas. Esta revelação, porém, só os Espíritos superiores espontaneamente lha fazem, com um fim útil, nunca para satisfazer a vã curiosidade. [Destaques meus]

Referindo-se às faltas cometidas no passado, adverte o codificador que, embora não se lembre delas com precisão,

> [...] não menos certo é que a circunstância de *as ter conhecido na erraticidade* e de haver desejado repará-las o guia *por intuição* e lhe dá a ideia

> de resistir ao mal, ideia que é a voz da consciência, tendo a secundá-la os espíritos superiores que o assistem, se atende às boas inspirações que lhe dão. [Novamente os destaques são meus]

Precisamos, aqui, atentar para um aspecto sutil que poderia passar despercebido a uma leitura apressada.

É que, tanto as instruções das entidades, como as reflexões adicionais de Kardec, giram consistentemente em torno das faltas cometidas no passado e das vantagens que o esquecimento nos concede ao mantê-las fora do âmbito da consciência de vigília. Nada se diz, contudo, da possível utilidade em conhecerem os encarnados, pelos mesmos processos intuitivos, projetos construtivos e até missionários que possam trazer para implementação na terra. Como aconteceu, aliás, com o próprio Kardec, ao qual seus amigos espirituais revelaram, em breves traços, a missão que se incumbira de desempenhar na elaboração da doutrina espírita. Informaram-no, ainda, de sua antiga encarnação entre os druidas, nas Gálias.

Fénelon, reencarnado em Erlo van Waveren, não teria grandes erros a resgatar, de vez que, a despeito de compreensíveis falhas, parece ter sido considerável seu progresso espiritual na existência vivida na França dos séculos dezessete/dezoito. Sua intuição, contudo – melhor diríamos hoje, seu inconsciente – empenhou-se em insistente campanha com a finalidade de despertá-lo para a programação que trouxera para aquela existência e que estava sendo rejeitada.

Isto nos faz lembrar o procedimento dos instrutores encarnados do antigo Egito que, depois de selecionarem, por um rigoroso conjunto de testes, levavam pessoas que demonstrassem as condições mínimas necessárias, à regressão de memória, a fim de recuperar nelas conhecimentos e projetos que trouxessem registrados na memória integral do espírito, em contraste com o âmbito muitíssimo mais acanhado da consciência de vigília.

A técnica não era, nesses casos, invasiva da privacidade, nem constituía interferência indevida com o livre-arbítrio. O procedimento era, ao contrário, considerado de vital importância, a fim de evitarem-se precisamente casos, como o de van Waveren, nos quais a entidade reencarnada vem programada para importantes tarefas evolutivas em proveito próprio e dos outros e acaba atrasando-se, perdendo-se pelos caminhos e desperdiçando a oportunidade com a qual foi distinguido nos planos superiores da vida.

Mencionamos, há pouco, pessoas que correram o grave risco de não cumprir o prometido, como Paulo de Tarso, Francisco de Assis, Agostinho e, sob certo aspecto, o professor Rivail, caso não aceitasse mesmo o conceito da reencarnação. Mas certamente ignoramos numerosos exemplos de entidades reencarnadas que, em virtude do envolvimento mais profundo com a matéria, deixaram de cumprir relevantes missões acertadas na dimensão espiritual antes de renascerem.

O problema do esquecimento do passado foi tratado em vários pontos da obra da codificação: em *O livro dos espíritos*, como vimos, na brochura *O que é o espiritismo*, em *O evangelho segundo o espiritismo*, em *O céu e o inferno*, em *A gênese*, em *Obras póstumas* e na *Revista Espírita* (junho de 1869, p.160).

Tenho algo a comentar acerca das referências constantes de *O evangelho segundo o espiritismo.*

Em 1978, ao programar a reedição em *fac-símile*, no Brasil, de *Imitation de l'évangile selon le spiritisme*, a Federação Espírita Brasileira incumbiu-me de comparar a primeira edição de abril de 1864 com a terceira, de 1866, que se tornaria a versão definitiva daquela obra, após "revista, corrigida e modificada" pessoalmente por Kardec.

Coube-me, portanto, verificar em que extensão e profundidade foram promovidas a revisão, as correções e as modificações ao texto original de *Imitation de l'évangile...* Dei conta de minhas pesquisas em "Anotações à edição brasileira", que a FEB mandou acrescentar ao raro texto francês reeditado no Brasil, após mais de um século.

Volvidos os vinte anos, desde que redigi as anotações, até o momento em que escrevo estas linhas, em 1998, observo que o capítulo V – precisamente o que estamos examinando no contexto da participação de Fénelon – foi daqueles que mais receberam acréscimos da parte do codificador.

Especificamente ao módulo no qual discute o problema do esquecimento do passado, Kardec acrescentou dois parágrafos – o primeiro deles sobre o espírito que renasce "no mesmo meio em que já viveu, estabelecendo de novo relações com as mesmas pessoas, a fim de reparar o mal que lhes haja feito".

Não há como garantir que Walter de Gray haja renascido na Inglaterra do século XIII para reparar o mal que, porventura, tenha praticado contra determinadas pessoas, mas é certo que se reencarnou no mesmo contexto político-religioso e geográfico para refazer, como bispo de Iorque, a trajetória que percorrera cerca de quinhentos anos antes, como Wilfrid.

Mais surpreendente ainda é o fato de que, no segundo parágrafo, bem mais extenso, acrescentado por Kardec aos seus comentários primitivos acerca do esquecimento do passado, tenha ele se expressado da seguinte maneira:

> E não é somente após a morte que o espírito recobra a lembrança do passado, Pode dizer-se que *jamais a perde*, pois que, como a experiência demonstra, mesmo encarnado, adormecido o corpo, ocasião em que goza de certa liberdade, o espírito tem consciência de seus atos anteriores, sabe porque sofre e que sofre com justiça. *A lembrança unicamente se apaga no curso da vida exterior, da vida de relação.* Mas, em falta de uma recordação exata, que lhe poderia ser penosa e prejudicá-lo nas suas relações sociais, forças novas haure ele nesses instantes de emancipação da alma, se os sabe aproveitar. [O destaque é meu]

Escrevera Kardec no parágrafo anterior:

> Aliás, *o esquecimento ocorre apenas durante a vida corpórea. Volvendo à vida espiritual*, readquire o Espírito a lembrança do passado; nada mais há, portanto, do que uma interrupção temporária, semelhante à que se dá na vida terrestre durante o sono, a qual não obsta a que, no dia seguinte, nos recordemos do que tenhamos feito na véspera e nos dias precedentes. [Novamente o destaque é meu]

Duas observações podemos deduzir de tais citações. *Primeira*: a de que o tema do esquecimento continuava a ocupar espaço na mente de Kardec, desde a elaboração de *O livro dos espíritos*, cuja primeira edição foi lançada, como sabemos, em 18 de abril de 1857. Decorreu, portanto, um espaço de sete anos entre a publicação de *O livro dos espíritos* e a de *O evangelho segundo o espiritismo*, em 1864.

Dois anos depois, ao promover a terceira edição de *O evangelho...*, Kardec resolveu acrescentar os dois parágrafos que acabo de transcrever. Significativamente, ele ressalta que o esquecimento nada tem de absoluto. Ao contrário, não é somente após a morte que o espírito recupera suas lembranças, mas ainda como encarnado, quando adormece o corpo. Poderíamos acrescentar que não apenas em consequência do sono fisiológico, mas em relaxamento ou estados alterados de consciência o mesmo fenômeno pode ocorrer.

A *segunda* observação, não menos importante, é a de que "a lembrança unicamente se apaga *no curso da vida exterior, da vida de relação*".

O que, exatamente, quer dizer isso?

Para responder a esta indagação, temos de recorrer ao ensinamento contido nas respostas dadas pelos instrutores da codificação, quando Kardec lhes pergunta "Que é a alma?" Dizem eles, simplesmente: "um Espírito encarnado." Kardec insiste, em busca de mais amplos esclarecimentos, perguntando, o que seria, então, a alma antes de se unir ao corpo físico. A resposta é telegráfica, dado que consta de uma só palavra: "Espírito". Seriam, então, almas e espíritos a mesma coisa? – deseja, ainda, saber Kardec.

> Sim [é a resposta] as almas não são senão os espíritos. Antes de se unir ao corpo, a alma é um dos seres inteligentes que povoam o mundo invisível, os quais temporariamente revestem um invólucro carnal para se purificarem e esclarecerem.

Não sei qual a sua impressão, mas, para mim, as entidades parecem um tanto reticentes em explicitar a sutil diferença entre alma e espírito. Talvez não fosse ainda oportuno fazê-lo.

De qualquer modo, ficamos com algumas indagações adicionais para as quais gostaríamos de ter tido o ensinamento dos instrutores ou do próprio Kardec. Digo isto porque, ao mesmo tempo que a alma é "espírito encarnado", é também espírito antes de unir-se ao corpo. Teria ocorrido aqui um mal-entendido? Estaria incompleta a informação? Ou ambígua? Ou contraditória? Haveria uma separação, uma divisão entre alma e espírito?

Não. Em nota de sua autoria à questão 139, pergunta Kardec:

> Alguns espíritos e, antes deles, alguns filósofos definiram a alma como sendo "uma centelha anímica emanada do grande Todo". Por que essa contradição?
>
> Não há contradição [é a resposta]. Tudo depente das acepções das palavras. Por que não tendes uma palavra para cada coisa?

Esse diálogo oferece a Kardec oportunidade para alguns comentários que nos interessam de perto naquilo que estamos aqui a estudar, ou seja, a diferença entre alma e espírito.

> O vocábulo *alma* [ensina] se emprega para exprimir coisas muito diferentes. Uns chamam alma ao princípio da vida e, nessa acepção, se pode com acerto dizer, figuradamente, que a alma é uma centelha anímica emanada do grande Todo.

E, mais adiante:

> Dando da alma definições diversas, os espíritos falaram de acordo com o modo por que aplicavam a palavra e com as ideias terrenas de que ainda estavam mais ou menos imbuídos.

Em outras palavras: o termo *alma* serve para conceituar tanta coisa que acaba se tornando vago quando dele se necessita para caracterizar algo não material com maior precisão. Uma espiada no *Aurélio* revela vinte e seis sentidos diferentes para a palavra em si e mais dezessete expressões em que ela figura.

Tanto é assim que Kardec escreve na introdução a *O livro dos espíritos* o seguinte "...chamamos ALMA ao ser imaterial e individual que em nós reside e sobrevive ao corpo".

Ele estava certo, portanto – como de hábito –, ao declarar enfaticamente que essa palavra: "se emprega para exprimir coisas muito diferentes". E mais, que os próprios espíritos a usavam como quando ainda encarnados e segundo as "ideias terrenas de que ainda estavam mais ou menos imbuídos".

Voltamos à nossa persistente indagação: afinal de contas, alma e espírito são coisas diferentes, ou mais especificamente, separadas, divididas?

Não. "Já o dissemos" – declaram os instrutores em resposta à Questão 140 – "que o espírito é indivisível".

Ante tais ensinamentos, julgo-me autorizado a supor – como o fiz em *Alquimia da mente* – que *espírito* é o ser total, a individualidade, na posse de toda a sua experiência e do conhecimento adquirido no correr de numerosas existências na carne e alhures, no espaço, entre uma vida e outra. Quanto à *alma*, como ensinaram os instrutores da codificação, é o espírito encarnado, e tem, portanto, apenas a experiência que está vivendo na carne. Como, porém, o espírito não se divide (questão 140), a alma seria uma *projeção, expansão* do espírito, um prolongamento de si mesmo, com maior intimidade com a matéria densa do corpo, ocupada primordialmente da tarefa de gerenciar a existência da entidade, enquanto acoplada ao corpo físico.

Vejamos, agora, o que ensina Kardec na dissertação intitulada "O caminho da vida", publicada na *Revista Espírita* de junho de 1869 e, posteriormente, incluída em *Obras póstumas*. Ao discutir a objeção habitual de que "a ausência de lembranças das existências anteriores" dificulta para alguns a aceitação da doutrina reencarnacionista, Kardec adverte que "a solução de continuidade (em tais lembranças) realmente *só existe para a vida corpórea exterior*". Ou seja, para a memória do ser encarnado, melhor ainda, para a mente da *alma*. Logo adiante, nesse mesmo parágrafo, reitera que "no estado de repouso do corpo, no sono, a *alma* retoma em parte o seu voo e *então se restabelece a cadeia, interrompida apenas durante a vigília*". (Destaques desta transcrição.)

É inconcebível – expõe Kardec pouco antes, nesse mesmo artigo:

> [...] uma sucessão de existências, inconscientes umas das outras, deixando um corpo para em breve retomar outro, sem a memória do passado. Estaríamos, nessa hipótese – continua ele – diante de outros tantos novos pontos de partida, sem ligação com os precedentes; seria uma ruptura incessante de todas as afeições que fazem o encanto da vida presente e a mais doce esperança, a mais consoladora para o futuro, seria, en-

fim, a negação de toda a responsabilidade moral. Uma tal doutrina seria tão inadmissível e tão incompatível com a justiça e a bondade de Deus, quanto a de uma única existência com a perspectiva de uma eternidade absoluta de penas para algumas faltas temporárias.

Embora genericamente se possa dizer que a alma é imortal e que antes de encarnar-se a alma é espírito, percebe-se na verdade que há uma sutil e relevante diferença entre as funções exercidas pelo espírito, daquelas que cabem à alma. O espírito vive no contexto da permanência, enquanto que a alma fica temporariamente interessada na transitoriedade.

Imaginei, por isso, que o espírito propriamente dito fica plugado no hemisfério cerebral direito, ao passo que a alma se liga ao esquerdo.

Dentro desse esquema, creio poder afirmar que a alma (personalidade) não se esquece propriamente do passado – ela simplesmente não tem, no seu âmbito mental, na sua consciência de vigília, esse tipo de informação que, no entanto, se acha totalmente preservada no espírito, na individualidade, área mental tida equivocadamente por inconsciente.

O espírito nada tem de inconsciente; pelo contrário, demonstra consciência muito mais ampla, ativa e bem-informada do que a consciência, que opera na personalidade, ou seja, na alma. A única diferença entre essas duas áreas de consciência está em que o arquivo geral de todas as vivências do ser não é facilmente acessado pela consciência de vigília.

Daí, por outro lado, as reiteradas referências de Kardec aos mecanismos da intuição, dado que é através deles que a individualidade (= espírito) faz passar para a personalidade (= alma) informações, instruções, lembranças e até reprimendas, como aconteceu, aliás, insistentemente, com o dr. Erlo van Waveren. Esquecido, como alma encarnada, da tarefa que se comprometera a desempenhar nessa existência, começou a ser pressionado pela individualidade.

O que ocorre aí, no entanto, é que a linguagem da individualidade é não verbal, simbólica, expressa basicamente em imagens, ao passo que a da personalidade é puramente verbal. Ela necessita da palavra para sua interface com o ambiente em que vive o ser encarnado. É na tradução ou decodificação das imagens e dos símbolos pela personalidade que reside a dificuldade maior de entendimento entre as duas áreas mentais da mesma entidade temporariamente encarnada.

Temos aí um ponto crítico no processo, de vez que se trata de uma transmutação de mensagens inconscientes não verbais para um sistema inteligível à consciência de vigília. Na visão pessoal de van Waveren e na de sua esposa, trata-se de racionalizar o irracional. O mecanismo de que eles dispõem para isso é o da psicanálise, ciência teoricamente interessada no estudo da alma (psique), mas que, paradoxalmente, não a leva em conta como entidade espiritual reencarnada.

Recorrendo ao *Aurélio*, como vimos você encontra vinte e seis acepções diferentes para a palavra *alma* e mais dezessete expressões em que o termo figura. O que nos leva a concordar com Kardec, quando alerta para a multiplicidade de sentidos que se empresta a esse termo. A definição que mais se aproxima do que precisamos aqui é a que configura a alma como:

> – conjunto das funções psíquicas e dos estados de conciência do ser humano que lhe determina o comportamento, embora não tenha realidade física ou material.

Impaciente com a delonga e a relutância da alma em realizar a tarefa programada, a individualidade do dr. van Waveren começou a despejar na consciência de ser encarnado toda aquela multidão de imagens, sensações, regressões e emoções. Àquela altura, no entanto, ele já estava totalmente reprogramado pela cultura terrena para rejeitar a essência mesma de seu projeto espiritual, ou seja, existência, preexistência, sobrevivência do ser, reencarnação, imortalidade, lei de causa e efeito, a realidade espiritual, enfim, como um todo.

O ilustre psicanalista acabou cedendo e escreveu um depoimento sobre o seu drama pessoal. Trata-se, contudo, de um documento insuficiente, confuso, escrito em moldes pesadamente psicanalíticos e eivado de conceitos teológicos obsoletos, e que nada tem a ver com o projeto de continuar sendo um "instrutor dos valores da vida", como o foi, por exemplo, Fénelon.

Ciente de minhas especulações acerca do esquecimento, uma entidade espiritual à qual amo, admiro e respeito resolveu ajudar-me a entender melhor o problema. Suas reflexões, apresentadas a seguir, abordam aspectos inusitados do fenômeno, mais do que o esquecimento em si mesmo.

"O problema maior" – ensina esse amigo espiritual – "não é o esquecimento, e sim o orgulho e a vaidade. O esquecimento testa as decisões tomadas antes da encarnação; o conhecimento trabalha em profundidade. Aqueles que negam as verdades eternas em nome do conhecimento estão enganados, dado que racionalizam as informações de que dispõem segundo a óptica do orgulho e da vaidade, isto é, creem no que querem crer, e não, na verdade.

"A racionalização pode ser uma forma de fantasia da mente que procura adaptar o conhecimento aos seus interesses imediatos. E como forma de fantasia é uma fuga da realidade empreendida pela personalidade.

"A individualidade *sabe* e envia a informação através da intuição, mas o orgulho leva o 'intelectual' a rejeitar a informação intuitiva tal como ela se apresenta, manipulando-a conforme seu interesse pessoal.

"Jesus não estava submetido ao processo deformante da chamada racionalização. Não era racional, no sentido em que conceituamos a racionalidade, era *verdadeiro*, lidava com os fatos, com as verdades cósmicas, de maneira simples, clara e direta, sem artifícios falsamente intelectuais, sem manipulá-las. Por isso, agradeceu ao Pai por ter revelado tais verdades aos simples e ignorantes, ao mesmo tempo em que as ocultava aos sábios.

"As almas simples compreendem porque não estão dominadas pelas racionalizações impostas pelo orgulho e pela vaidade. O processo funciona nelas com toda simplicidade e autenticidade.

"A verdade não se deixa manipular, ela simplesmente é. Ou você a aceita ou a rejeita. Ela se transforma numa caricatura da realidade quando manipulada para atender às suas fantasias, a seus interesses pessoais, ao orgulho, à vaidade, aos preconceitos sociais e a outras acomodações deformantes. E aí não é mais a verdade, e sim aquilo que você prefere crer à sua maneira. O próprio fluxo da vida maior tem mil maneiras de conduzir as criaturas à verdade, mas elas fogem, escamoteiam e acabam acreditando naquilo que querem, e não no que realmente é. Submetida a esse processo, a verdade torna-se mercadoria adulterada dentro de uma embalagem atraente, que pode iludir até os bem-intencionados.

"Jesus ensinava que suas palavras eram espírito e vida, mas o ser humano está cada dia mais fixado na roupagem, na aparência, na palavra em si, na letra e não, no verdadeiro e profundo sentido.

"Os ensinamentos de Jesus precisam ser entendidos na verticalidade do espírito, que se aprofunda na verdade, não na horizontalidade da racionalização vigente na vida material. Muito do que se considera conhecimento espiritual se reduz a um mero amontoado de informações superficiais.

"A verdade – ensinou ele e reiterou Paulo – está no invisível, no impalpável, mas o ser humano encarnado continua acreditando apenas no que pode perceber com os sentidos, ou seja, basicamente no que pode ver e tocar com as mãos. E ainda exige que as verdades espirituais, para serem aceitas, sejam transmutadas em matéria sólida a fim de serem submetidas ao teste dos sentidos para serem vistas, medidas, pesadas, apalpadas e analisadas. Os sentidos, no entanto, são programados para registrar apenas a realidade aparente, não a transcendente. O único dispositivo em condições de perceber a verdade é a intuição, mas esta é considerada, pelas maiorias desatentas, como fantasia. Em contraste com isso, a racionalização excessiva – fantasiosa porque se trata de uma clara manipulação de conceitos – é acolhida como verdade.

"Por isso, o ser encarnado continua perdido, sem rumo. Prefere acreditar no que julga conveniente à sua personalidade, a crer na verdade espiritual. Acreditar é fácil, superficial, horizontal, dado que você acredita naquilo que quer, sem qualquer aprofundamento. Crer é uma experiência em profundidade, certeza, convicção; é vertical, vem das profundezas do ser. A individualidade/espírito crê, sabe, está convicta, a personalidade apenas acredita. Quando você apenas acredita, ainda não tem certeza, está numa fase provisória, expectante, do conhecimento. Quando crê, sente-se firme, seguro.

" 'Se podes crer' – disse Jesus ao pai do jovem possuído por um espírito mudo –, 'tudo é possível àquele que crê', Inseguro ainda de sua crença – era mais um acreditar do que crer – o homem respondeu: 'Sim, Senhor, eu creio; ajuda, porém, a minha incredulidade.' Falava, pois, como individualidade/espírito, intuitivamente consciente, contudo, das fragilidades e inseguranças da personalidade.

"Em vez de apenas dissertar sobre o que tinha a ensinar, Jesus mostrou, exemplificou, viveu as verdades, demonstrando o mecanismo delas na prática. Quando você apenas ensina uma verdade, nem sempre o outro a aprende, apreende e compreende. Mas se você a exemplificar, o outro a entende, porque repete a prática, copia o exemplo.

"Os cristãos de hoje, mesmo os que se intitulam 'condutores de almas', continuam sendo apenas teóricos. Podem até pregar os ensinamentos do Cristo com fervor, mas, na realidade da vivência, na prática, a atitude não é da essência daquilo que está tentando ensinar. Aconselha a não julgar, mas condena o vizinho, ensina a ser tolerante, mas é impaciente com os filhos, prega a imortalidade, mas teme a morte.

"O teólogo é um filósofo, um pensador, não um crente, não aquele que crê. Ele disseca, analisa, discute, mas dificilmente será um legítimo crente. No fundo de sua brilhante racionalização, restará sempre uma parcela de dúvida. A razão pode ajudar a entender a fé, mas não tem condições de criá-la. A fé genuína não nasce da razão, e sim do sentimento, das emoções, do coração. A racionalização é processo meramente intelectual, da personalidade tentando entender aspectos transcendentes do ser e da vida."

Meditando sobre os conceitos expostos nessa dissertação, me sinto autorizado a destacar que os termos *racional*, *racionalização*, *racionalismo* e semelhantes podem ser tomados – e o são usualmente – de maneira gravemente equivocada. Consagrou-se o pressuposto de que só é racional aquilo que processamos e entendemos com o consciente, em estado de vigília, ao passo que intuições, vidências, fenômenos inabituais são tidos por irracionais.

Veemente exemplo dessa abordagem encontramos na introdução que a dra. Ann van Waveren escreveu para o livro do marido, como vimos. Declara ela no parágrafo final de seu texto (p. 9):

> O leitor ocasional que tomar este volume nas mãos pode julgá-lo totalmente irrelevante quanto às realidades da vida contemporânea, especialmente se ele tentar abordar a vida de um ponto de vista completamente *racional*. Outro tipo de leitor, contudo, em busca de algo fora da tendência habitual do pensamento, com a mente aberta para o *lado irracional da vida*, verá que ele é, ao mesmo tempo, revelador e iluminativo. [Destaques meus]

Do que se depreende que a realidade *racional*, que o inconsciente passa para o consciente pelos processos usuais da intuição, dos sonhos, das vidências, é considerada do lado de cá da vida como *irracional*. Na verdade, a chamada irracionalidade do inconsciente – ainda prefiro dizer espírito/individualidade – é simplesmente um processo diferente daquela racionalização que opera do lado consciente.

Eis porque o amigo espiritual adverte acerca do falso conhecimento que a chamada racionalização costuma criar para servir às paixões, limitações, conveniências e ao orgulho que usualmente dominam o ambiente mental do ser encarnado, em oposição à serena amplitude do conhecimento dito irracional, guardado nos arquivos da memória integral.

Não estamos, com estas reflexões, meramente debatendo aspectos teóricos ou filosóficos da interface alma/espírito, ou, se você preferir, consciente/inconsciente – o que já seria da maior relevância – mas situados no ponto crítico em que opera o sensível sistema de tomada de decisões da vida. É a partir desse diálogo entre individualidade e personalidade que cada existência na carne resultará positiva e enriquecedora, ou frustrante, fracassada, naquilo que a programação traz de melhor para o processo evolutivo de cada um. Um mal-entendido, ou, pior, um desentendimento nesse ponto poderá ser desastroso. Por melhor que seja a programação retificadora trazida para a vida terrena, ela será neutralizada ou corrompida se a personalidade recusar-se a cumprir a parte que lhe toca no projeto. E a recusa, como estamos percebendo, é suscitada pela acomodação do ser encarnado aos atrativos ilusórios proporcionados pela vida material. Uma vez envolvido pelo contexto em que vive, a personalidade incumbe-se de alinhar desculpas e motivos que, a seu ver, justifiquem sua rejeição ao que dela espera a individualidade, e que constitui, em última análise, compromisso assumido consigo mesmo, ao reencarnar-se.

É o que ressalta da experiência vivida pelo dr. Erlo van Waveren. Sua total e confortável acomodação às mordomias e à suposta racionalidade da vida de encarnado levam-no a uma tenaz rejeição a tudo quanto deseja dele – enquanto personalidade estacionada na horizontalidade da superfície – a individualidade com a sua visão amparada na verticalidade da profundeza.

Irracional, para ele, é aquela obstinação insensata em passar-lhe conceitos como sobrevivência, imortalidade do espírito e coisas ainda mais extravagantes como reencarnação. Como trocar seu *status* profissional, científico, acadêmico e social, pelas 'irracionalidades' do 'ocultismo'? O conflito que ele descreve no seu depoimento resulta da resistência que o orgulho e sua confessada vaidade opõem a uma verdade que exige dele renúncias e exposições para as quais não se sente nem preparado nem disposto a fazer.

Tal conflito se decide por um compromisso, um acordo penosamente negociado, segundo o qual ele, personalidade, cede um pouco e escreve o livro, mas continua desinteressado em dar prosseguimento à tarefa programada na dimensão invisível.

Há outro aspecto a se considerar nestas reflexões sobre como e por que o dr. Erlo van Waveren, como Fénelon reencarnado, deixou de dar continuidade à sua tarefa espiritual. Trata-se do problema religioso em si. Ou, para colocar a questão de maneira mais explícita, Como e por que uma entidade dotada de tão ampla e prolongada experiência no contexto do cristianismo, ainda se revela despreparada para o teste decisivo que seria o de demonstrar um entendimento mais profundo e operativo daquilo que verdadeiramente ensinou e exemplificou o Cristo.

É o que estaremos debatendo a seguir.

Como vimos, neste livro, a entidade espiritual reencarnada como Erlo van Waveren viveu cinco existências de relevo no contexto do cristianismo, desde a experiência como Judas Barsabás, no século primeiro, até a de François Fénelon, entre os séculos XVII e XVIII.

Viver no contexto do cristianismo, contudo, pode ser bem diferente de ser cristão, no genuíno sentido do termo, aquele conteúdo que a palavra trazia nas suas origens mais remotas. Em primeiro lugar, é preciso lembrar que esse designativo não foi proposto e nem sugerido pelo Cristo. A tradição informa ter sido ele cunhado por Lucas – que não conheceu Jesus pessoalmente –, depois que o mestre já havia partido.

Aliás, Charles Guignebert, professor de história do cristianismo, na Sorbonne, faz distinção fundamental na abordagem à figura de Jesus.

Isto se caracteriza na sua opção por escrever livros separados, um sobre Jesus e outro sobre o Cristo. Parece um mero preciosismo da erudição acadêmica, mas não é. Jesus é a figura histórica que viveu e pregou na Palestina, onde foi executado por uma combinação de forças políticas e religiosas que se sentiram ameaçadas pelas ideias que ele ensinava. Já o Cristo é, para Guignebert, uma figura teológica, em torno da qual foi tecida uma complexa rede de especulações e um sistema de rituais e de dogmas.

Para gerenciar toda essa atividade e intermediar as relações entre Deus e os seres humanos, criou-se uma instituição, que também não foi proposta nem sugerida por Jesus. É duvidosa, para dizer o mínimo, a passagem evangélica segundo a qual Jesus institui uma igreja e a entrega à direção de Pedro, juntamente com as simbólicas chaves do céu. Essa passagem, que tem sido rejeitada como enxertia posterior até por teólogos respeitáveis, colocaria nas mãos do querido pescador poderes maiores do que os atribuídos à própria divindade, já que ele ficava autorizado a 'ligar e desligar' aqui na terra, que suas decisões seriam acatadas sem contestação por Deus.

De pequenas e esparsas comunidades de seguidores do Cristo, a igreja acabou transformando-se num compacto núcleo de poder. Lamentavelmente, o poder fascina e atrai não aquele tipo de pessoa que o Cristo espera que sejamos – simples, solidários, amando ao próximo como a nós mesmos – mas aquele outro que ambiciona sentar-se nos tronos, comandar, dirigir e até oprimir e eliminar os que se lhes oponham.

Por outro lado, uma vez montada a máquina do poder, ela tende a crescer e se consolidar, através de alianças e conchavos, com os detentores de outras modalidades de poder. No caso da igreja, a liderança eventual das comunidades religiosas começou a desenvolver atividades políticas. Os lugares de destaque passaram a ser disputados, em vez de aceitos relutantemente por pessoas escolhidas pelas suas virtudes e suas qualidades morais.

Aos poucos, a pirâmide do poder foi ficando assustadora na sua imponência e na autoridade usualmena arbitrária, que exercia ou pretendia exercer sobre todos, cristãos e não cristãos. Estabelecida, finalmente, em Roma, à sombra do cesarismo imperialista, a igreja conseguiria, com o tempo, herdar praticamente aquele tipo de poder absolutista, exercido sem contestação e, muitas vezes, sem piedade. Inventou-se a figura do papa, que, de bispo de Roma, passou a ser o pontífice máximo, um novo tipo de César.

De perseguidos pelos césares, os líderes religiosos do cristianismo conseguiram, primeiro, exercer algum poder paralelo, tolerado pelos líderes políticos, em seguida, começaram a costurar, pacientemente, as primeiras alianças e acordos, para terminarem como superiores aos governantes, depois de um período em que foram algo parecido com colegas do mesmo nível.

Como instituídos por um mandato que teria vindo diretamente da divindade – e, para isso, entre outras coisas, o próprio Cristo foi convertido em Deus –, o poder dos papas tinha, necessariamente, de superpor-se ao dos reis e demais governantes.

Por algum tempo, nenhum governante estaria confirmado no poder civil sem as bênçãos e o beneplácito dos papas. Sabemos da relutância de Napoleão em concordar com as regras desse jogo político. Temia não ser aceito como imperador dos franceses sem a cerimônia formal da coroação pelo papa, ao mesmo tempo em que não reconhecia naquele 'rei' especial do Vaticano autoridade para confirmá-lo num poder que ele, Napoleão, e não a igreja, conseguira conquistar pela força da espada e do canhão. Para marcar nitidamente sua posição, digamos, filosófica, conseguiu que o papa viesse a Paris, em vez de ir ele ao Vaticano, e, no momento culminante da cerimônia, tomou a coroa das mãos do papa e coroou-se, ele mesmo.

E não era só o papa que administrava tão vastas fatias de poder. Também cardeais, arcebispos, bispos e até ocupantes de posições mais modestas controlavam acontecimentos e pessoas pelo mundo afora. Os de mais elevada hierarquia eram conhecidos como "príncipes da igreja", e houve uma época, como vimos na história pessoal de Fénelon, em que praticamente todos os cargos de relevo na igreja eram exercidos por pessoas adornadas com títulos nobiliárquicos. Alguns deles chegaram ao tope do poder civil, ao qual se dedicaram com exclusividade e, não raro, até em oposição aos interesses da igreja a que teoricamente pertenciam.

Richelieu foi um deles.

Armand Jean du Plessis de Richelieu era seu nome. Nobre de menor porte, mas, ainda assim, de famílias tradicionais. A partir de bispo de Luçon, nomeado aos vinte e um anos de idade, por Henrique IV, teve uma carreira meteórica. Foi feito cardeal, em 1622, aos trinta e sete anos de idade, pelo papa Gregório XV. Em agosto de 1624, foi admitido ao conselho do rei, e, logo em seguida, nesse mesmo ano, o rei Luís XIII fez dele seu primeiro-ministro. Daí em diante, foi ele quem governou a França, empenhando-se até em guerras sangrentas com países estrangeiros e lutas internas, não menos sangrentas, contra os protestantes, que acabou derrotando com a sofrida rendição de La Rochelle e Montauban.

Não resta dúvida de que foi um administrador competente, mas não hesitava em assumir atitudes arbitrárias e agir com escasso escrúpulo, se isso conviesse aos interesses pessoais de consolidação e ampliação de seus poderes. Seus biógrafos consideram-no o criador do absolutismo real.

Mazarin foi outro, e nem francês era, pois nasceu em Pescina, nos Abruzzos, Itália. Foi, de início, oficial no exército do papa, passando mais tarde para a carreira diplomática. Você prestou atenção? O futuro cardeal era oficial do exército do papa. Essa não era, positivamente, a igreja do Cristo, mesmo que ele a houvesse instituído, o que não aconteceu.

Em 1632, aos trinta anos de idade, recebeu a tonsura e, ainda que jamais tenha sido ordenado regularmente, foi núncio apostólico em Paris, entre 1635 e 1636. Em 1639, naturalizou-se francês e, dois anos depois, em 1641, tendo caído nas boas graças do todo-poderoso Richelieu, tornou-se cardeal, por indicação deste. Ao morrer em 1642, Richelieu o recomendou a Luís XIII. Mazarin foi nomeado ministro principal na regência de Ana d'Áustria, cargo que exerceu com poderes absolutos, até a morte, em 1661. Deixou uma "fortuna colossal", no dizer do Larousse, e riquíssimas obras de arte nas suas residências do palácio Mazarin – mais tarde convertido na Biblioteca Real – e do castelo de Vincennes.

Sem o propósito de condenar as pessoas, não seria esse, obviamente, o tipo de cristão desejado pelo Cristo. Como, certamente, jamais aprovaria ele uma estrutura dita religiosa que permitia e até incentivava situações como essas.

Poderíamos citar outros, como o cardeal Fleury, ministro de Luís XV, e, muito antes, o cardeal Charles de Guise, poderoso ministro de Catarina de Médici, e outros, de posições aparentemente menos relevantes na hierarquia da igreja, mas dotados de considerável poder de movimentar bastidores, como frei Joseph – também nobre, aliás –, que se tornou conhecido na história como a 'Eminência parda' pela indiscutível influência que exercia sobre o cardeal Richelieu, seu amigo pessoal.

Não há como afirmar-se que Fénelon tenha sonhado com cargos assim importantes nas estruturas do poder civil na França de seu tempo. É certo, porém, como ficou suficientemente documentado, que demonstrava especial interesse pelos mecanismos políticos e pelas estruturas sociais. Não se esqueça, ainda, que ele educou pessoalmente o duque de Borgonha, herdeiro do trono francês, e que morreu antes que o trono se vagasse em consequência da morte de seu avô, Luís XIV. Se o discípulo houvesse chegado ao trono, como se teria portado Fénelon, seu amigo, mestre e preceptor? Seria chamado a exercer uma considerável parcela de poder civil? Se o fosse, como se teria comportado?

Vimos que na Inglaterra medieval, por duas vezes, essa entidade exerceu o elevado cargo de bispo de Iorque, sendo que, da segunda, como Walter de Gray, foi preceptor do futuro rei e até o substituiu no poder em mais de uma oportunidade. Em ambas essas existências a entidade que foi Wilfrid e, posteriormente, Walter de Gray disputou tenazmente o poder religioso, sendo que, na segunda, os relevantes cargos na igreja serviram de trampolim para igualmente importantes cargos civis.

De Wilfrid ainda se pode dizer que realizou algum trabalho de natureza pastoral, motivo pelo qual foi considerado o evangelizador da Inglaterra. Combateu implacavelmente o culto dominante dos celtas, a fim de substituí-lo pelo modelo religioso ditado por Roma, construiu, reformou e embelezou igrejas e mosteiros, mas não deixou a imagem de um pastor a conviver na simplicidade de seu rebanho.

Quanto a Walter, pouco tempo lhe sobraria para atividades sacerdotais, tão profundo era seu envolvimento com a coisa pública. Além disso, na igreja, suas disputas por cargos e território foram uma constante, pela vida afora. É preciso lembrar, ainda, que, nesse ínterim, construiu e reconstruiu considerável fortuna pessoal e usou, sem hesitações, o dinheiro de que dispunha para, literalmente, comprar cargos mais importantes ainda.

Não dispomos de tantos detalhes acerca de sua existência no século IV, como Asterius, mas é certo que ali tenha praticado o poder absoluto na sua igreja de Amásia, capital do Ponto. Situado à distância, entre os dois maiores núcleos de poder religioso do cristianismo – Roma e Constantinopla –, acostumou-se a tomar suas próprias decisões sem recorrer a nenhuma delas.

Ao recuarmos mais no tempo, vamos encontrá-lo como Judas Barsabás, contemporâneo do Cristo e irmão de José Barsabás, um dos discípulos de primeira hora do mestre. Erlo van Waveren, nas suas regressões, caracteriza-o como judeu rico, não muito ortodoxo, de formação cultural grega, um tanto *blasé*. Ao encontrar-se pessoalmente com Jesus mais de uma vez, percebeu que o Mestre o tratou com a consideração devida a uma pessoa mais idosa e de destaque, irmão até de um de seus seguidores mais próximos, mas sem se deixar impressionar pelo seu *status* social

Teria ficado com o orgulho arranhado? Seria por isso que tanto relutou em seguir o exemplo do irmão, juntando-se aos demais seguidores? Ou será que sua formação cultural grega o punha em patamar que ele considerava superior? Ou, ainda, teria sido por que não conseguiu, de início, decifrar o enigma daquela personalidade luminosa que falava tanta coisa estranha?

Não ficamos sabendo disso, mas é de seu testemunho que experimentou dramática e inexplicada crise espiritual ao pé do mastro fincado no áspero chão do Gólgota, no qual o Cristo fora pendurado para morrer.

Sabemos, ainda, do texto dos Atos, que ele acabou incorporando-se ao grupo de trabalhadores da primeira hora que, na histórica comunidade de Antioquia, teve a intuição de que o pensamento do Cristo não deveria ficar aprisionado numa pequena seita judaica, aliás, não muito bem vista entre os demais judeus.

Talvez sua formação grega tenha contribuído para identificar logo o potencial de expansão que o cistianismo primitivo oferecia, transcendendo os limites que o judaismo tradicional impunha a si mesmo. Não parece que haja disputado cargos em busca de poder e dinheiro. Estava ainda muito perto do Cristo, que conhecera pessoalmente, e certamente se deixou envolver naquele clima de encantamento e devotamento que se criou nas primeiras comunidades cristãs.

É evidente, porém, que, à medida que o tempo escorria pelo ralo dos séculos, e ele renascia em diferentes vidas, foi se distanciando daquele 'estado de graça' que vivera como Judas Barsabás. É que ia encontrando, ao renascer, uma igreja cada vez mais politizada, mais terrena, mais interessada em conquista de espaço para ampliar poderes e acumular riquezas que trouxessem mais poder, bem como tecendo a teia de dogmas em que ela própria acabaria aprisionada.

A igreja de Asterius, no século quarto, não tinha mais nada a ver com o modelo cristão que fizera a glória da comunidade de Antioquia, no primeiro século. Na experiência na Inglaterra, entre os séculos sétimo e oitavo, Wilfrid encontrou uma igreja em pleno processo de expansionismo, empenhada em conquistar territórios nos quais ainda prenominavam influências 'pagãs', que precisavam ser aniquiladas para que a 'única e verdadeira' igreja pudesse dominar.

Na realização desse projeto, Wilfrid precisava disputar poder e o fez com impressionante tenacidade, como vimos. Precisava também de dinheiro, muito dinheiro, para construir igrejas cada vez mais suntuosas, dignas do *status* que o cristianismo havia alcançado pelo mundo afora.

Ainda mais politizada e ávida pelo poder era a igreja que ele encontrou, ali mesmo na Inglaterra, ao renascer no século doze, como Walter de Gray. Desempenhou seu papel a inteiro contento de tais planos, galgando elevadas posições, tanto na hierarquia eclesiásticas, como nas do poder civil. Não via o menor inconveniente – pelo contráio – em comprar os cargos de que necessitava para implementar seus projetos pessoais de poder e glória.

Não foi, portanto, uma carreira construída pelo mérito de suas virtudes cristãs; era, antes, um carreirista, amealhando vultosa fortuna pessoal, ingrediente indispensável ao bom êxito de seus projetos que ele confundia com os da igreja e, por extensão, com os do Cristo.

O cristianismo deixara, há muito, de ser um ideal de reforma do ser humano, para se tornar um instrumento, como qualquer outro, na busca do poder. Tornara-se um cristinianismo quantitativo, mundano, pesadamente materialista, esquecido de suas origens, lá na fonte primitiva, quando Jesus propusera não uma nova religião, mas uma doutrina de comportamento, estruturalmente singela, quase despojada, ainda que de difícil cumprimento.

Tais ensinamentos falavam de renúncias de dificil aceitação e até de entendimento, como amar aos inimigos, oferecer uma face depois de esbofeteada a outra, acumular tesouros no céu e não, na Terra, perdoar setenta vezes sempre, não disputar os primeiros lugares à custa de se impor, acotovelar e atropelar os outros, portar-se com a simplicidade e a espontaneidade das crianças. Era mais importante reconciliar-se com o adversário do que fazer a oferenda prescrita pela lei. O desprezado e 'herético' samaritano poderia ser melhor do que o mais correto fariseu, em dia com suas obrigações e suas preces públicas. Este, aparentemente em paz com a sua consciência, exibia-se, nas suas preces, bem à vista de todos, para que notassem que era um verdadeiro cumpridor da lei.

Os primeiros seguidores do Cristo – exceção feita a poucos, como, aparentemente, Judas Barsabás, rico e culto – era gente vinda do povão – pescadores, trabalhadores dos campos, artesãos, oleiros e até os desprezíveis publicanos, cobradores de impostos. Lucas, médico e artista, versado na língua grega, só apareceria mais adiante, e não chegou a conhecer pessoalmente o Cristo. Paulo, doutor da lei, iniciara sua vida pública como perseguidor para reverter, posteriormente, à humilde atividade artesanal de tecelão.

Não era esse o tipo de vida que desejavam os sacerdotes, a partir do século terceiro. Em pouco, estaria montada uma rigorosa hierarquia e iniciada a disputa de poder, que se evidencia pelo surgimento dos primeiros antipapas – Hipólito, entre 217 e 235, e Novaciano (expulso), entre 251 e 253. Entre 355 e 530 houve quatro antipapas, um papa rival e um deposto.

Desde então, o sonho de muitos, ao se filiarem à igreja, passou a ser aquela posição no topo, lá em Roma. Nem todos chegaram lá, mas os que chegaram nem sempre possuíam as virtudes presumidas para o cargo, supostamente instituído pelo Cristo que teria 'nomeado' Pedro seu primeiro ocupante.

Uma vez criada a escada hierárquica que leva a patamares cada vez mais elevados de poder, não falta quem entre na disputa. Assim tem sido, em todos os países e tempos, desde as tribos mais remotas até as mais sofisticadas megaempresas multinacionais contemporâneas. Até o modesto lugar de síndico de um edifício moderno pode ser duramente disputado. A igreja foi particularmente afetada pelo jogo das ambições porque passou a confundir-se nela o poder civil com o religioso. Houve tempo em que este se sobrepunha àquele e houve tempo em se nivelavam e se rivalizavam.

A entidade que se reencarnaria sucessivamente como Barsabás até Fénelon esteve exposta a esse feio jogo de poder. Pelo que percebemos, foi como Walter de Gray que mais acirradamente entrou na disputa. Não lhe faltaria ânimo e nem desejo – é de supor-se – para sentar-se no chamado trono de são Pedro. Se não chegou lá, contudo, sentou-se, ainda que ocasionalmente, no trono real inglês.

Numa análise crítica serena e descompromissada de sua experiência como Fénelon, creio legítimo concluir-se que ele se portou com dignidade e moderação. Demonstrou, com isso, mais elevado grau de maturidade espiritual e a eliminação ou abrandamento de antigas paixões. Ainda era, de certo modo, o intelectual que fora Barsabás antes de sua adesão ao cristianismo nascente, mas não deixou de trabalhar no pastoreio das almas que a igreja – e o rei – lhe confiaram. Não disputou cargos na hierarquia da igreja de seu tempo, como o fizera no passado. Subiu as escadas por reconhecido mérito pessoal, pelas maneiras elegantes, pela cultura, pelo brilho invulgar de sua inteligência.

Claro que o nascimento nobre o ajudou nessa tarefa. Era mais fácil chegar à posição de "príncipe da igreja" sendo nobre de origem. Fénelon o era. Nascera em família de boa cepa nobiliárquica, mas empobrecida. E não fez questão alguma de acumular bens terrenos e dinheiro. Como vimos, passou até por dificuldades financeiras, quando já agregado à corte de Luís XIV. Renunciou a remunerações que entendia incompatíveis com seus princípios, como o de não acumular cargos para engrossar os rendimentos.

Ao chegar ao elevado posto de arcebispo de uma das mais importantes e rendosas dioceses da França de seu tempo, desligou-se de outras funções remuneradas. Quando esvaziado da autoridade de arcebispo de Cambrai, portou-se com inquestionável elegância, e até humildade, e lá ficou até o fim da vida, aceitando com dignidade o fato de ter caído em desgraça perante o rei e perante sua própria igreja. Queixar-se-ia mais tarde, como espírito, da perseguição de que foi vítima por causa do seu envolvimento com o quietismo, causa predominante de sua queda, mas não demonstra rancor não resolvido.

Como jovem sacerdote, foi acusado de exagerada complacência com os ex-protestantes recentemente convertidos ao catolicismo. Sua atitude no episódio foi de compreensão e de tolerância genuinamente cristãs. Como talvez tenha sido também com a doutrina do quietismo, o grande tropeço de sua vida.

Talvez pensasse em como seria bom para os cristãos, não o entregarem-se a uma vida rigorosamente contemplativa, mas serem mais pacíficos, convivendo com as diferenças de cada um. Esse tipo de atitude estaria mais compatível com o seu modo de ver a prática cristã. Isto explicaria por que teria ido buscar nos textos de antigos santos da igreja ensinamentos e reflexões que, de certa forma, justificavam o procedimento proposto pelos quietistas, no sentido de se fazerem menos intransigentes com divergências de opinião. Talvez entendesse que tais divergências fossem administráveis e deveriam ser minimizadas, em vez de serem exaltadas e apontadas como heresias, que tinham de ser implacavelmente esmagadas.

As controvertidas *Maximes...* , no entanto, agravaram sua situação perante companheiros e superiores na hierarquia católica, com merecido destaque para Bossuet, que, de mestre e amigo da primeira hora, tornou-se irredutível adversário ideológico e pessoal.

A *Encyclopaedia britannica* aponta como "nódoa (naquela) existência ideal (...) sua perseguição aos jansenistas" (Verbete 'Fénelon', vol. 9, p.158).

É certo que havia substancial diferença de opiniões entre o arcebispo de Cambrai e os jansenistas, que, por sua vez, haviam atacado severamente o famigerado livro das *Máximas...* sob a alegação (*Britannica*) de que:

> [...] as visionárias teorias sobre a perfeição (pregadas por Fénelon) eram incompatíveis num mundo no qual nem mesmo a mais santa das criaturas poderia contar certo com a salvação.

De algum modo, os jansenistas poderiam estar certos na sua pessimista avaliação, mesmo porque, como sabemos hoje pelo depoimento de tantas entidades espirituais, a santidade por decreto canônico não constitui atestado de que o ser que vai para o altar representado por uma estátua esteja gozando no céu (aliás, inexistente) o justo prêmio de suas imaculadas virtudes.

Nesse ponto, aliás, o exemplo que detectamos nas vidas de Fénelon não deixa dúvidas. Viu-se ele rejeitado e severamente advertido pelas suas ideias e posturas, na França, pela mesma igreja que o canonizara mais de uma vez no passado, como Judas Barsabás, Asterius e Wilfrid.

No empenho em que se houve contra os jansenistas, demonstrou resíduos de uma inesperada intolerância, usualmente incompatível com a "doçura e a dignidade" de seu caráter, como se lê na *Biographie universelle*, de Michaud. A *Britannica* lembra que:

> [...] para suprimir os jansenistas, ele não hesitou em negociar uma aliança com os jesuítas e a forçar, na relutante França, a doutrina da infalibilidade papal.

Como era de se esperar, o gosto pela política, exercitado ao tempo em que viveu como Wilfrid e, mais ainda, como Walter de Gray, continuava presente em Fénelon. Não só se aproximou da pequena multidão de nobres, ministros e políticos, que orbitavam em torno do olímpico Luís XIV, como falou e escreveu consistentemente sobre política, sugerindo reformas sociais, propondo modificações significativas nos mecanismos do poder e na administração da coisa pública. Mais do que isso, dedicou boa parte de sua vida a instruir o delfim, duque de Borgonha, a fim de fazer dele um bom e competente sucessor de Luís XIV, seu avô, como fizera na Inglaterra ao educar o príncipe que se tornaria o rei Henrique III.

É no mínimo curioso o conjunto de circunstâncias que levaram Fénelon a uma elevada posição na hiererquia da igreja francesa, como arcebispo de Cambrai e, às proximidades do poder civil, como tutor do delfim. Parece que seu projeto cármico programara para ele essas duas oportunidades de projeção, ao mesmo tempo em que lhe reservava duas agudas frustrações – a de prisioneiro de sua própria diocese, praticamente revertido à condição de mero sacerdote, e à não menos humilhante destituição do honroso cargo de preceptor do duque de Borgonha. Decepção ainda mais grave ocorreria com a morte prematura deste que, depois de toda a cuidadosa educação proporcionada por Fénelon, morreu antes de chegada sua oportunidade de subir ao trono.

Fénelon reagiu com exemplar dignidade a essas penosas situações perante as quais o destino (entre aspas) o colocava. Certamente, não era mais o teimoso Wilfrid, nem o ambicioso Walter de Gray.

De minha parte, não teria dúvidas de afirmar que o saldo de sua vida como Fénelon é altamente positivo. Corrigiu comprometedoras deficiências de caráter, livrou-se das angústias da ambição, conviveu adequadamente com modestos recursos financeiros, enfrentou condignamente episódios frustrantes e até humilhantes, que lhe foram impostos, e deixou importante obra literária, tanto na forma elegante de seus textos como no conteúdo ético que neles depositou.

Foi, no melhor sentido da expressão, um "instrutor dos valores da vida". Uma ou outra aresta que ainda tenha sobrevivido no contexto de sua personalidade, ficaria certamente para etapas futuras de experimentações com a vida. Por exemplo: o surto de intolerância perante os jansenistas e o tantinho de orgulho de seus títulos de nobreza.

Embora ainda não soubesse, tinha pela frente, entre aquela existência e a próxima, a honrosa tarefa de ajudar a montagem das estruturas da doutrina dos espíritos, junto ao professor Denizard Rivail.

A despeito das merecidas conquistas, que denotam nele apreciável progresso espiritual, temos de reconhecer que ele não conseguiu implementar o projeto espiritual que trouxera para a nova experiência de vida como Erlo van Waveren.

Se é que podemos avaliar suas experiências com a limitada visão humana de que dispomos, creio poder-se dizer que dois aspectos essenciais contribuíram para as falhas que porventura o tenham vitimado – uma delas, o deficiente mecanismo de intercâmbio entre individualidade e personalidade; a outra, o estado de entropia em que encontrou, nos séculos seguintes à sua experiência como Judas Barsabás, aquela própria doutrina que ele ajudou a liberar das restrições impostas pelo contexto judaico, a fim de fazer dela uma mensagem universalista.

Se é que você ainda tem paciência para relevar minha teimosia, continuo achando que essa dupla de razões se resume numa só – a falta de entendimento entre eu e eu mesmo. Enquanto estivermos divididos dentro de nós mesmos, estaremos sujeitos ao complexo e envolvente jogo das ambivalências, das hesitações, da falta de visão do conjunto.

VII Reflexões Conclusivas

Percorremos, neste livro, longo caminho a rastrear as vivências de Fénelon antes de ter sido Fénelon, e depois de tê-lo sido. Procuramos encontrar explicações aceitáveis para o que, de início, nos pareceu incongruente, ou seja, a evidência de que Fénelon, reencarnado como Erlo van Waveren, revela-se aparentemente despreparado para dar continuidade à sua tarefa de "instrutor dos valores da vida".

De fato, depois de ter vivido cinco existências no seio do cristianismo e de ter integrado a luminosa equipe que elaborou a doutrina dos espíritos, demonstra ignorar, rejeitar ou tratar com indiferença conceitos fundamentais da realidade espiritual.

Creio ter ficado demonstrado que não se deve atribuir tais vacilações e ambiguidades à cômoda teoria do esquecimento, como também vimos.

Ficamos, portanto, com duas hipóteses fundamentais e algumas especulações complementares para explicar nossa preplexidade – e certamente a dele também.

A primeira delas é a de que ainda não aprendemos a praticar em nós mesmos um eficiente intercâmbio entre espírito e alma. Você pode substituir essa dicotomia por sinônimos também em dupla: consciente e inconsciente, personalidade e individualidade, ego e superego, razão e intuição, transitoriedade e permancência ou estar e ser. Com ligeiras adaptações semânticas, para atender a peculiaridades do jargão adotado por diferentes posturas pessoais, vai dar tudo isso na velha e debatida proposta filosófico-religiosa de que é absolutamente indispensável ao processo evolutivo conhecermo-nos a nós mesmos. Em outras palavras:

é preciso que os dois termos da equação humana – personalidade e individualidade – se entendam.

O que temos presenciado, no entanto, no correr de nossas e de alheias existências, é o divórcio entre personalidade e individualidade como se fossem entidades autônomas, quando aquela é apenas uma projeção desta. O espírito é indivisível – advertiram os instrutores da codificação. Os dois polos da entidade encarnada não podem ignorar-se, sem graves prejuízos, especialmente para a personalidade, a interface incumbida do gerenciamento da vida na terra.

O problema está em que, uma vez reencarnado, o ser mergulha num contexto em que predominam as seduções da matéria, com a qual ainda não aprendeu a conviver, sem envolvimentos comprometedores.

Já de muitos séculos, milênios até, pensadores e místicos orientais têm alertado para as ilusões e a transitoriedade da vida terrena. Paulo de Tarso chamava nossa atenção para a realidade das coisas invisíveis, que são eternas, em contraste com as visíveis, que, num momento estão ali e, no momento seguinte, já não estão mais. Os gnósticos diziam a mesma coisa, nos primórdios do cristianismo, alertando-nos para as ilusórias mordomias da matéria, na qual a gente se embriaga, adormece e parece morto. Achavam, mesmo, na cifrada linguagem de seus textos, que somente seríamos felizes, quando, de dois, voltássemos a ser um, dado que aqui, imantados à matéria densa, estamos todos divididos.

Entidades espirituais com as quais vimos dialogando há mais de três décadas, ao escrever estas linhas, queixam-se do risco que correm de repetir erros e envolverem-se com as ilusões da vida material. A cada vez que aqui aportam pela reencarnação, por mais firmes que sejam as decisões tomadas na dimensão espiritual, tropeçam novamente em falhas que já podiam estar superadas.

Um visão retrospectiva desapaixonada nos convencerá da crescente deterioração das condições de vida na matéria de um século para cá. Sem nenhuma concessão ao moralismo barato e hipócrita, percebemos claramente uma super-oferta de prazeres, de diversões, de liberdade, sem as consequentes responsabilidades, de crimes, de práticas de corrupção. Dirigentes políticos, líderes sociais e empresariais, educadores, artistas, escritores e até pregadores ditos religiosos ignoram a presença de Deus em todas as manifestações da vida, inclusive, e principalmente, em si mesmos.

Aqui chegados pela reencarnação, começamos a sentir a pressão, o chamamento, a sedução de uma civilização que se programou intensamente para usufruir as atrações da matéria. Logo cedo na vida, começa a disputa pelo poder, o dinheiro, o *status* social e intelectual. Acenam-nos com títulos de glória, com reconhecimento público, com a fama. Vence aquele que se projeta, se destaca e atropela os outros. O que se acomoda a uma existência tranquila, pacífica, serena, no anonimato social e econômico, é tido por derrotado, por fracassado.

Testemunhamos van Waveren, profissional de uma das muitas ciências teoricamente comprometidas com a alma, a confessar candidamente que deseja o aplauso, as glórias acadêmicas, a projeção como cientista, autor de livros nos quais teria desvendado segredos da alma, quando nem a existência dela admite, e muito menos, sua sobreviência à morte corporal, e menos ainda, a reencarnação.

No entanto, ao renascer, veio decidido a não se deixar desprogramar pela cultura moderna, Sabia, da visão que dela tinha da dimensão espiritual, que as escolas e universidades de nosso tempo são padronizadoras. Estão empenhadas em treinar gente que se dê bem com o modelo social, econômico e cultural que predomina 'lá fora', na vida ao largo. E a vida 'lá fora' não sabe o que fazer de pessoas familiarizadas com a realidade espiritual. A demanda é por profissionais de formação técnica, ambiciosos, agressivos, que saibam lidar com a realidade material de cabeça fria, sem emoções outras que não a paixão pelo poder, o dinheiro, o sucesso.

Muitos desses ficam presos e são neutralizados ainda na adolescência, seduzidos pelas aparentes facilidades e sucessos que o crime proporciona. Ou pelo prazer ilusório, curto e destrutivo das drogas. Ou pela desvairada sexolatria.

Nesse ambiente aflitivo, como preservar valores espirituais? Como cumprir programas de recuperação espiritual? Como desempenhar tarefas de reconstrução social, econômica, política ou religiosa?

Enquanto isso, o abandonado projeto de evolução espiritual continua intacto ali mesmo, no outro polo mental do ser, naquilo a que chamamos inconsciente, na individualidade, no território do espírito propriamente dito. O que de pouco adianta, porque a personalidade, o chamado consciente, tomou as rédeas nas mãos e não quer saber do que foi programado para executar durante a permanência na carne.

No caso van Waveren não houve degradação, nem envolvimento criminoso com a vida desregrada – ele apenas deixou de cumprir a parte que tocava à personalidade realizar. Como o tempo ia passando sem que manifestasse o menor desejo de implementar o que ficou combinado, a individualidade (inconsciente) começou a pressionar a personalidade com um bombardeio de sonhos, visões, intuições, sensações e imagens que lhe cabia traduzir em entendimento e, posteriormente, em ação.

A tenaz resistência que opôs ao insistente chamamento ao dever queria dizer, nas suas mil maneiras diferentes, uma só coisa: "Deixe-me aqui mesmo. Estou bem, sinto-me feliz com as mordomias do mundo, o sucesso profissional, o *status* social. Não quero trocar nada disso por improváveis conceitos ocultistas como sobrevivência do ser e reencarnação. Deixe-me em paz!"

Ao cabo de obstinada insistência de parte da individualidade, concordou relutantemente em escrever um pequeno livro, narrando suas experiências. No fundo, porém, a impressão que nos deixa é a de que não estava nada convencido da necessidade de fazer o que lhe era solicitado. Com o que se configura mais uma vez, um problema de comunicação entre alma e espírito, personalidade e individualidade. Mais uma vez a transitoriedade ganhou da permanência.

Seu livro não é, pois, o testemunho de uma transcendente experiência espiritual, mas uma leitura psicanalítica das informações recebidas de Kerel, das visões, dos sonhos e dos textos psicografados. Trata-se de um documento algo angustiante no qual o autor nos parece centrado em se proteger atrás dos biombos da simbologia analítica, de sua terminologia e de suas fórmulas. Seguiu, ao pé da letra, as cautelosas recomendações do amigo Jung, ao convocar para o seu texto as metáforas com as quais a mensagem original se descaracteriza.

O livro teria sido outro, de maior impacto e notavelmente mais útil aos seus leitores e, principalmente, a ele próprio, sem o pesado véu de elaboradas e incompreensíveis imagens.

Mas há outro aspecto, conforme lembramos de início: o que foi que aconteceu com a vivência cristã dessa entidade durante a trajetória de quase dois mil anos, desde Barsabás até Erlo van Waveren?

Penso que, para tentar uma resposta aceitável a essa pergunta, precisamos reverter à primeira questão – falhou, repetidamente, nesse longo período, o entendimento entre alma e espírito. E outra, não menos relevante: o que aconteceu com o cristianismo em si?

Barsabás, ainda que, de início, relutante, conseguiu cumprir adequadamente sua tarefa, ajudando a universalizar os ensinamentos do Cristo. A partir do século IV, contudo, como Asterius, começou a ceder ao chamamento das seduções do mundo, na disputa de poder e prestígio, na ilusão de que, com isso, poderia melhor servir ao Cristo.

Na verdade, porém, o cristianismo que foi reencontrar por essa época não era mais o mesmo. Entrara em processo de entropia. Separara-se em doutrina e prática. A doutrina começou a deformar-se, afastando-se da pureza e simplicidade dos ensinamentos de Jesus, a fim de erigir um complexo, obscuro e pesado edifício de especulações teóricas. Enquanto isso, a prática deixou-se levar pelo ritualismo, o dogmatismo, o exclusivismo salvacionista e, acima de tudo, pela montagem de uma pirâmide hierárquica, que gerou prontamente a disputa de poder, à medida que se expandia a instituição.

Em Wilfrid e em Walter de Gray vemos prelados politizados, ambiciosos, mundanos, interessados no modelo de cristianismo deturpado, como trampolim na disputa de poder e não, no aspecto doutrinário, na pregação do que realmente ensinara e exemplificara o Cristo.

Ao tempo de Fénelon, o modelo cristão estava ainda mais degradado, tanto na prática quanto na doutrina. Os cargos na hierarquia continuavam a ser preenchidos, segundo interesses políticos, ainda que a prática de comprá-los a peso de ouro, como ao tempo de Walter de Gray, estivesse atenuada. Felizmente, para seu projeto evolutivo, Fénelon não se deixou dominar pela ambição desmedida, pela ânsia de poder e riqueza material.

Seja como for, ele não vivenciou, depois de Barsabás, a doutrina de comportamento que o Cristo ensinara. Preferiu devotar-se ao núcleo de poder em que se transformara a instituição eclesiástica, que, aliás, o Cristo não fundara. Por isso, a meu ver, não estava suficientemente preparado para levar a termo, aqui na carne, o compromisso, que assumira na dimensão espiritual, de renunciar às mordomias terrenas para servir à doutrina cristã original. O que o espírito queria dele, como personalidade, como alma encarnada, é que revertesse ao conhecimento que recebera incontaminado, lá nas fontes de onde ele brotara, ou seja, do coração do próprio Cristo.

Jesus ensinou uma doutrina singela, sem complexidades textuais e ritualísticas, sem dogmas e sem hierarquia política. Ele falava de aspectos da vida que estavam sendo repropostos a Erlo van Waveren, ou seja, existência, preexistência e sobrevivência do ser, reencarnação, imortalidade, responsabilidade cármica e, acima de tudo, a existência de um Deus justo, paternal, amoroso, que nos programou para a felicidade, a paz, a harmonia com as leis cósmicas reguladoras do universo.

O ilustrado psicanalista não parecia entender que, para levar avante esse projeto, não é preciso recolher-se a uma caverna de ermitão a fim de isolar-se. Ao contrário, o Cristo nos quer no mundo, pois é aí mesmo que ele precisa de nós, como colaboradores conscientes de sua transcendental tarefa de redenção. Uma redenção, não pelo sangue derramado na cruz, e sim pelo seu exemplo pessoal e pela sua doutrina universal do amor. Você pode ser um bom profissional, um excelente político, um bem-sucedido líder em qualquer ramo de atividade e, ao mesmo tempo, praticar sua experiência e seus conhecimentos religiosos. Pode não, deve, precisa. Tanto quanto a sociedade em que vivemos precisa de gente desse padrão ético.

Acho que tal sonho começará a realizar-se quando chegarmos a um entendimento correto entre aquilo em nós que está ligado ao infinito, e aquela outra área de nosso psiquisimo que fica voltada para os problemas terrenos. Precisamos da matéria para nossas experimentações com a vida, mas é desastroso para o progresso espiritual deixar-se dominar por ela, em vez de se utilizar dela como mero instrumento de aprendizado e evolução.

VIII Um Capítulo Imprevisto

Estranhas coisas acontecem quando a gente escreve um livro. Não teria como falar da experiência alheia e nem sei se você estará porventura interessado em saber da minha. Julguei, contudo, de meu dever deixar aqui documentado um curioso episódio ocorrido ao encerrar-se a tarefa de escrever este.

Cabe-me confessar-lhe, de início, que vejo os livros como algo mágico, e isso não vai apenas para aqueles que escrevo, mas também para os que tenho lido e relido, desde que aprendi a decifrar os hieróglifos através dos quais a gente conversa sem se falar. É que alguns de meus livros portam-se, às vezes, como se dotados de personalidade própria, que sabe muito bem o que quer. Você escolhe o tema, elabora o plano de trabalho, mergulha na pesquisa, passa horas e horas a meditar, traça um roteiro e senta-se, afinal, para escrever o dito cujo. Cabe-lhe traduzir em palavras aquilo que você está pensando.

A tarefa é árdua, solitária, cansativa e, não raro, frustrante, mesmo depois que você pinga no papel, bate na máquina ou clica no teclado do computador o último ponto final. Logo você descobre que aquilo não tem nada a ver com final, porque a obra ainda não está pronta, longe disso. Você começa a reler o que fez e acha tudo uma droga, cheio de erros, desconexo, um horror! Não era aquilo que você queria dizer e nem daquela maneira. O relato não deveria ter tomado o rumo que tomou, coisas que você pensou incluir ficaram de fora, aspectos que não estavam previstos

– como este capítulo, por exemplo – intrometem-se, desconvidados, no texto, e assim por diante.

Eu disse que o autor escolhe o tema, mas aí pelas tantas, não dá mais para saber se foi você mesmo que o escolheu ou foi o tema que escolheu você. Há desconfianças de que, pelo menos em algumas passagens, a obra escreveu a si mesma, como que por geração espontânea, vinda não se sabe donde, nem como ou por quê.

Este livro é um dos tais. Certa tarde de julho, um domingo, bati, vitorioso e aliviado, o já mencionado e ansiosamente esperado ponto final. Ou será que não era? Não deu outra. No dia seguinte pela manhã, o amigo Osmar Ramos Filho me ligou para contar uma historinha, no mínimo curiosa. Andara remexendo a imensa papelada na qual se depositaram anos da pesquisa realizada para escrever sua eruditíssima análise crítica de um suposto pasticho de Balzac. (Caso você não saiba, trata-se de *O avesso de um Balzac contemporâneo*).

De repente, num *flash* 'ao acaso', o olhar de Osmar capta num manuscrito a palavra *Fénelon*. Tratava-se de um texto da veterana *Biographie universelle*, de Michaud, traduzido para o português por Virgínia, sua esposa e competente colaboradora do arrojado projeto literário, que mereceu a admiração de Paulo Rónai.

Ao ouvi-lo falar de seu achado, percebi logo que este livro sobre Fénelon não estava concluído, como eu pensara na véspera. Entre curioso e resignado, preparei-me psicologicamente para escrever este (não programado) capítulo que você está lendo.

Afinal, deixe-me dizê-lo: não é a primeira vez que isto me acontece. Eu já havia terminado a parte que me competiu no trabalhosíssimo *Eu sou Camille Desmoulins*, quando a amiga dra. Élide Cappobianco me telefonou para dizer que havia encontrado um livro raríssimo, de mais de um século, e de cuja existência eu não sabia. Eram os papéis de Desmoulins, que a polícia política havia apreendido e que madame Duplessis, sua sogra, recuperara do Arquivo Nacional, algum tempo após a execução de Camille. Se eu queria o livro? Claríssimo! Foi assim que surgiu o capítulo que, apropriadamente, intitulei "Depois do depois".

O que Osmar e Virgínia me ofereciam agora eram preciosas informações acerca de Lavater. E então você me perguntará: mas que tem Lavater a ver com o seu livro?

É o que veremos a seguir.

Johann Kaspar Lavater, poeta, místico, teólogo, fisionomista e escritor, nasceu em Zurique, na Suíça, a 15 de novembro de 1741, e lá mesmo morreu, a 2 de janeiro de 1801, aos sessenta anos incompletos.

Anote aí uma das primeiras coincidências – sincronicidade, diria o dr. Jung – seria ali mesmo, em Zurique, que Erlo van Waveren se encontraria com Jung, seu mestre e amigo pessoal, cerca de um século mais tarde, em busca da formação profissional como psicanalista.

Lavater não revelou talento especial prematuro. Era o primeiro a reconhecer-se medíocre. Somente o temor de ser castigado – lê-se em Michaud – sustentava nele o esforço de exigir de si mesmo o mínimo indispensável para livrar-se das punições impostas aos estudantes relapsos de seu tempo. O mesmo temor de não se dar bem nos estudos perseguiu van Waveren.

> Durante toda a minha vida [escreve ele em *Pilgrimage to the rebirth* (p.18)] me vi forçado pelas circunstâncias a não seguir o roteiro acadêmico. Dinheiro nunca foi problema – continua –, mas *me sentia emocionalmente inadequado e pesadamente sobrecarregado pelos meus complexos, para seguir a carreira acadêmica.* [Destaque meu]

Repercute em tais palavras sentimentos que ocorriam a Lavater, que a *Biographie* considera "doce e tímido", ainda que sujeito a impulsos de "extrema audácia, quando o ressentimento de uma ação injusta excitava sua cólera".

Você percebe logo que estamos explorando o traçado de um singular paralelo entre Fénelon, Lavater e Erlo van Waveren. É verdade, estamos. Revelam-se neles semelhanças de caráter, temperamento e interesses pessoais. Não partiu de mim a proposta de que o psicanalista holandês tenha sido a reencarnação de Fénelon – ele próprio o fez, como também vimos. Neste imprevisto capítulo suplementar estou, contudo, disposto a examinar a possibilidade de Lavater haver sido também uma das vivências anteriores de van Waveren, e posterior de Fénelon.

Estamos lembrados, da leitura deste livro, que, numa das suas visões retrospectivas, van Waveren percebeu, na imagem de dez diamantes suspensos no ar, dez de suas próprias existências anteriores. Somente seis delas foram mencionadas no seu texto. Uma das quatro restantes poderá ter sido a de Lavater. Temos, pelo menos, um inventário de curiosas similitudes e coincidências a justificarem uma aceitável especulação. Que, afinal, é o que estou partilhando com você.

Vejamos as datas. Fénelon viveu na França entre 1651 e 1715, morrendo aos sessenta e quatro anos incompletos, em consequência de um acidente em que foi atropelado por uma viatura. Lavater nasceu em 1741, cerca de vinte e seis anos após a morte de Fénelon, e morreu em 1801, aos sessenta anos incompletos, de um tiro durante a revolução helvética. Van Waveren nasceu em 1902, na Holanda, e foi ao encontro de seu destino exatamente em Zurique, onde vivera Lavater.

Há outro traço psicológico que parece comum às três personalidades – o gosto e a atração por uma causa de caráter místico, bordejando pelo maravilhoso. Em Fénelon foi o quietismo de madame Guyon que desencadeou sua desgraça.

Quanto a Lavater, lemos na *Biographie* (verbete de autoria de Paul Louisy):

> Bem cedo deixou perceber qual seria a diretriz principal de seu caráter, buscando avidamente os fatos bizarros, as histórias singulares, tudo aquilo, enfim, que pudesse lisonjear *seu gosto inato pelo maravilhoso.*

"Gosto inato" é uma boa expressão para o caso, ao apontar para a faculdade ou disposição que a pessoa traz consigo ao nascer, em vez de adquiri-la no decorrer da existência, como a linguagem, por exemplo.

Em van Waveren, foi esse mesmo gosto pelos aspectos singulares e considerados ocultos da vida que teria canalizado seu interesse para a psicanálise, uma nova maneira de explorar o maravilhoso e o desconhecido, que se abrigam nos conteúdos inconscientes do ser humano.

Será – me pergunto – que a rejeição da realidade espiritual, que constituiu a tônica de sua vida como van Waveren, não seria, ainda, provocada pelo temor residual dos conflitos que arruinaram sua vida como Fénelon? Não me empenho em tentar convencer ninguém da validade da hipótese, deixo-a apenas aberta à meditação de você, que me lê. Um curiosidade a mais, entre tantas.

A despeito de suas reservas ao aprendizado que os colégios de sua época tinham a lhe oferecer, Lavater dedicou-se "com assiduidade exemplar" – qualifica a *Biographie* – aos cursos de teologia, em Zurique. Teve de se haver, aí, com outra persistente matriz intelectual que, a meu ver, também trazia do passado. Relembrando Fénelon, tendia a ser um teólogo liberal, menos dogmático e, como o antigo arcebispo de Cambrai, tolerante com as 'variações' heréticas que Bossuet, seu amigo/adversário, identificava nos protestantes.

Seja como for, Lavater não se deu bem com o formato da teologia que lhe estavam ensinando em Zurique. Achava-a "estreita e severa", e empenhada "numa controvérsia árida, (que) tendia a fazer dos jovens ministros mais campeões do ideário protestante do que educadores e amigos do povo".

O que os teólogos protestantes, seus mestres, lhe ensinavam,

> [...] estava longe de satisfazer a alma ardente de Lavater. Pouco lhe importavam os argumentos da escola e as disputas alimentadas pela pregação nas cátedras e púlpitos, a ele que havia optado por modelos como Klopstoch e Jean Jacques Rousseau!

Em vez disso, e tal como fizera Fénelon em alguns de seus escritos mais liberais:

> [...] deixando de lado, como armas inúteis, as fórmulas teológicas, esforçava-se, de acordo com os membros da sociedade ascética, por dar à religião os fundamentos mais humildes, porém mais duráveis, da moral corrente.

Com esse propósito em mente, elaborou para si mesmo um roteiro de conduta, ao qual se manteve fiel durante toda a sua vida. Dizia assim, esse texto:

> Sê o que és e te mostres como tal. Que nada se afigure grande ou pequeno aos teus olhos. Simplifica sempre os teus objetivos nas ações habituais e, principalmente, em meio às agitações e tormentas do temor e da dor. No momento que passa, limita-te, se puderes, ao que se encontra mais perto de ti. Reconhece Deus em todas as coisas, no imenso sistema dos astros como nos grãozinhos de areia. Dá a cada um o que lhe é devido. Espera, projeta tua existência no futuro. Saibas esperar. Aprende a fruir de tudo e a renunciar a tudo.

Também como Fénelon, Lavater viu despertar em si mesmo agudo interesse por uma sociedade mais justa. Foi esse ideal, aliás, que acarretou a ele o primeiro confronto mais grave com o sistema vigente em seu país. No que a *Biographie* considera seu "primeiro ato público", Lavater assumiu uma atitude tida por corajosa, mas que, em verdade, foi temerária. Denunciou à opinião pública, em um panfleto, o juiz supremo, de nome Grebel, como culpado pelas opressões político-sociais, em decorrência dos conflitos de 1762.

A audácia de seu gesto desencadeou contra ele, antigo nobre francês, a pronta e maciça reação da nobreza suíça, do que resultou ficar marcado como perigoso pensador subversivo. Ainda que a causa fosse justa, como assinala seu biógrafo, Lavater se viu forçado a ceder aos apelos da família e ausentar-se do país, por algum tempo.

Em companhia de Fuessli, seu amigo pintor, partiu para a Alemanha, onde residiu durante um ano, ora em Barth, na Pomerânia, ora em Berlim.

O exílio, no entanto, revelou-se proveitoso. Lavater conviveu com pessoas que contribuíram para ampliar e aprofundar sua visão do mundo, como Hess, Sulzer e Spalding. O que, por sua vez, concorreu para aperfeiçoar-lhe o talento literário, conferindo à sua prosa toques de bom gosto e elegância, tanto quanto moderação às suas ideias.

Não lhe faltou nem mesmo, como a Wilfrid, Walter de Gray e Fénelon, o contato, "por mais indireto que fosse" – assinala a *Biographie* –, "com a sociedade esclarecida que circulava à época pela corte de Frederico II".

Em Berlim, escreveu os *Cantos helvéticos*, seu trabalho poético que obteria a melhor acolhida. Não que fosse, no entender de Paul Louisy, um primor de forma e conteúdo. Como peça literária é considerada inferior às elegantes produções de Haller, seu compatriota.

> [...] há nos seus versos, contudo [informa o biógrafo] mais calor e energia, e os sentimentos do patriotismo suíço são neles expressos de modo ingênuo e tocante, o que os tornou logo populares.

Em 1764, aos vinte e três anos, portanto, Lavater retornou à sua cidade natal, casou-se, foi ordenado e designado – outra simetria histórica com Fénelon – para um diaconato, numa instituição para órfãos.

Como você se lembra, uma das primeiras tarefas do jovem Fénelon foi a de se incumbir da reeducação de jovens e senhoras vindas do protestantismo e recém-convertidas ao catolicismo. Competia-lhe, agora, instruir, na doutrina e nas práticas protestantes, jovens que, de outro modo, poderiam se tornar católicos.

Funções idênticas assumiria em 1778, junto à igreja de São Pedro, da qual se tornou pastor em 1786, "após ter-se recusado" – diz a *Biographie* – , "nessa qualidade, a pregar o *Evangelho* em Breme". O biógrafo não informa das razões que o teriam levado a tal recusa.

Sem ser o brilho da carreira eclesiástica de Fénelon, na França, Lavater desempenhou a inteiro contento suas tarefas religiosas. Não alcançou os postos mais elevados da igreja, mas "nos últimos tempos de sua vida" – informa Louisy – "estagiou no Consistório Supremo de Zurique". Chegou perto do topo.

Com ligeiras adaptações na ênfase deste ou daquele aspecto, trechos inteiros de sua biografia poderiam ser atribuídos a Fénelon. Veja este, por exemplo, que se lê na *Biographie*:

> Homem dedicado ao trabalho e ao dever, antes de mais nada, Lavater regulou com precisão exata, até mesmo supersticiosa, o emprego de seus dias.

> Soube conciliar tão maravilhosamente as exigências de seu ministério com as incessantes distrações que, tanto sua benevolência quanto sua celebridade atraíam, que, mergulhando nos detalhes de sua vida, não se fica mais espantado com a quantidade de trabalhos impressos ou manuscritos que saíram de sua pena no espaço de trinta anos.

Em Lavater, o biógrafo destaca, na multiplicidade dos talentos, o poeta, o teólogo, o pregador, o filósofo, o publicista. E acrescenta que, se "ele não tem sob cada um desses aspectos idêntico grau de mérito, mostra-se sempre honesto, corajoso, sincero, ardente no bem".

Em Fénelon, poderíamos listar o teólogo, o educador, o filósofo, o literato, com semelhante configuração para a honestidade de propósitos, a coragem moral, a sinceridade e o invariável propósito de trabalhar pelo bem. Tanto quanto a obra de Lavater, a de Fénelon impressiona pelo volume e pelo conteúdo, embora a qualidade dos textos tenha sido melhor no antigo arcebispo, que subiu ao olimpo da glória literária na academia.

Ressalvando que, paradoxalmente, Lavater se tenha tornado mais conhecido "como inventor do sistema fisiognomônico, merece ser incluído entre os espíritos de elite do século dezoito", da mesma forma que Fénelon figura entre os mais expressivos intelectuais de sua época, que, aliás, abrange os primeiros quinze anos do mesmo século dezoito. Em Fénelon, no entanto, em vez do "paradoxal sistema" fisiognomônico, encontramos o não menos paradoxal sistema do quietismo.

Tanto Lavater quanto Fénelon foram dotados de carismático encanto pessoal. Louisy destaca, para exemplificar esse traço, a virulência do ataque de Lichtenberg, que revela, paradoxalmente no mesmo texto, seu fascínio pela personalidade de Lavater, ao escrever : "Para mim ele não passava de um ridículo charlatão. Mas, quando o encontrei, ele me desarmou contra a minha vontade, e identifiquei nele irresistível encanto."

A *Biographie* informa que outros detratores se deixaram envolver por esse charme. Tal qual Fénelon, em tudo por tudo.

Esses e outros componentes de caráter, tanto quanto preferências, atitudes, vivência de situações parecidas e até mesmo traços fisionômicos costumam passar de uma reencarnação a outras.

Esse conjunto de aspectos lembram – ou sugerem, se você prefere ser mais cauteloso – uma visão especular quando colocamos, como neste livro, as diferentes existências lado a lado. Por isso, costumo tratar o curioso fenômeno como se fossem instigantes simetrias históricas, mesmo porque algumas delas se mostram, como ao espelho, às avessas.

Vejamos um caso apenas, para exemplificar.

Fénelon teve problemas de relacionamento com os jesuítas. Não eram de seu agrado os sacerdotes dessa ordem e nem os métodos por eles empregados. Em extremada situação, chegou a negociar com eles um acordo em proveito de causa que considerava nobre, mas sempre desconfiou desses colegas de batina.

> Por mais zeloso que fosse [informa a *Biographie*] nem por isso (Lavater) escapou de ser acusado pelos mais devotos de simpatizar secretamente com o papismo: foram reprovadas suas ligações com os jesuítas, principalmente com o padre Sailler, de Munique...

Com Fénelon ocorreu ao contrário: acusaram-no de suspeita tolerância em relação aos protestantes e não faltou quem lhe censurasse a rejeição aos jesuítas.

Estranho como possa parecer – se não temos em mente a possibilidade de ter sido Fénelon, em existência anterior –, Lavater carregava consigo evidente nostalgia do altar, das pompas, dos rituais, e até da teologia católica. A *Biographie* menciona versos seus "em homenagem a algumas cerimônias católicas". Acrescenta que "até mesmo o barrete que usava habitualmente, dava a impressão de esconder uma tonsura", clara repercussão do indispensável solidéu dos senhores príncipes da igreja católica.

• • •

Faço uma pausa para recuperar, de minhas próprias lembranças, ensinamentos colhidos com minha mãe, católica convicta, sincera e praticante. Foi quem me explicou a razão de ser daquela estranha concha que usavam os sacerdotes no local da cabeça onde ficava a tonsura, que, no meu vocabulário da época, era conhecida como coroa. Para mim, nem era uma coroa, mas uma espécie de capina circular nos cabelos – de quem os tinha – a significar uma atitude de humildade perante Deus. O solidéu – ensinou-me a minha querida dona Helena – tinha esse nome porque só se tirava diante de Deus – *soli Deo* –, em momentos especiais das práticas litúrgicas.

Estou recorrendo a essas lembranças porque leitores e leitoras mais jovens talvez nem saibam mais o que seja isso. Pelo menos não vejo mais sacerdotes tonsurados por aí. Aliás, vejo poucos sacerdotes. Ponto. Pelo menos como aqueles de minha infância, de batina, solidéu, colarinho eclesiástico, meias de diferentes cores, conforme a posição hierárquica, e gestos solenes transpirando autoridade.

• • •

> Essas recriminações [prosseguc a *Biographie*] a princípio formuladas vagamente, serviram de pretexto a Nicolai e a Bieseler, de Berlim, para dirigirem contra Lavater uma denúnica formal de infidelidade à doutrina protestante.

Lavater refutou a acusação com sua reconhecida competência. Estamos, portanto, diante de uma disputa simétrica, ainda que muito menos virulenta, da que sustentou Fénelon com Bossuet e outros, que o acusavam precisamente de suas simpatias pelo protestantismo.

Pela sua formação, Lavater dedicava-se com seriedade aos preceitos reformistas. Significativamente, no entanto, pergunta-se o autor do verbete sobre ele na *Biographie*: Não seria mesmo de "considerá-lo suspeito de ter-se voltado, no fundo do coração, para uma religião cujos mistérios deleitavam seu gosto pelo maravilhoso"?

> De fato [continua], é preciso estabelecer certo vínculo entre essa disposição do caráter de Lavater e sua doutrina sobre a perpetuidade dos milagres, sobre o poder da prece, sobre o homem-deus, tanto quanto a adoção de algumas das suas mais singulares opiniões e seu conhecido pendor pelos taumaturgos de toda espécie, os Gassner, os Mesmer, os Cagliostro.

Não parece estarmos falando do mesmo tipo de fascínio pelo maravilhoso, que levou Fénelon ao envolvimento com a mística do quietismo pregado por madame Guyon?

Vejamos como a *Biographie* narra – em nota de rodapé (p. 998) – o interessante envolvimento de Lavater com Cagliostro:

> Ele acreditou ter identificado em Cagliostro um mago, ser sobrenatural, encarregado de uma *missão diabólica*, (pois acreditava firmemente no diabo, sobre cuja existência, poder e atributos compôs todo um livro). Foi às pressas encontrar-se com ele na Basiléa. "Se você é o mais instruído de nós dois" – disse-lhe rudemente o mago – "não tem necessidade de mim; se sou eu o mais sábio, não preciso de você."

Nada desencorajado por essa recepção hostil, escreveu-lhe no dia seguinte: "De onde provêm seus conhecimentos? Onde os adquiriu? Em que consistem?". Cagliostro limitou-se, por resposta, a estas ambíguas palavras: "*In verbis, in herbis, in lapidus.*" (Na palavra, na planta, na pedra).

Convencido mais do que nunca de estar tratando com um enviado de Satã, o pastor de Zurique sustentou com ele violentos debates, e de bom grado teria sacrificado sua vida pela felicidade de triunfar desse inimigo do ser humano.

A crença no demônio teria sido, certamente, uma das que se transferiu de uma existência para outra, pois vamos encontrá-la, novamente, nas especulações (teológicas? psicanalíticas? filosóficas?) do dr. Erlo van Waveren.

Estamos lembrados de que, no entender do doutor, o erro cometido na formulação da teologia cristã, ao desconsiderar-se o problema do mal, teria de ser corrigido pela restauração do demônio, que ele funde inseparavelmente com a personalidade do Cristo. Mais uma simetria a juntar-se às que já identificamos.

E por falar em van Waveren – possível reencarnação posterior de Lavater –, vale destacar neste certas reflexões que parecem antecipar posturas do eminente analista junguiano, no século vinte. Lê-se, de fato, no verbete acerca de Lavater, na *Biographie* (p. 998), em transcrição de texto do dr. Moreau:

> Acostumado [diz o doutor Moreau] a descer ao fundo de si mesmo, a perder-se aí nos êxtases e na iluminação, o indefinido, a misteriosa obscuridade de uma crença extraordinária tinham para ele esse atrativo que a melancolia parece encontrar na noite e na solidão. As causas mais ocultas, mais obscuras, tudo o que era escondido, desconhecido, fora do alcance dos sentidos, tudo o que lhe era incompreensível jamais lhe pareceu difícil de crer. Havia para ele uma espécie de voluptuosidade intelectual na incerteza do pensamento e nas crenças cheias de segredo, na perspectiva ilimitada de todos os possíveis, nessa visão do infinito que, como a esperança, suscita emoções tão vivas nas pessoas dotadas de imaginação instável e apaixonada.

Lavater não deve ser considerado um grande poeta.

> Importava-se pouco com a melodia natural dos sons [avalia a *Biographie*], caía na monotonia e na secura, e a maior parte de tais peças, saídas de uma inspiração apressada, não tem mais interesse senão para a crítica.

Como Fénelon, antes dele, abordou "muitas vezes a epopeia" e inspirou-se em temas do cristianismo primitivo, como em *A nova messiade*, *José de Arimatéa*, *Os atos dos Apóstolos* ou *Pôncio Pilatos*. Não é de se esperar que tivesse consciência de que, como Judas Barsabás, testemunhara ou até participara daquelas antigas histórias, que lá estariam depositadas, intactas, no seu inconsciente.

Paul Louisy, autor do verbete biográfico, lembra ainda os seus talentos como orador sacro – e nisso também é comparável a Fénelon. Só que, ao contrário de Fénelon, preferia improvisar no púlpito, em vez de escrever suas peças de pregação.

> Mas [prossegue a *Biographie*] foi um missionário zeloso, que encontrava na caridade mais pura as fontes habituais de sua eloquência. Num texto que seu biógrafo reproduz, encontramos exemplo do seu estilo e de sua convicção na inata espiritualidade do ser humano. "Vi os mais perversos dos homens" – escreveu –, "vi-os no momento mesmo do crime, e nem toda a sua maldade, suas blasfêmias, seus esforços para oprimir a inocência poderiam apagar na expressão de seus rostos os reflexos de uma luz divina, o espírito de humanidade, os traços indeléveis de uma perfectibilidade eterna: ainda que se insistisse em esmagar o culpado, ter-se-ia, ainda, abraçado o ser humano."

Encontramos em Lavater aquele mesmo charme de Fénelon, no relacionamento com pessoas de destaque ou de condições humildes. Conta uma nota de rodapé, ainda na página 998, comovente cena de solidariedade humana e de fé. O ilustre pastor foi procurado por um infeliz que lhe pedia socorro.

> Nada tendo a dar no momento, põe-se a orar. Sua fervorosa piedade pede aos céus um milagre a bem da caridade. Após ter longamente orado, encontrou na escrivaninha uma importância em dinheiro, cujo aparecimento atribuiu à providência e que empregou da maneira como tanto desejara.[...]
>
> Era, de resto, uma verdadeira felicidade para ele –[ê-se mais adiante] o benefício de uma revelação divina, manifestando-se incessantemente ao homem virtuoso. Não tinha recursos suficientes para fazer todo o bem que desejava; a misteriosa ajuda dos poderes invisíveis era a única que parecia satisfazer todos os propósitos dessa alma devotada.

O propósito de Lavater, em seus numerosos escritos, era o de "reagir contra a invasão das ideias filosóficas e retemperar a poesia nas sagradas fontes da tradição cristã".

Tal como Fénelon, a despeito de sua reconhecida suavidade e bom trato com as pessoas, "o fervor ortodoxo (de Lavater) o levou por vezes a lamentáveis gestos de intolerância, dos quais ele se arrependeria mais tarde".

Em nota de rodapé, à página 998, o biógrafo informa que Lavater

> [...] afligia-se inúmeras vezes por causa da perigosa insensatez do ateísmo, que se alastrava por toda a sociedade esclarecida. Estava, no entanto, convencido de que o império dessa onda seria passageiro. Deus recorreria a novas manifestações para se dar a conhecer e que, enfim, a revelação e os milagres estavam prestes a recomeçar para esclarecer e salvar os seres humanos.

Esse curioso texto nos lembra a postura profética e apocalíptica do dr. van Waveren, na expectativa de dramáticas manifestações de um Deus, que se reconhece equivocado e disposto a corrigir suas falhas, suscitando espantosos fenômenos cósmicos corretivos.

Não há dúvida, no entanto, de que Lavater também viveu e agiu como "instrutor dos valores da vida", tenha ou não sido Fénelon reencarnado. Foi amplo o espectro de seus interesses intelectuais, mas o objetivo dominante de toda a sua obra foi o de instruir, leitores e leitoras, em conceitos moralizantes.

Muito gostaria eu de dispor de tempo e condições para estudar algumas de suas numerosas obras. Ponho aqui apenas alguns exemplos: *Pesquisas filosóficas sobre as provas do cristianismo*, *Palingenesia filosófica*, *Reflexões sobre eu mesmo* e até seus curiosíssimos *Sermões sobre a existência do diabo e sua influência – com explicação acerca da história da tentação de Jesus*.

Isto sem contar suas interessantes especulações acerca da fisionomia, que seria o estudo que mais o notabilizou e ao qual dedicou os últimos anos da existência.

Foi nos *Ensaios sobre a fisiognomonia* que lançou as bases daquilo que considerou uma nova ciência.

> Até a idade de vinte e cinco anos – escreve seu biógrafo – não se ocupara absolutamente do assunto. Sua extrema versatilidade e a sensibilidade com as quais sempre captava algo da vivacidade do instinto e da prontidão do pressentimento, faziam-no experimentar, por vezes, à vista de certas fisionomais, fortes repulsões e simpatias. [...]
>
> A princípio [diria mais tarde] ele considerava ridículas tais impressões e tratou de assumir atitude "mais circunspecta" diante delas, sentindo-se até algo desconfortável. Anos escoaram – prossegue – antes que me arriscasse outra vez a articular um só de tais julgamentos súbitos, ditados pela impressão momentânea, mas me divertia em desenhar os traços de um amigo, após tê-lo fixado e contemplado durante alguns momentos. Pouco a pouco desembaracei-me das sensações confusas ao desenhar e me tornei mais sensível às proporções, aos traços, às semelhanças e dissemelhanças.

Certa vez, em Brugg, formulou um julgamento decisivo, e sem qualquer interferência da reflexão, sobre o caráter de um homem que divisou na multidão, apesar de estar de olhos baixos e da distância em que se encontravam na rua.

Zimmerman, que conhecia o homem visado, perguntou-lhe surpreendido em que se baseava tal apreciação. "Sobre o torneado do pescoço" – respondeu Lavater. Foi com esse episódio, a seu ver, que formalmente começaram as pesquisas que lhe ocupariam todo o tempo disponível pelo resto de sua vida.

Os primeiros resultados foram publicados em uma dissertação redigida para a Sociedade Física de Zurique. Lavater acha até que houve precipitação do amigo Zimmerman em tomar a iniciativa de publicar o trabalho. O principal estudo sobre os mistérios da fisionomia somente seria lançado anos mais tarde, em 1772.

Antes de Lavater nada se escrevera de mais profundo sobre o assunto, ainda que certa relação entre o caráter do indivíduo e seus traços fisionômicos tenha sido percebida por pessoas mais observadoras, ao longo dos tempos.

Aristóteles foi um desses. Tentou mesmo sistematizar a matéria, propondo-lhe algumas regras a partir da íntima ligação que via entre a moral e o físico do ser humano.

A *Biographie* lembra que Montaigne, Bacon e vários outros estudiosos dedicaram-se a semelhantes especulações, mas coube a Lavater

> [...] fundar a fisiognomonia sobre suas próprias descobertas, libertando-a das amarras da metoscopia (aparência ou visão da face), da quiromancia e demais práticas supersticiosas medievais. (p. 1000)

Bacon chegou a considerar o assunto como ciência, em vista de recorrer à observação.

> O que distingue Lavater de todos os seus predecessores [escreve um de seus críticos não identificado pelo biógrafo (p.1000)] é o haver separado os sintomas das paixões, dos indícios e sinais das inclinações e hábitos, é ter substituído máximas por demais generalizadas por observações específicas e ter aperfeiçoado e estendido, em felizes aplicações, tais observações às artes; é sobretudo, por haver assentado suas pesquisas na diferença e combinação dos contornos e das linhas, nos retratos e silhuetas e por atribuir a cada parte, a cada divisão da fisionomia, valores que só a experiência pode reconhecer. Essa maneira de proceder, que lhe é própria, levou-o a tratar sempre a fisiognomonia como ciência, cujo fim é individualizar, tanto quanto possível.

Sua cuidadosa metodologia não o livrou de cometer sérios equívocos. E ele era o primeiro a reconhecê-lo, com lealdade e franqueza. Isto aconteceria mesmo mais tarde, quando já conseguira acumular grande experiência na análise do caráter das pessoas a partir dos traços fisionômicos.

Um desses graves equívocos ficou documentado. Em carta artificiosamente elaborada com algumas palavras de duplo sentido, Zimmerman submeteu ao exame de Lavater o perfil de um brutal e feroz criminoso, condenado à morte por esquartejamento, em Hannover. Lavater, que estava à espera de um retrato do célebre Herder, discorreu na sua interpretação da catadura do criminoso sobre uma pessoa dotada de sublimes qualidades e das mais nobres tendências.

A *Encyclopaedia britannica* – verbete "Lavater", Johann Kaspar, vol. 13, p. 775) –, considera que Lavater é principalmente lembrado hoje por sua obra acerca da fisiognomonia que, no entanto, qualifica como "subproduto de seu gênio".

Informa que *Physiognomische fragmente zur beförderung der menschenkenntnis und menschenliebe (Fragmentos fisiognomônicos para difundir o conhecimento dos homens e estimulá-los à filantropia)*, publicado entre 1775 e 1778, "encontrou muitos admiradores entusiasmados na França e na Inglaterra, bem como na Alemanha". Acrescenta que Goethe escreveu um capítulo especial para o livro do amigo. Na severa opinião da *Britannica*, no entanto, o livro "deixou a ciência da fisiognomonia tão inconsistente e anticientítica como a encontrou".

Segundo o autor desse verbete, obra mais representativa do gênio de Lavater seria seu estudo "algo místico, *Aussichten in die ewigkeit* (1769-1769), sobre a eternidade.

Se é que posso me meter em tais discussões, gostaria de ler seu meticuloso trabalho acerca do diabo e outro cujo título figura na *Biographie*, instigantemente intitulado *Protokoll über den spiritus familiaris Gablidone*, publicado em Breme, em 1787. Trata-se, ao que posso depreender dessa mistura de alemão, latim e italiano, e com a ajuda do francês, de uma obra sobre manifestações de uma entidade espiritual por nome Gablidone. Infelizmente não há como ler o livro. Por duzentas razões, a primeira das quais é a de que não tenho acesso a ele, mas também porque não sei alemão. Do que se depreende que Lavater andou interessado no intercâmbio com os espíritos. Como, aliás, ficou documentado nas cartas que o pastor escreveu à imperatriz da Rússia e que Allan Kardec reproduziu na *Revista Espírita*. Veremos isso mais adiante, neste livro.

Imagino – se a nossa hipótese aqui pode ser considerada legítima – que ele estaria se preparando para compor a equipe de entidades que colaborariam com o prof. Rivail, a partir de 1854, na França, na montagem da doutrina dos espíritos. Usaria, nessa tarefa, a identidade de Fénelon, tanto quanto, ocasionalmente, a de Lavater. Há que se notar que Lavater morreu em 1801, três anos antes do (re)nascimento de Kardec, em 1804, em Lyon, na França.

Antes de fechar a competente *Encyclopaedia britannica* e restituí-la à estante, deixem-me acrescentar mais uma dessas pequeninas curiosidades. Lavater morreu em consequência de um tiro que levou de um *soldado francês*, quando Massena tomou Zurique para Napoleão, em 1799. (Este Massena, marechal de França, era chamado por Napoleão de "o filho querido da vitória", ou seja, um obstinado vencedor). Lavater ainda viveria cerca de dois anos, baleado, até morrer, a 2 de janeiro de 1801, como vimos. Curiosamente, Fénelon também não morreu no momento em que foi atropelado, porém, mais tarde, das sequelas do acidente.

Outro aspecto que nos leva de volta a pensar nas semelhanças entre Fénelon e Lavater está nos comentários, ainda na *Britannica*, onde lemos o seguinte:

> Sua veemente oratória e a genuína profundidade de suas convicções proporcionaram-lhe extraordinária influência pessoal. Era consultado como conselheiro espiritual por milhares de suíços e alemães, tanto pessoalmente, como por correspondência. Seus escritos de natureza mística tornaram-se também amplamente populares.

Tal apreciação pode ser transferida letra por letra a Fénelon. E ainda nos faz lembrar a observação do dr. Erlo van Waveren, cujo inconsciente insistia em qualificá-lo como "instrutor dos valores da vida" e, portanto, preparado para atender aos milhares de admiradores que buscavam seus conselhos tanto na França, como Fénelon, quanto na Suíça, como Lavater. Se não é a mesma entidade, pelo menos muito se parecem.

Mas resolvi consultar também Will Durant, que tenho lido e estudado assiduamente, por muitos e muitos anos, como sabe você que me lê. Encontro referências a Lavater em *Rousseau and revolution*, volume X de sua monumental *História da civilização*, como ele preferiu intitular sua obra.

Durant considera Lavater "destacado suíço da geração posterior à de Rousseau". Seu texto, mais adiante, pode ser, como o da *Britannica*, que vimos há pouco, atribuído com justeza a Fénelon. Para o historiador americano, Lavater "conservou, durante toda a sua vida, a mais fervorosa ligação com o cristianismo ortodoxo", mas, ao mesmo tempo, "não foi dogmático; cultivou amizades através de fronteiras religiosas e nacionais e todos os que o conheceram respeitaram-no; muitos o amaram".

E mais:

> Escreveu livros sobre a piedade mística (Lembram-se dos escritos de Fénelon acerca do pietismo de madame Guyon?), discorreu imaginosamente sobre o *Livro das revelações* (seria novamente atraído pelo discurso apocalíptico como van Waveren), acreditou nos poderes milagrosos da prece e em Cagliostro e *deu à sua mulher tratamentos hipnóticos prescritos por Mesmer.*

Talvez eu tenha abusado dos destaques e dos comentários entre parênteses, mas achei que deveria chamar sua atenção para as semelhanças.

Quanto ao envolvimento de Lavater com a fisiognomonia, Durant tem uma visão menos severa do que a da *Britannica* e até compreensiva.

> Estudou [escreve Durant (p. 641)] as aparências, as cabeças e o corpo de eminentes indivíduos e correlacionou características cranianas e faciais com específicas qualidades da mente e do caráter. Suas análises e conclusões foram amplamente aceitas, mas são hoje, geralmente, rejeitadas; seu postulado principal de que atributos psicológicos participam (com o ar, o ambiente, a dieta, a ocupação, etc.) na moldagem do corpo físico e da face, conservam substancial medida de verdade. Toda face é uma autobiografia. [Os comentários entre parênteses não são meus – estão no original inglês.]

Entre a avaliação proposta pela *Britannica* e a de Durant, fico mais perto desta última, ainda que minhas razões pela opção sejam um tanto diferentes das que oferece o historiador americano. Não há dúvida para mim de que os "atributos psicológicos" a que alude Durant influem realmente na moldagem do corpo físico e da face dos seres humanos. Isto se faz, segundo ensinamentos da doutrina dos espíritos, através do perispírito, que funciona como modelo organizador biológico, segundo terminologia científica mais recente.

O perispírito – também conhecido como corpo espiritual, nos textos de Paulo de Tarso – é um campo magnético que não apenas dirige a formação do corpo físico durante a gestação, como administra o processo de troca entre o ser encarnado e o ambiente em que vive. É neste ponto que cabe a observação de Durant, segundo a qual participam das estruturas do corpo físico e do seu funcionamento fatores como o ar, a água, a alimentação e as condições ambientais. Mais do que isso, é através desse corpo sutil que a entidade reencarnada transmite seus comandos ao corpo físico, manipulando os controles implantados no cérebro. Sendo um campo magnético sensível aos atributos psicológicos lembrados por Durant, o perispírito acaba plasmando no corpo físico deformações de caráter, tanto quanto aspectos positivos que a entidade tenha conseguido consolidar no correr dos milênios, já vividos em numerosas existências terrenas. Em outras palavras: a entidade serena, pacificada, inteligente, esclarecida, usualmente consegue plasmar para si mesma um corpo físico no qual tais qualidades como que se materializam nos delineamentos do corpo e, principalmente, nos traços predominantes da face. Um espírito atormentado, e ainda embrutecido, projeta no corpo físico traços grosseiros e pesados. Não há dúvida, no entanto, de que em todo esse processo atuam as fortes imposições da genética.

Gostei da inteligente imagem de Durant para o qual "toda face é uma autobiografia".

Nas suas pesquisas sobre a reencarnação, o dr. Ian Stevenson, da universidade de Virginia, chamou a atenção para o fenômeno do aparecimento de marcas de nascença (*birth marks*) no exato ponto em que a pessoa tenha sido ferida em existência anterior – punhaladas, tiros, pancadas na cabeça, por exemplo –, tanto quanto alergias ou disfunções em determinados órgãos que tenham sido abusivamente manipulados no passado.

Há, portanto, um conteúdo de verdade na fisiognomonia de Lavater, como assinala Will Durant. Mesmo assim, ainda acho que muito das percepções do prelado e pensador suíço era gerado por mecanismos puramente intuitivos. Em outras palavras: ele não *lia* o caráter da pessoa analisada apenas nos seus traços físicos – ele recebia dela uma mensagem global, uma impressão não verbal, que se incumbia de traduzir em palavras aquilo a que costumamos chamar *feeling*, sensação, impressão.

A interface consciente/inconsciente evidencia-se na análise que o próprio Lavater faz, às vezes, do processo que produz nele uma espécie de revelação acompanhada de forte sensação de repulsa ou simpatia, à vista de certas fisionomias, como vimos há pouco. Tais julgamentos eram "súbitos, ditados pela impressão momentânea", antes que o procedimento dito racional do consciente interferisse para deformá-las e descaracterizá-las. Isto explicaria por que, no início de suas experimentações com esses *insights*, ele os achava ridículos, simplesmente porque lhe pareciam irracionais. Com o tempo, ele aprendeu a valorizar as primeiras impressões, ainda não manipuladas pelo consciente, tal como haviam sido recebidas dos dispositivos da intuição.

Essa desconfiança, que assumia com frequência as proporções de uma rejeição, transbordou e foi ressurgir no dr. van Waveren, que, juntamente com a esposa, considera irracionais os fenômenos que ocorrem com ele durante as regressões de memória, quando sai em busca de seu próprio passado.

Repercute ainda, em van Waveren, na sua opção pela psicanálise, aquilo que o dr. Moreau identificou em Lavater, ou seja, o desejo de "descer ao fundo de si mesmo, a perder-se nos êxtases e na iluminação, no indefinido, na obscuridade misteriosa de uma crença extraordinária". O que, por sua vez, aconteceu a Fénelon, no seu encantamento pelo quietismo.

Antes de van Waveren, portanto, Lavater lidava com o inconsciente, procurando decifrar a enigmática linguagem não verbal do pensamento que se processa à direita do cérebro, em outra área de seu psiquismo. Ao aceitar a validade desse diálogo consigo mesmo, por mais 'irracional' que lhe parecesse, de início, o intelectual suíço conseguiu vencer o tipo de inibição que praticamente imobilizou o dr. van Waveren e acabou deformando o seu testemunho.

Exemplo de tal aceitação temos quando Lavater se sentiu encorajado a expressar a análise do caráter de um homem mais percebido do que visto à distância, na rua. Esse julgamento foi considerado decisivo e, acrescenta o texto, "sem qualquer interferência da reflexão". Ou seja, Lavater não tentou 'racionalizar' a informação captada pelo inconsciente – limitou-se a transmiti-la tal como recebida intuitivamente.

Faltou ao dr. van Waveren essa entrega confiante. Na sua orgulhosa e suficiente postura de especialista nos mecanismos do inconsciente, o doutor recusava-se a aceitar revelações de natureza espiritual que atropelavam aquilo que entendia por racionalismo.

• • •

Resta-nos comentar o envolvimento de Lavater com a política. Antes de fazê-lo, assinalemos mais uma interessante coincidência.

Não apenas Fénelon, mas algumas de suas mais remotas personalidades reencarnadas manifestaram idêntica inclinação pela coisa pública. Vemos isso pelo menos em Wilfrid, em Walter de Gray e em Fénelon. Todos esses três – que afinal, são apenas uma entidade em diferentes 'roupagens' reencarnatórias –, circularam pelas cortes de suas respectivas épocas, em torno de nobres, reis e rainhas. Em duas dessas vidas, ele ostentou títulos de nobreza e foi mentor de príncipes herdeiros. Em uma delas, como Walter de Gray, chegou a sentar-se no trono, em ausências ocasionais do rei.

Quanto a Asterius, sua política foi mais acentuadamente a da igreja, mas não sabemos até que ponto suas decisões como prestigioso bispo católico influíram nas estruturas políticas e na administração de seu país.

Enquanto Lavater cuidava de seu rebanho, escrevia seus livros e estudava a fisiognomonia, "os ventos da revolução sopraram através das fronteiras com a França".

> Em 1797 [escreve Durant (p. 645)] Frédéric Cesar de Laharpe, que havia sido professor dos filhos de Catarina, a Grande, juntou-se a Peter Ochs, um mercador sindicalizado da Basiléa, e apelou ao governo revolucionário da França para que os ajudasse a estabelecer uma república democrática na Suíça. Revoltas locais em Berna e Vaud, em janeiro de 1798, abriram caminho para a ação. Um exército francês cruzou a fronteira em 28 de janeiro e foi recebido pela maioria da população suíça como bem-vindos libertadores da oligarquia. Em 19 de março foi proclamada a "Única e Indivisível República Helvética", abolindo todos os privilégios de cantões, classes ou pessoas, e tornando todos os suíços iguais perante a lei. Zurique resistiu mais longamente, e, no tumulto então desencadeado, o velho e honesto Lavater foi baleado (1799). Morreu em 1801 das sequelas do ferimento.

Paul Louisy, autor do verbete sobre Lavater na *Biographie*, informa que os últimos anos da vida de seu biografado ficaram vinculados à revolução helvética. Foram, no dizer desse autor, anos "fecundos em aspectos notáveis que revelaram a beleza e a energia de seu caráter".

Em 1796, interferiu em favor dos rebeldes reunidos às margens do lago, nas proximidades de Zurique, contra medidas arbitrárias do governo e conseguiu que os líderes da revolta fossem poupados da pena de morte.

Em 1798 e 1799 levantou-se novamente com determinação contra os abusos impostos pelo diretório francês aos seus compatriotas. Em consequência dessa atitude de contestação, foi deportado para Basiléa. Após alguns meses de exílio em seu próprio país, conseguiu permissão para retornar a Zurique, onde recebeu o tiro de fuzil que o iria matar. Não estava de armas na mão, e sim socorrendo soldados feridos.

Topamos aqui com uma discrepância. Ao contrário de Durant, que diz ter sido Lavater alvejado por um soldado francês, a *Biographie* informa que o tiro foi disparado por um suíço, "por vingança pessoal e movido pelo furor do espírito partidário". A informação me parece incongruente: matar um eminente compatriota por vingança, no momento em que está socorrendo feridos igualmente patrícios? Prefiro ficar com a versão de Durant, que identifica o atirador como pertencente ao exército inimigo.

• • •

Examinaremos mais adiante textos nos quais Lavater se coloca como precursor de algumas ideias espíritas e até revela faculdades mediúnicas, mas antes disso convém a gente conversar sobre a razão pela qual decidi incluir Lavater neste livro como possível reencarnação de Fénelon.

Por mais estranho que possa parecer, os dados que levam a essa hipótese confirmam, de certo modo, alguns aspectos da doutrina fisiognomônica de Lavater. Traços faciais e a expressão corporal de Fénelon foram repetidamente identificados em Lavater. Se essas duas personalidades são, de fato, manifestações reencarnadas da mesma entidade espiritual, então podemos admitir que ela conseguiu reconstruir-se fisicamente em Lavater, implantando-lhe características que teriam figurado também em Fénelon. E, se quisermos ir mais longe, que se transferiram posteriormente para o dr. Erlo van Waveren.

Realmente, lemos na *Biographie* (Nota de rodapé, p. 998) o seguinte texto de autoria do dr. Moreau, em comentário à edição de 1806:

> Não se receia chamar Lavater o Fénelon da Helvécia. De fato, há entre esses dois escritores muitos traços de tocante semelhança: tiveram em comum as qualidades do coração e amabilidade do caráter, uma eloquência natural, fisionomia tão sedutora quanto seus discursos, um secreto encanto permeando todos os seus atos. Enfim, o que sobretudo os aproxima é essa alma ativa insatisfeita com verdades severas e abstratas, que aspirava a uma crença apaixonada e à conjugação do pensamento com o sentimento, disposição, aliás, que acarretou o mesmo tipo de erro que fez do autor de *Telêmaco*, discípulo de madame Guyon, um místico afetuoso e do autor dos *Ensaios Fisionômicos*, um iluminado entusiasta, acreditando em taumaturgos de toda espécie, nas revelações e no intercâmbio com as inteligências...

Tal semelhança ao mesmo tempo física e moral – continua a nota no verbete da *Biographie* – levou o dr. Mercier ao seguinte comentário pessoalmente a Lavater: "Se eu não soubesse que Fénelon foi um santo bispo, eu vos acreditaria descendente dele em linha reta."

Observação semelhante ocorreu a madame de Staël.

Passeando certa vez com o pastor de Zurique e uma senhora alemã muito célebre – lê-se ainda na *Biographie* –, Madame Staël parou de repente e exclamou com surpresa mista de entusiasmo: "Como o nosso caro Lavater se parece com Fénelon! São os seus traços, seu ar, sua fisionomia; é verdadeiramente Fénelon." Fez uma pausa e acrescentou: "Mas um Fénelon um tanto suíço.

Suard, ainda no dizer da *Biographie*, foi outro que se referiu frequentemente à semelhança entre o antigo arcebispo francês e o pastor suíço. Suponho ter sido este Suard – Jean-Baptiste – o crítico e jornalista francês, membro da academia, nascido em Besançon e autor de um livro de memórias. Viveu entre 1732 e 1817, tendo sido, portanto, contemporâneo de Lavater.

François de Salignac de La Mothe – Fénelon

Johann Caspen Lavater

Ainda uma breve notícia acerca de Lavater encontro *em Reincarnation in world thought*, obra compilada por Joseph Head e S. L. Cranston. De fato, lê-se num pequeno verbete dedicado ao pensador suíço transcrição de um texto de Bertholet (Alfred) em seu livro *The transmigration of soul* (*A transmigração da alma*), pp.110-111:

> Como informa Lessing [escreve Bertholet, *apud* Head e Cranston], a teoria (de Lavater) sobre a metempsicose baseava-se nas ideias de Charles Bonnet, um físico de Genebra, que escreveu, em francês, em 1769, um tratado sobre a palingênese (renascimento) do ponto de vista filosófico.

> Bonnet apresentava nessa obra alegadas provas, com a finalidade de demonstrar que todos os seres da criação utilizavam-se da matéria cerebral, a fim de converterem em si mesmos a natureza corpórea em etérea. As ideias de Bonnet parecem ter caído em solo fértil alhures. Em 1770 Lavater traduziu seu tratado para o alemão e acrescentou-lhe numerosas notas. O ambiente social – prossegue o verbete – também mostra até que ponto a crença na transmigração das almas ocupava as mentes naquela época. O diário de uma mulher de Zurique, que pode ser considerada uma testemunha viva daquele interessante período, diz o seguinte: "Os amigos de Lavater em Copenhague acreditavam na transmigração da alma. Achavam mesmo que vários dos apóstolos de Jesus viviam novamente na terra sem qualquer lembrança de suas antigas existências como discípulos dele."

Logo abaixo do verbete sobre Lavater, há no livro de Head e Cranston uma nota sobre Lichtenberg, cujo nome encontramos mencionado mais de uma vez neste capítulo. George Christoph foi um matemático e físico suíço contemporâneo e amigo de Lavater, nascido em 1742, um ano depois deste e falecido dois anos antes dele, em 1799. Lichtenberg também não era estranho ao conceito das vidas sucessivas. Em *Reflexões do autor sobre si mesmo*, conta ele que aos oito anos de idade foi informado acerca da reencarnação por "um singular menino de seu conhecimento". Em outro ponto de seus escritos, Lichtenberg escreve o seguinte:

> Não consigo me livrar da ideia de haver morrido antes de ter nascido... Sinto tantas coisas que, se as escrevesse, o mundo me tomaria por louco. Consequentemente, prefiro manter-me em silêncio.

Outro contemporâneo, também mencionado aqui – von Herder (1744-1803), filósofo alemão – é lembrado no já citado livro de Head e Cranston, numa convincente dissertação acerca das vidas sucessivas extraída de seus *Diálogos sobre a metempsicose*.

Lavater não estava, pois, sozinho nas suas especulações. Reitero minha frustração por não ter acesso aos seus comentários acerca da reencarnação, não por escassas e sumárias referências, mas pela leitura de seus mais meditados textos. Isto, contudo, significaria escrever outro livro.

Ao que parece, as mais extensas e profundas reflexões sobre a temática 'ocultista' e reencarnacionista assumiriam, na posteridade, posição secundária no contexto de sua obra, na qual ressaltam os aspectos místico-religiosos de sua crença oficial e os populares estudos acerca da fisionomia, pelos quais se tornaria famoso.

De certa forma, isso aconteceu a Fénelon antes dele. O que mais se lembra do brilhante arcebispo de Cambrai são *As aventuras de Telêmaco* e as infelizes *Máximas dos santos*, no qual procurava justificar suas simpatias pelo quietismo místico de madame Guyon. Foram esses os livros que mais pesaram no episódio que resultou de sua queda nas preferências do rei e da igreja.

• • •

Como vimos, Lavater morreu em 1801 e o prof. Rivail (futuro Allan Kardec) nasceu, em Lyon, na França, em 1804. Foi somente a partir dos cinquenta anos de idade que Rivail interessou-se pelo enigma das 'mesas girantes', que o levaria à condição de organizador das estruturas teóricas da doutrina dos espíritos. *O livro dos espíritos* foi lançado em Paris, em 1857, mais de meio século, portanto, após o falecimento de Lavater.

Se está certa a hipótese que estamos aqui a explorar de que Lavater tenha sido Fénelon na existência imediatamente anterior, há que se levar em conta que, sob esta última identidade, também ele intregrou a equipe de entidades que se incumbiu de trabalhar junto de Kardec na montagem daquilo que hoje conhecemos por codificação dos principios doutrinários do espiritismo.

Uma comunicação dessa entidade, identificada como Lavater, foi acolhida por Kardec. Ela figura em *Obras póstumas* (pp.170-171, edição FEB), no capítulo que cuida, com um belo e expressivo título, da "Teoria da Beleza".

Discorre Kardec nesse pequeno estudo sobre o livro *As revoluções inevitáveis no globo e na humanidade*, de Charles Ricardo, no trecho em que o autor aborda a temática da beleza das formas humanas, desenvolvendo extenso comentário acerca de aspectos fisiognomônicos de personaliades históricas como Brutus, Cícero, Júlio César, Galba, Vespasiano e muitos outros.

A certa altura, escreve Ricardo, *apud* Kardec (p.163):

> As mulheres não são melhor tratadas do que os homens [quanto à beleza das formas] e dão ensejo às mesmas notas. Lívia, filha de Augusto, tem o perfil pontudo de uma fuinha; Agripina faz medo e Messalina, como que *para desconcertar Cabanis e Lavater*, parece uma gordanchuda serviçal, mais amante de sopas suculentas, do que de outra coisa.

Kardec conclui da longa transcrição, que:

> [...] a forma dos corpos se modificou (ao longo do tempo) em sentido determinado e segundo uma lei, à medida que o ser moral se desenvolveu; que a forma exterior está em relação constante com o instinto e os apetites do ser moral; que, quanto mais seus instintos se aproximam da animalidade, tanto mais a forma igualmente dela se aproxima; enfim, que, à medida que os instintos materiais se depuram e dão lugar a sentimentos morais, o envoltório material, que já não se destina à satisfação de necessidades grosseiras, toma formas cada vez menos pesadas, mais delicadas, em harmonia com a elevação e a delicadeza das ideias.

Ao ser lido na Sociedade de Paris, esse texto suscitou, segundo informa Kardec, grande número de comunicações mediúnicas de apoio às suas conclusões. Duas delas estão reproduzidas em *Obras póstumas*, uma de Pamphilio e outra de Lavater. Este, provavelmente, atraído pelo assunto e pela citação de seu nome no estudo de Kardec. A comunicação é do dia 4 de fevereiro de 1869.

> A beleza, do ponto de vista puramente humano [escreve a entidade], é uma questão muito discutível e muito discutida. Para a apreciarmos bem, precisamos estudá-la como amador desinteressado. Aquele que estiver sob o encantamento não pode ter voz no capítulo. Também entra em linha de conta o gosto de cada um, nas apreciações que se fazem.
>
> Belo, realmente belo só é o que o é sempre e para todos; e essa beleza eterna, infinita, é a manifestação divina em seus aspectos incessantemente variados; é Deus em suas obras e nas suas leis. Eis aí a única beleza absoluta. É a harmonia das harmonias e tem direito ao título de absoluta, porque nada de mais belo se pode conceber.
>
> Quanto ao que se convencionou chamar belo e que é verdadeiramente digno desse título não deve ser considerado senão como coisa essencialmente relativa, porquanto sempre se pode conceber alguma coisa mais bela, mais perfeita. Somente uma beleza existe e uma única perfeição: Deus. Fora dele, tudo o que adornarmos com esses atributos não passa de pálido reflexo do belo únito, de um aspecto harmonioso das mil e uma harmonias da criação.
>
> Há tantas harmonias, quantos objetos criados, quantas belezas típicas, por conseguinte, determinando o ponto culminante da perfeição que a qualquer das subdivisões do elementos animado pode alcançar. A pedra é bela e bela de modos diversos. Cada espécie mineral tem suas harmonias e o elemento que reúne todas as harmonias da espécie possui a maior soma de beleza que a espécie possa alcançar.
>
> A flor tem suas harmonias; também ela pode possuí-las todas ou insuladamente e ser diferentemente bela, mas somente será bela quando as

> harmonias que concorrem para a sua criação se acharem harmonicamente fusionadas. Dois tipos de beleza podem produzir, por fusão, um ser híbrido, informe, de aspecto repulsivo. Há então cacofonia! Todas as vibrações, insuladamente, eram harmônicas, mas a diferença de tonalidade entre elas produziu um desacordo, ao encontrarem-se as ondas vibrantes, daí o monstro!
>
> Descendo a escala criada, cada tipo de animal dá lugar às mesmas observações e a ferocidade, a manha, até a inveja poderão dar origem a belezas especiais, se estiver sem mistura o princípio que determina a forma. A harmonia, mesmo no mal, produz o belo. Há o belo satânico e o belo angélico; a beleza enérgica e a beleza resignada.
>
> Cada sentimento, cada feixe de sentimentos, contanto que seja harmônico, produz um particular tipo de beleza, cujos aspectos humanos são todos, não degenerescências, mas esboços. É, pois, certo dizermos, não que somos mais belos, porém que nos aproximamos cada vez mais da beleza real, à medida que nos elevamos para a perfeição.
>
> Todos os tipos se unem harmoniosamente no perfeito. Daí ser este o belo absoluto. Nós que progredimos possuímos apenas uma beleza relativa, debilitada e combatida pelos elementos desarmônicos da nossa natureza. (a) Lavater.

Como se vê, o antigo fisionomista refinara consideravelmente suas teorias, mas mantinha a essência da tese – a de que os atributos psicológicos e éticos do ser, e até seu nível evolutivo, se refletem no corpo físico, plasmando neste características morfológicas correspondentes.

Lavater figura ainda, em outro ponto da obra de Allan Kardec, desta vez na *Revista Espírita*, em três números sucessivos, os de março, abril e maio de 1868.

A história é a seguinte.

Um cavalheiro, que Kardec identifica apenas pelas iniciais W. de F., escreveu da Rússia para chamar-lhe a atenção para uma publicação de 1858, de responsabilidade da Biblioteca Imperial de São Petersburgo. O pequeno livro reunia seis cartas até então inéditas que Lavater escrevera entre agosto e dezembro de 1798 à imperatriz Maria, esposa de Paulo I. (Esse casal seriam avô e avó do imperador reinante em 1868, época na qual Kardec tomou conhecimento da publicação.)

O correspondente de Kardec manifesta sua surpresa (na realidade prefere dizer que estava 'chocado') por encontrar, em documentos de cerca de setenta anos, "ideias filosóficas eminentemente espíritas".

Segundo W. de F., Lavater conhecera pessoalmente o imperador e a imperatriz, em Zurique e em Schaffouse, ao tempo em que, ainda como grão-duques da Rússia, o casal viajava anonimamente pela Europa, sob os nomes de conde e condessa do Norte.

Entre 1796 e 1800, em correspondência dirigida à imperatriz, Lavater discorreu sobre suas descobertas e reflexões acerca da fisionomia. Seguiam também dissertações sobre qual seria o estado da alma após a morte do corpo físico, tema pelo qual ela e o marido se mostravam particularmente interessados.

Foi nessa correspondência que Lavater documentou uma das suas mais curiosas e desconhecidas faculdades – a mediunidade. Os textos psicografados por ele provêm de uma entidade desencarnada não identificada, que se dirige, como 'defunto', a um igualmente não identificado 'amigo na Terra', talvez o próprio Lavater, como supõe a pessoa que enviou o material a Kardec.

Convém lembrar que a mediunidade foi também uma das faculdades de que foi dotado o versátil dr. Erlo van Waveren.

As cartas foram escritas por sugestão da própria imperatriz, que desejava, como diz Lavater, "conhecer algumas das minhas ideias sobre o estado das almas após a morte". Não há nelas, obviamente, maior aprofundamento doutrinário. Conceitos fundamentais sobre a realidade espiritual ali estão colocados, no entanto, com lucidez e convicção, como o da sobrevivência do ser à morte corporal e o princípio da responsabilidade de cada um de nós pelos seus atos. "O homem colhe" – ensina Lavater à sua ilustre discípula – "o que semeou."

E mais adiante:

> Conforme tenhas semeado o bem em ti mesmo, nos outros e fora de ti, pertencerás à sociedade dos que, como tu, semearam o bem em si mesmos e fora de si; gozarás da amizade daqueles aos quais te terás assemelhado em sua maneira de semear o bem.

As almas se situam automaticamente no ambiente compatível com o seu grau evolutivo.

> Seu próprio peso interior [explica] como obedecendo à lei da gravidade, a atrairá para abismos sem fundo (pelo menos assim lhe parecerá). [As que houverem alcançado mais elevado grau de pureza] lançar-se-ão nos ares, como uma centelha levada por sua leveza, e passarão rapidamente pelas regiões luminosas, fluídicas e etéreas.

Ao comentar o teor das cartas, Kardec ressalta o conhecimento intuitivo que Lavater revela acerca dos "princípios do espiritismo moderno". Informa, ainda, que os documentos foram lidos e comentados na Sociedade de Paris. Atraído pelo assunto, manifestou-se em 7 de fevereiro de 1868, através do médium Leymarie, a entidade que, à época das cartas de Lavater, setenta anos antes, fora o imperador Paulo I.

Queixa-se das pesadas responsabilidades e aborrecimentos e dos contínuos desgostos proporcionados pelo exercício do poder terreno. Fala do constrangimento de terem os mandantes de se conformar

> [...] aos hábitos, às velhas instituições, ao preconceito, e Deus sabe quanta resistência é necessária para se opor a todos os apetites que vêm bater no trono, como ondas tumultuosas.
>
> Lavater [prossegue a mensagem mediúnica], esse grande coração, esse grande espírito, esse irmão predestinado, nos iniciava na sublime doutrina. Suas cartas, que hoje possuís, eram por nós esperadas com ansiedade febril.

Confessa, mais adiante, que a imperatriz "via e ouvia os espíritos; por eles tinham sabido de acontecimentos ocorridos a grande distância". Também ela era, pois, dotada de faculdades mediúnicas.

Na carta seguinte, de 14 de novembro de 1798, Lavater prossegue instruindo seus imperiais discípulos. "...o próprio Deus" – escreve – "colocou-se e colocou o universo no coração de cada homem".

E conclui:

> Todo homem é um espelho particular do universo e de seu criador. Façamos, pois, todos os esforços, mui venerada imperatriz, para manter esse espelho tão puro quanto possível, para que Deus possa aí se ver a si mesmo e sua mil vezes bela criação, refletidos para sua satisfação.

Poesia pura!

Os textos mediúnicos discorrem sobre as alegrias e o encantamento de entidades, felizes na dimensão espiritual. Sempre atento ao conteúdo das comunicações mediúnicas, Kardec faz-lhes algumas ressalvas.

> Seria supérfluo [ensina (p.135, *Revista Espírita*, 1868)] ressaltar a importância destas cartas de Lavater que, por toda parte, excitaram o mais vivo interesse. Por seu lado, elas atestam não só o conhecimento dos princípios fundamentais do espiritismo, mas uma justa apreciação de suas consequências morais. Apenas sobre alguns pontos – destaca – parece ter tido ideias um pouco diferentes do que hoje sabemos, mas a causa dessas divergências que, aliás, talvez se devam mais à forma do que ao fundo, está explicada na comunicação seguinte, por ele (Lavater) dada na Sociedade de Paris.

Há um aspecto, contudo, do qual Kardec realmente discorda: ..."a teoria segundo a qual a felicidade dos espíritos estaria subordinada à pureza dos sentimentos dos encarnados"...

Segue-se, entre as páginas 136 e 140, a longa "comunicação verbal" de Lavater, pela mediunidade do "sr. Morin, em sonambulismo espontâneo". Ou seja, a entidade manifestou-se sem haver sido evocada.

> Desde que me foram dadas algumas das páginas que vos foram lidas [diz Lavater-espírito] muitas outras foram dadas no mundo inteiro, sobre o mesmo assunto e pelo mesmo meio. Não creiais que eu tenha a pretensão, eu, humilde entre todos, de ter tido a honra insigne de ser o primeiro a receber tal favor. Não. Outros, antes de mim, também tinham recebido a revelação. Mas, como eu, eles compreenderam incompletamente algumas de suas partes. É que é necessário, senhores, levar em conta o tempo, o grau de instrução moral e, sobretudo, o grau de emancipação filosófica dos povos. [...]

> Sou feliz [continua mais adiante] por ter sido um dos privilegiados do século passado; obtive algumas dessas comunicações por mim, diretamente, e a maior parte por meio de um médium, meu amigo, completamente estranho à lingua da alma e, há que dizer tudo, mesmo à do bem.

Concluiu sua fala através do sr. Morin com estas palavras:

> Voltarei, senhores; e o que disse esta noite é tão pouco em comparação com o que *tenho por missão vos ensinar*, que ouso apenas dizer-vos: é Lavater.

Destaco a enigmática despedida. Vimos que, falando como Lavater, a entidade se pusera em atitude humilde e convicta de suas deficiências à época em que escreveu as cartas à imperatriz e as comunicações ditadas pelo amigo desencarnado. No entanto, arremata a comunicação mencionando o muito que tinha "por missão vos ensinar".

Não posso saber que juízo você faz dessa declaração. De minha parte, entendo que, depois de manifestar-se *como Lavater*, a entidade poderia estar se referindo de maneira reservada à sua tarefa *como Fénelon*, um dos destacados colaboradores espirituais de Kardec, na elaboração da doutrina dos espíritos.

Seguiu-se à comunicação um diálogo entre os presentes e a entidade. Uma das perguntas formuladas foi sobre a reencarnação.

> Um ponto de que me admira não ver mencionado em vossas cartas [questiona Kardec] é o grande princípio da reencarnação, uma das leis naturais que mais testemunham a justiça e a bondade de Deus.

Lavater faz uma longa dissertação preliminar acerca do que hoje consideraríamos a psicologia dos povos e, particularmente, a do povo russo.

> Quanto ao princípio da reencarnação terrestre [conclui], confesso-vos que a minha iniciação não tinha chegado até lá e, sem dúvida de propósito, porque eu não teria deixado de fazer, como das outras revelações, assunto de minhas instruções à imperatriz, e talvez isto tivesse sido prematuro. Os que presidem o movimento ascencional bem sabem o que fazem. Os princípios nascem um a um conforme os tempos, os lugares e os indivíduos, e estava reservado à vossa época vê-los reunidos em um feixe sólido, lógico e inatacável.

Se está certo o encadeamento das diversas existências referidas neste livro, então na vivência como Erlo van Waveren, no século vinte, não poderia alegar que ainda não chegara para ele a iniciação no conceito das vidas sucessivas. Ao contrário, toda a pressão que seu próprio inconsciente exerceu sobre ele visava precisamente a ativar-lhe no consciente relevantes aspectos do conhecimento espiritual. Disso dependia ele para realizar o compromisso certamente assumido ao renascer. Cabia-lhe – suponho eu – reordenar as ciências da alma introduzindo nelas o conhecimento faltante, entre outros, o das vidas sucessivas.

Nem ele, nem seu amigo e mestre Jung conseguiram superar o bloqueio cultural que acabou por derrotá-los nos propósitos trazidos para a existência terrena.

• • •

Encontro, ainda, em *Rayonements de la vie espirituelle*, de madame W. Krell, comunicação subscrita por Lavater, em dezembro de 1874, no grupo mediúnico de Bordeaux, sob o título "*Spirites, preparez les voies de l'avenir*" (Espíritas, preparai os caminhos do futuro). A entidade manifestante identifica Allan Kardec como reencarnação de Jan Huss, descrevendo, de início, a morte deste na fogueira que a intolerância e a prepotência acenderam em Constanza, sob as maldições e as injúrias da 'multidão estúpida'.

O homem, cujo corpo está prestes a ser devorado pelas chamas, contempla aquela gente "com piedade, comiseração e mansuetude". Ele veio para a vida programado para a difícil missão de estender-lhes as mãos para "tentar minorar-lhes a miséria e trazer-lhes a felicidade" e, no entanto, é recebido com ultrajes.

Séculos mais tarde – continua adiante –

> [...] num pequeno apartamento à rue Sainte-Anne, um homem está curvado sob uma avalanche de cartas e livros; não está mais numa fogueira, é verdade, mas soterrado pela calúnia, assaltado pela crítica, sobretudo pelos críticos de sacristia.

Movidos pela inveja, estas pessoas disparam contra ele um verdadeiro 'apedrejamento moral'. Fazem parte dos que se empenham em ridicularizar e ironizar aquilo que, na sua ignorância, não entendem. Diante daquele novo assalto e dos ultrajes, o homem "podia quase lamentar a antiga fogueira de Constanza, onde a multidão que o envolvia, selvagem, mas franca no seu ódio, inspirava-lhe misericórdia e piedade."

Destaque-se, nessa comunicação mediúnica ditada por Lavater, um parágrafo no qual a entidade manifestante escreve o seguinte:

> Esse espírito boníssimo, sempre devotado, já cogita do momento em que *virá, pela terceira vez,* trazer uma pedra ao jovem edifício da religião universal do futuro. Ele conta, para ajudá-lo *nessa terceira tarefa,* com os caminhos que vocês, seus discípulos, estão incumbidos de preparar para sua obra.

Depreende-se do texto que a entidade acompanhava de perto o trabalho de Kardec, no "pequeno apartamento da rua Sainte-Anne". Via-o dedicado àquelas pilhas de documentos e livros, pela noite adentro, indiferente à nova saraivada de insultos e ao novo 'apedrejamento moral'. Mas, também, chamava a atenção de seus seguidores e continuadores para a responsabilidade que lhes era atribuída de prepararem nova etapa no processo das revelações progressivas.

Eis aí porque o livro que cuidaria das seis vidas de Fénelon, passou a ser *As sete vidas de Fénelon.* Talvez até ele prefira o título definitivo, de vez que o número sete traz consigo antigas conotações cabalísticas e ocultistas. Se é que alguma coisa se pode considerar definitiva entre nós, simples mortais, ainda que imortais...

Referências

ANDRADE, HERNANI G. *Renasceu por amor*. Folha Espírita, 1995, S.Paulo, SP.

Bíblia de Jerusalém. Edições Paulinas, 1985, São Paulo, SP.

BOSSUET. *Histoire des variariatons des églises protestantes*, Garnier, s/data, Paris.

BOWMAN, CAROL. *Crianças e suas vidas passadas*. Salamandra, 1997, Rio de Janeiro, RJ.

DANIEL-ROPS. *A igreja dos tempos bárbaros*. Trad. Eduardo Ribeiro. Tavares Martins, 1960, Porto, Portugal.

Dicitionary of national biography. Oxford, 1909, Londres.

DURANT, WILL. *The age of faith*. Simon & Schuster, 1950, Nova Iorque.

__________. *Rousseau and revolution*, Simon & Schuster, 1967, Nova Iorque.

Encyclopaedia britannica. William Benton, 1963. Chicago, Londres, Toronto, Genebra.

FENELON. *Les aventures de Telemaque*. Hachette, 1922, Paris.

FRANCO, DIVALDO P. / RODRIGUES, AMÉLIA. *Primícias do reino*, Sabedoria, 1967, Rio de Janeiro, RJ.

GOGUEL, MAURICE. *The birth of christianity*, George Allen & Unwin, 1953, Londres.

GOODMAN, JEFFREY. *Psychic archaeology – time machine of the past*. Berkeley, 1977, Nova Iorque.

Grand Larousse encyclopedique. Paris.

GUIGNEBERT, CHARLES. *Le Christ*. Albin Michel, 1948, Paris.

HEAD, JOSEPH, CRANSTON, S.L. *Reincarnation in world thought*, Julian Press, 1967, Nova Iorque.

HUXLEY, ALDOUS. *Eminência parda*. Globo, 1943. Porto Alegre, RS.

JAYNES, JULIAN. *The origin of consciousness and the break-down of the bicameral mind*. Houghton Mufflin, 1990. Boston, Mass.

JUNG, C. G. *Memórias, sonhos, reflexões*. Nova Fronteira, s/data, Rio de Janeiro, RJ.

KARDEC, ALLAN. *Obras póstumas*, FEB, Rio de Janeiro, RJ.

__________. *Imitation de l ' evanglie selon le spiritisme*, 21a. edição, FEB, Rio de Janeiro, RJ.

__________. *O céu e o inferno*, FEB, Rio de Janeiro, RJ.

__________. *O evangelho segundo o espiritismo*, FEB, Rio de Janeiro, RJ.

__________. *O livro dos espíritos*, FEB., Rio de Janeiro, RJ

__________. *O livro dos médiuns*, FEB, Rio de Janeiro, RJ

__________. *O que é o espiritismo*, FEB. Rio de Janeiro, RJ.

__________. "Revista espírita", Edicel, S. Paulo, SP.

KRELL, W. *Rayonnements de la vie spirituelle*. Union Spirite Belge, 1944, Bruxelas.

MICHAUD. *Biographie universelle*, Paris, 1866.

MIRANDA, HERMINIO C. *A Memória e o tempo*, Lachâtre, 1997, Niterói, RJ.

NOEGGERATH, RUFINA. *La Survie – sa realité, sa manifestation, sa philosophie*. Leymarie, 1897, Paris.

RAMOS FILHO, OSMAR. *O avesso de um Balzac contemporâneo*.Pulbicações Lachâtre, 1994. Niterói, RJ.

ROCHAS, ALBERT. *Les vies successives*. Charconat, 19ll, Paris.

RODRIGUES, WALLACE LEAL. *A esquina de pedra*, O Clarim, Matão, SP.

WAVEREN, ERLO VAN. *Pilgrimage to the rebirth*. Samuel Weiser, 1978, Nova Iorque.

WEISS, JOHANNES. *Earliest christianity*, trad. Frederick C. Grant, Harper, 1959, Nova Iorque.

WELLS, H.G. *Outline of history*, Garden City, 1949, Garden City, NY.

WILSON, COLIN. *Mysteries*. Granada, 1970, Londres.

XAVIER, FRANCISCO CÂNDIDO / EMMANUEL. *Paulo e Estêvão*, FEB, Rio de Janeiro, RJ.

Esta edição foi impressa em novembro de 2019 pela Assai Gráfica e Editora Ltda., São Bernardo do Campo, SP, para o Instituto Lachâtre, todas em formato fechado 155x225mm e com mancha de 122x187mm. Os papéis utilizados foram o Off-set 75g/m^2 para o miolo e o Cartão Supremo 300g/m^2 para a capa. O texto principal foi composto em Baskerville 12/12,3, os títulos foram compostos em Baskerville 30/33. A revisão do texto foi feita por Cristina da Costa Pereira. A programação visual da capa foi elaborada por Andrei Polessi.